明星式・教員採用試験
対策シリーズ

教員を目指す君たちに受けさせたい

学校とつながる
教職教養

論作文　面接　場面指導対策

にも役立つトピック125

明星大学教職センター 編

明星大学出版部

刊行にあたって

多くの皆さんは、教職教養を学習する際、暗記して学習を進めていくことが多いと思うがどうだろうか。なかなか頭に入らず、繰り返し呪文のようにして頭の中に叩き込んでいることだろう。本当に教職教養は覚えるだけでよいのだろうか。

教職教養は教員として必要な資質である。だから、教員採用試験でその資質を試されるわけである。教職教養が教員としての資質の一部だとすれば、ただ暗記しているだけでなく、学校現場とつなげて理解しておかなければならない。

本書を企画するときに、「学習者が学校現場で実際に役立つ教職教養にしたい」と考えた。諸君は教員になるために大学で教職関係教科の学習をしている。P.20 ～ 23からの一覧表で分かるように大学の教職科目と教員採用試験の教職教養は内容的に深いつながりを持っている。つまり、大学での教職関係科目は、教員採用試験対策の教職教養の学習に不可欠であるということを必ず最初に知ってもらいたい。教職教養について大学の授業で学習済みの項目や内容を確認してみてほしい。

次に、P.12 ～ 19の「学校の１年と教員の仕事」では、学校ではどのようなことが行われているのか、またそれが何を根拠に行われているかを表にまとめた。学校現場での教員の役割や仕事はどのようなものかを知ることによって、教職教養で問われていることの重要性が理解できるだろう。

大学の教科とのつながり、学校現場でなされていることの根拠を意識しながら本書を読んでほしい。第２章以降は、教員採用試験に必要であろう学習指導要領、教育原理、教育法規、教育時事、教育心理、教育史に分かれている。そして、小項目はできるだけ教員採用試験受験者、教員、保護者が疑問に思うことを、学校現場での事例をもとに質問形式で記した。そしてそれに対する回答例を示すことで学校現場ですぐに役に立つよう心掛けた。さらに事例を参考に解決策を探ることで教員としての資質の向上にもつながると考えた。

このような考えで本書を作ったので、本書は教員採用試験の参考書としてだけではなく、教員に必要な資質を向上するための参考としてほしい。言い換えれば、良い教師となってほしいという願い思いが込められている本である。良い教師の条件の一つとして現場での対応力が欠かせない。この本は学校現場との結び付きを大事にしているため、本書の教職教養を理解し自分のものとなったときは、現場での対応力もつくことになると信じている。また、教職教養だけではなく、論作文、面接、場面指導を意識した回答にもなっている。上手に使ってもらえば教師になるための必要な力が必ずつく本である。まず読んでみてほしい。

著者一同

本書の特色

本書は、「明星式・教員採用試験対策シリーズ」の３作目として出版されたものです。これまでの２作は、それぞれ論作文対策、面接対策といった、対策本として類書の少ない領域に焦点を当て、かつ単なるノウハウ本でなく、“教員を目指す君たち”が教員になる覚悟と高い志を持ち、その志を語れる教員として活躍してほしい一心から出版に至りました。これに対して本書は、「教職教養」といった、既に良書が知られている領域の対策本です。なぜ、敢えて教職教養をテーマとした対策本を“教員を目指す君たち”に向けて出版したのでしょう。それには３つの理由があります。

１つ目は、“学校とつながる”ことを意識しながら教職教養を学んでほしいからです。各項目冒頭のQ&A（Basic Questionとそれに対するAnswer）に目を通してみてください。例えば「教師としてのあり方から考え直す必要性を感じています」「校務分掌で特別活動部に入ることとなりました」のように、教育現場の“空気”がふんだんに盛り込まれています。このQ&Aは、教育現場で何が必要とされ、その解決のために教職教養で何を学ぶべきかが、長年に渡り児童生徒の指導に携わってきた執筆者により指し示めされた羅針盤です。さらに、自身で各関連項目の学びに結び付けられるようになれば、教職教養はもちろん、論作文・面接・場面指導対策にもつながります。

２つ目は、本書をインターンシップ（学校体験活動）や教育実習のハンドブックとして活用してほしいからです。実際にインターンシップ等で教育現場に関わる君たちは、これまでに経験したことがないさまざまな課題に遭遇することでしょう。そんな時、課題解決のヒントが本書にあります。課題解決には教職教養の必要性も実感することでしょう。本書を携えてインターンシップや教育実習に臨んでください。

３つ目は、教育公務員特例法の改正に伴い、各自治体で示されている「教員育成指標」を意識しながら教職教養を学んでほしいからです。今後、「養成（大学）→採用→研修」といった教員育成の流れの中で、受験する自治体が求める「教員として最小限必要な資質・能力」を十分理解した上で、採用試験に臨まなければなりません。本書は、最注目テーマとして「教員育成指標」を取り上げています（P.24 ～ 27 参照）。本書をきっかけに、教員育成指標と教職教養を結び付けながら学びが深まることを願っております。

最後に、本書を刊行するにあたって、国立音楽大学副学長・古川聡教授には教育心理について執筆ならびに検証をいただき心より感謝申し上げます。また、（株）コンテクスト・佐藤明彦様には発刊において全ての取りまとめをしていただき、厚く御礼申し上げます。お二人の力がなければ本書の刊行に至らなかったといっても過言ではありません。この場をお借りして重ねて御礼申し上げます。

平成 30 年３月　　明星大学学長補佐 教職センター長　篠山 浩文

本書の使い方

「教職教養」の用語・内容は、大学生等にとってはどれもなかなか難解です。いきなり学術的なことを解説されても、それが何を意味するのかさっぱり分からない……なんてことも、あることでしょう。

理解するためのポイントは、皆さんが小・中学校や高校、さらには大学などで学んできたことや経験してきたことと、結び付けることです。過去の知識や経験などと結び付けば、法律の条文や心理学の用語も、スイスイと頭に入ってくるはずです。

本書は、そうした点を考慮して作成した、新しいタイプの教員採用試験対策テキストです。各項目の構成は右ページの通りで、大学生や若手教員の「Basic Question（素朴な疑問）」から入り、少しずつ掘り下げていく形でやさしく解説しています。教員採用試験対策を始めたばかりの人でも、比較的容易に理解できるようになっているので、効果的に活用してください。

項目番号／項目名
「学習指導要領」「教育原理」「教育法規」「教育時事」「教育心理」「教育史」の章（分野）別に、教員採用試験でよく問われる全125項目を収録しています。

Basic Question
大学生や若手教員の学校教育に関する「素朴な疑問」を掲載しています。

Answer
上の「Basic Question」に対する回答を端的に述べたものです。テーマの「要点」や後の解説を読み解く「視点」をまとめています。

解説
上記Answerの解説を受け、掘り下げる形で、押さえるべきポイントを詳しく説明しています。

法令の条文、重要用語、人名は、巻末の索引を使って、記載個所を調べることができます。（P.288～参照）

太字部分は、教員採用試験でよく問われる重要用語です。覚えようと思う個所を赤色マーカー等で塗り、赤色のシートなどを使って暗記するようにしてください。

見本

▶教育法規

keyword 04 **義務教育と無償制**

Basic Question 「中学校までは義務教育だからすべて無償のはずだ」とクレームを付ける保護者の話を新聞記事で読みました。改めて、義務教育とは「誰」に対して、「何」を義務として課しているのでしょうか。義務教育の「無償制」について教えてください。

Answer

「義務教育だからすべて無償のはずだ」という保護者の主張は、義務教育の無償制を正しく理解していないがゆえのクレームです。教師として対応するためにも、「義務教育」と「無償制」の概念を正しく理解しておくようにしましょう。ここでは「義務教育」の具体的な内容と、それに関連する教育の無償制について解説していきたいと思います。さらには、「教育を受ける権利」と「義務教育」の関係性についても整理しておきます。

1　義務教育

義務教育の無償制については、日本国憲法に次のように規定されている。留意したいのは、義務を負っているのが「子ども」ではなく「国民（保護者）」であり、「保護する子女」に対して、「受けさせる義務」と規定している点である。

【日本国憲法第 26 条第２項】
２　すべて国民は、法律の定めるところにより、その保護する**子女**に**普通教育**を受けさせる義務を負ふ。義務教育は、これを**無償**とする。

日本国憲法の第３章「国民の権利及び義務」には、国民の三大義務が規定されている。上記「普通教育を受けさせる義務」以外の義務は、次の２つである。

【日本国憲法第 27 条第１項（勤労の義務）】
すべて国民は、**勤労**の権利を有し、**義務**を負ふ。

【日本国憲法第 30 条（納税の義務）】
国民は、法律の定めるところにより、**納税**の義務を負ふ。

目次 CONTENTS

第1章 学校とつながる教職教養

第2章 学習指導要領

第3章 教育原理

第5章 教育時事

第6章 教育心理

第7章 教育史

第1章

学校とつながる教職教養

教員採用試験の「教職教養」で問われる事柄は、学校における日々の教育活動と密接に結び付いています。具体的に、何がどのようにつながっているのでしょうか。この章では「学校」と教員採用試験の「教職教養」のつながり、さらには大学での「教職課程の授業」とのつながりなどについて、解説していきます。

学校の１年と教員の仕事

教員採用試験等で問われる法律や学習指導要領は、日々の教育活動と結び付いています。ここでは、学校の1年の流れに沿って、小学校・中学校を例に「教員の仕事」と「関連する法令等」を紹介していきます。

4月

学校の年度が４月１日から始まるのは、全国どの地域も同じ。入学式や始業式が行われ、新しいクラスでの教育活動がスタートします。教員にとっても、何かと忙しい月です。

主な行事等	教員の仕事関連	関連法令等	参照ページ
辞令伝達	任用・異動の辞令を伝達を受ける	地方公務員法第17条／教育公務員特例法第11条	P.160-161
職員会議	学校経営計画・年間行事予定・服務規程の確認	地方公務員法第30～38条／学校教育法施行規則第48条	P.162-163 P.170-171
学級経営案	学校経営企画を踏まえ学級経営案の作成	生徒指導提要	P.114-115
指導要録作成	新入生・進学年次の指導要録作成	学校教育法施行規則第24・28条	P.138-139
教科指導計画作成	学校経営方針を踏まえた教科指導計画の作成	学習指導要領「各教科」	P.30-31
分掌部会（教科会）	分掌（校務の分担)、教科年間方針・計画の確認	学校教育法第37条／学校教育法施行規則第43条	P.170-171
学年会	同学年の教師間での情報交換・連絡調整・協力	学校運営・学校組織	P.170-171
始業式	児童生徒との対面と自己紹介／児童生徒への励まし・指導など	学習指導要領「特別活動▶学校行事▶儀式的行事」	P.48-51
着任式	転入教員・新任教員の紹介／児童生徒との対面	学習指導要領「特別活動▶学校行事▶儀式的行事」	P.48-51
入学式	児童生徒との対面と自己紹介／児童生徒への励まし・指導など	学習指導要領「特別活動▶学校行事▶儀式的行事」	P.48-51
新入生・在校生の対面式（部活動紹介など）	行事の計画・準備・実施 ※新入生が在校生と対面する行事	学習指導要領「特別活動▶学校行事▶儀式的行事」	P.48-51
研修会	資質・能力向上に向けた研究と修養	教育基本法第９条／教育公務員特例法第21・22条	P.164-165
全国学力・学習状況調査	調査の実施（小６と中３が対象）	文部科学省 「全国学力・学習状況調査」	P.182-183
自己申告書の作成・提出	職務に関する取り組み、職務の遂行能力向上を目指す方策や目標を申告	地方公務員法第23～23条の４／地方教育行政の組織及び運営に関する法律第44条	P.164-165

主な行事等	教員の仕事関連	関連法令等	参照ページ
全校朝会（月２回程度実施）	学校生活をより有意義にするための指導等	学習指導要領「特別活動▶学校行事▶儀式的行事」	P.48-51
保護者会	保護者との情報交換／学級経営方針の提示	教育基本法第 13 条／学校教育法第 43 条／文部科学省「保護者や地域等からの要望等に関する教育委員会における取組」	P.114-115
離任式	他校へ転任する教員から児童生徒への挨拶	学習指導要領「特別活動▶学校行事▶儀式的行事」	P.48-51
避難訓練 ※毎月実施	児童生徒の誘導・指導／避難計画作成	学校保健安全法第 26 ～ 30 条／学習指導要領「特別活動▶学校行事▶健康安全・体育的行事」／文部科学省「学校の危機管理マニュアル」	P.142-143 P.194-195
安全指導 ※毎月実施 （セーフティ教室）	安全な行動ができるような態度・能力の育成／警察等外部機関との連携		

5月

５月に入ると少しずつ学級の雰囲気も出来上がり、子ども同士の友達関係なども固まってきます。校外へ出る行事も増えるので、うまくクラスを統率したいところです。

主な行事等	教員の仕事	関連法令等	参照ページ
児童会総会・生徒会総会	行事の実施に関わる児童生徒へのサポート ※児童生徒の自治的活動。１年の活動方針等を計画	学習指導要領「特別活動▶児童（生徒）会活動」	P.48-51
学校公開	公開授業の準備／来校者への対応 ※授業等を公開し、学校の説明責任を果たす取り組み	教育基本法第 13 条／学校教育法第 43 条	P.234-235
学校説明会	保護者・地域住民に向けた学校の教育方針・教育活動の説明	教育基本法第 13 条／学校教育法第 43 条	P.234-235
校外学習	学習計画の立案／校外の施設との連絡調整／引率 ※日常とは異なる体験を通して社会性等を高める学習	学習指導要領「特別活動▶学校行事▶遠足（旅行）・集団宿泊的行事」	P.48-51
PTA 総会	PTA の役員・事業・予算等の決定	教育基本法第 13 条／学校教育法第 43 条／ PTA 連合会規定および各学校 PTA 規約	P.114-115
教育実習	実習生への支援・指導と事後フォロー（指導教員のみ）	教育職員免許法第１条、第３～５条	P.24-27
中間考査（中）	問題の作成／当日の監督／採点／事後指導	国立教育政策研究所「評価規準の作成、評価方法等の工夫改善のための参考資料」	P.106-107 P.238-239
自己申告面談	管理職との面談で年度初めに行った自己申告についての確認・検証など	地方公務員法第 23 ～ 23 条の４／地方教育行政の組織及び運営に関する法律第 44 条	P.24-27 P.164-165
学校運営協議会（年４回程度実施）	協議会開催に向けた準備・連絡調整／協議会への参加（一部教員のみ） ※保護者・地域住民代表が学校経営に参画する仕組み	地方教育行政の組織及び運営に関する法律第 47 条の６	P.100-101

6月

最近は、5～6月に運動会を開催する学校が増えています。下旬に入ると梅雨入り。外で遊びたい子どもたちにとっては恨めしい季節です。

主な行事等	教員の仕事	関連法令等	参照ページ
体育大会（運動会）	行事の計画・準備・練習・実施	学習指導要領「特別活動▶学校行事▶健康安全・体育的行事」	P.48-51
地域行事	地域との連絡調整／行事への参加	学習指導要領「特別活動▶学校行事▶文化的行事」	P.48-51
三者面談（中）	基礎資料の準備／生活・学習・進路についての話し合い	教育基本法第13条／学校教育法第43条	P.114-115
薬物乱用防止教室	行事の準備／外部機関との連携	学習指導要領「特別活動▶学校行事▶健康安全・体育的行事」／薬物乱用対策推進会議「薬物乱用防止戦略加速化プラン」	P.48-51
移動教室	行事の計画・準備／事前の下見／校外の施設との連絡調整／当日の引率 ※仲間との絆を深め、実物に触れる体験活動	学習指導要領「特別活動▶学校行事▶遠足（旅行）・集団宿泊的行事」	P.48-51
教育研究会総会	資質・能力向上に向けた研究と修養／活動計画決定	教育基本法第9条／教育公務員特例法第21・22条	P.164-165
授業観察	授業観察・評価を通じて授業力向上を図る	教育基本法第9条／教育公務員特例法第21・22条	P.164-165
伝統芸能教室	行事の計画・準備・実施 ※日本の伝統文化に触れ、理解を深める体験活動	学習指導要領「特別活動▶学校行事▶文化的行事」	P.48-51
プール開き	水泳指導の計画と実施／安全指導	学習指導要領「各教科▶体育（保健体育）」	P.30-31
他校種交流会	交流会への参加／事前・事後研修 ※他校種との交流を通じ、相互理解を深める行事	学習指導要領「総則▶学校間の連携」	P.34-35
期末考査（中）	問題の作成／当日の監督／採点／事後指導	国立教育政策研究所「評価規準の作成、評価方法等の工夫改善のための参考資料」	P.106-107 P.238-239
定期健康診断	養護教諭との連絡調整 ※毎年度6月20日までに実施	学校教育法第12条／学校保健安全法第13～18条	P.138-139 P.154-155

7・8月

7月下旬からは夏休み。教員はその前に通知表作成の仕事があります。夏休み期間中も、研修会への参加、部活動指導（中学校）などがあり、子どもたちのようには休めません。

主な行事等	教員の仕事	関連法令等	参照ページ
保護者会	保護者への活動報告／意見交換等	教育基本法第13条／学校教育法第43条	P.114-115

主な行事等	教員の仕事	関連法令等	参照ページ
授業研究会	授業の準備と実施／授業の参観／研究会への参加 ※授業力向上を図る目的の校内研修	教育基本法第９条／教育公務員特例法第21・22条	P.164-165
職員会議	夏休みの活動・校内体制の確認／服務規程の確認	地方公務員法第30～38条／学校教育法施行規則第48条	P.162-163 P.170-171
通知表作成	各教科の評定／所見欄の記入 ※個人の学習・生活面を評価（形成的評価）	学習指導要領「総則▶教育課程の実施と学習評価」	P.106-107
終業式	学期の振り返り／夏期休業中の事前指導	学習指導要領「特別活動▶学校行事▶儀式的行事」	P.48-51
林間学校	行事の計画・準備／事前の下見／校外の施設との連絡調整／当日の引率	学習指導要領「特別活動▶学校行事▶遠足（旅行）・集団宿泊的行事」	P.48-51
水泳教室（小）	監視と安全指導／水泳指導	各教育委員会の通知等	―
夏期研修会	資質・能力向上に向けた研究と修養	教育基本法第９条／教育公務員特例法第21・22条	P.164-165
免許状更新講習（対象者のみ）	研修への参加／免許状更新手続き ※教員免許更新のための講習（大学等で受講）	教育職員免許法第３・４条・９条の３～９条の５	P.158-159
部活動指導（中）	教育課程外の文化的・体育的な自主的活動課外活動	学校教育法施行規則第78条の２／学習指導要領「総則▶学校運営上の留意事項」	P.38-39
職員会議	２学期に向けた教育計画・方針の確認／行事等の提案	学校教育法施行規則第48条	P.170-171

9月

夏休み明けは、子どもたちの生活習慣が乱れがち。中学生は問題行動も出やすい時期なので、きちんと指導していきたいところです。

主な行事等	教員の仕事	関連法令等	参照ページ
始業式	夏休み中の様子の確認／児童生徒への指導など／新学期の目標提示	学習指導要領「特別活動▶学校行事▶儀式的行事」	P.48-51
防災訓練	児童生徒の誘導・指導・訓練／防災計画作成	学校保健安全法第26～30条／学習指導要領「特別活動▶学校行事▶健康安全・体育的行事」／文部科学省「学校の危機管理マニュアル」	P.142-143 P.194-195
研修会	資質・能力向上に向けた研究と修養（いじめ、不登校、虐待、体罰等）	いじめ防止対策推進法／教育機会確保法／児童虐待防止法／学校教育法第11条／学校教育法施行規則第26条など	P.74-75 P.164-165
児童会・生徒会選挙	児童生徒へのサポートと指導 ※児童生徒の投票により役員を選出	学習指導要領「特別活動▶児童（生徒）会活動」	P.48-51

主な行事等	教員の仕事	関連法令等	参照ページ
道徳授業地区公開講座	講座の計画・準備／保護者・地域住民との連絡調整 ※道徳の授業を地域住民・保護者等に公開する行事	学習指導要領「特別活動▶特別の教科 道徳」	P.42-43 P.44-45
校外学習	学習計画の立案／校外の施設との連絡調整／引率 ※日常とは異なる体験を通して社会性等を高める学習	学習指導要領「特別活動▶学校行事▶遠足（旅行）・集団宿泊的行事」	P.48-51
職場体験（中）	学習計画の立案／体験先との連絡調整 ※将来の職業や進路に関わる啓発的な体験活動	学習指導要領「特別活動」／中央教育審議会「今後の学校におけるキャリア教育・職業教育の在り方について（答申）」	P.188-189
修学旅行（中）	行事の計画・準備／事前の下見／校外の施設との連絡調整／当日の引率	学習指導要領「特別活動▶学校行事▶遠足（旅行）・集団宿泊的行事」	P.48-51
自己申告面談	年度初めに行った自己申告についての確認・検証など	地方公務員法第 23 〜 23 条の 4 ／地方教育行政の組織及び運営に関する法律第 44 条	P.24-27 P.164-165
音楽鑑賞教室	行事の計画・準備・実施 ※音楽鑑賞を通じ文化・芸術に親しむ行事	学習指導要領「特別活動▶学校行事▶文化的行事」	P.48-51

10月

10 月は涼しくなってきて、1 年で最も教育活動がはかどる時期です。行事なども多いですが、着実に子どもたちの学力定着を図りたいところです。

主な行事等	教員の仕事	関連法令等	参照ページ
中間考査（中）	問題の作成／当日の監督／採点／事後指導	国立教育政策研究所「評価規準の作成、評価方法等の工夫改善のための参考資料」	P.106-107 P.238-239
進路説明会（中）	卒業後の進路選択のための情報提供、相談対応	学習指導要領「特別活動▶学級活動▶ガイダンス機能」／中央教育審議会「今後の学校におけるキャリア教育・職業教育の在り方について（答申）」	P.188-189
地区合同陸上競技大会	外部機関との連絡調整／児童生徒の引率		—
児童会総会・生徒会総会	行事の実施に関わる児童生徒へのサポート	学習指導要領「特別活動▶児童（生徒）会活動」	P.48-51
周年行事	行事の実施に関わる児童生徒へのサポート／行事の運営 ※教育委員会や地域住民・保護者の協力を得て行う儀式とお祝いの会	学習指導要領「特別活動▶学校行事▶文化的行事」／教育委員会規則	P.48-51
生活科見学（小）	学習計画の立案・引率 ※直接体験を行い生活上必要な習慣技能を学習する。	学習指導要領「各教科▶生活科」	—

主な行事等	教員の仕事	関連法令等	参照ページ
三者面談	基礎資料の準備／生活・学習・進路についての話し合い	教育基本法第13条／学校教育法第43条	P.114-115

11月

11月には、文化祭や学芸会などの文化的行事が開催されます。最近は、地域住民等に公開するケースも多いので、教師として恥ずかしくない身だしなみと振る舞いを心掛けましょう。

主な行事等	教員の仕事	関連法令等	参照ページ
学芸発表会（文化祭）	行事の計画・準備・練習・実施（児童・生徒指導）	学習指導要領「特別活動▶学校行事▶文化的行事」	P.48-51
学校公開	公開授業の準備／来校者への対応 ※授業等を公開し、学校の説明責任を果たす取り組み	教育基本法第13条／学校教育法第43条	P.234-235
教育研究会一斉部会	資質・能力向上に向けた研究と修養	教育基本法第9条／教育公務員特例法第21・22条	P.164-165
地域行事	地域との連絡調整／行事への参加	学習指導要領「特別活動▶学校行事▶文化的行事」	P.48-51
期末考査（中）	問題の作成／当日の監督／採点／事後指導	国立教育政策研究所「評価規準の作成、評価方法等の工夫改善のための参考資料」	P.106-107 P.238-239

12月

長かった2学期も大詰め。通知表の作成など、教師にとっては何かと慌ただしい季節です。気温も下がるので、子どもたちの体調管理にも気を配りたいところです。

主な行事等	教員の仕事	関連法令等	参照ページ
三者面談（保護者会）	教育活動の報告／保護者との情報交換／基礎資料の準備／進路についての話し合い	教育基本法第13条／学校教育法第43条	P.114-115
通知表作成	各教科の評定／所見欄の記入 ※個人の学習・生活面を評価（形成的評価）	学習指導要領「総則▶教育課程の実施と学習評価」	P.106-107
職員会議	学校評価計画の確認／冬休みの活動の確認	学校教育法施行規則第48条	P.96-97 P.170-171
学校評価の開始	アンケートの記入／アンケートの集計	学校教育法第42条／学校教育法施行規則第66～68条／文部科学省「学校評価ガイドライン」	P.96-97
終業式	学期の振り返り／冬期休業中の事前指導	学習指導要領「特別活動▶学校行事▶儀式的行事」	P.48-51

1月

1年の始まりであるとともに、3学期の始まりでもある1月。今一度、子どもたちの気持ちを引き締め、残りの3か月間の学習活動がスムーズに進むようにしましょう。

主な行事等	教員の仕事	関連法令等	参照ページ
始業式	冬休み中の様子の確認／児童生徒への指導など	学習指導要領「特別活動▶学校行事▶儀式的行事」	P.48-51
職員会議	3学期に向けた教育計画・方針の確認／学校評価の進捗状況の確認	学校教育法施行規則第48条	P.96-97 P.170-171
分掌部会（教科会）	今学期の活動（教科計画）の確認	学校教育法第37条／学校教育法施行規則第43条	P.170-171
学校公開（書写展）	公開授業の準備／来校者への対応 ※児童生徒の学校生活・学習成果の発表	教育基本法第13条／学校教育法第43条	P.234-235
推薦入試（中）	生徒への進路指導（情報提供・相談など）	学習指導要領「特別活動▶学級活動▶ガイダンス機能」／中央教育審議会「今後の学校におけるキャリア教育・職業教育の在り方について（答申）」	P.48-51 P.188-189

2月

1～2月はインフルエンザなどの感染症が流行する時期。学級閉鎖等にならないよう、うがいや手洗いの徹底などを子どもたちに呼びかけたいところです。

主な行事等	教員の仕事	関連法令等	参照ページ
校外学習 （社会科見学）	学習計画の立案／校外の施設との連絡調整／引率 ※日常とは異なる体験を通して社会性等を高める学習	学習指導要領「特別活動▶学校行事▶遠足（旅行）・集団宿泊的行事」	P.48-51
移動教室（中） （スキー等）	行事の計画・準備／事前の下見／校外の施設との連絡調整／当日の引率 ※仲間との絆を深め、実物に触れる体験活動	学習指導要領「特別活動▶学校行事▶遠足（旅行）・集団宿泊的行事」	P.48-51
学校説明会 （新1年生保護者会）	新入生の保護者に学校の概要・方針等を説明	教育基本法第13条／学校教育法第43条	P.114-115
入学試験	児童生徒・保護者へのフォロー		―
学年末考査（中）	問題の作成／当日の監督／採点／事後指導	国立教育政策研究所「評価規準の作成、評価方法等の工夫改善のための参考資料」	P.106-107 P.238-239

3月

3月はいよいよ年度のフィナーレ。最上級生を担任している場合は、卒業準備等でとにかく忙しい時期です。修了式でほっと一息もつかの間、次年度の準備が始まります。

主な行事等	教員の仕事	関連法令等	参照ページ
自己申告面談	年度初めに行った自己申告についての最終確認・検証／次年度の改善に向けた検討	地方公務員法第23～23条の4／地方教育行政の組織及び運営に関する法律第44条	P.164-165
保護者会	1年間の総括／次年度の改善に向けた検討	教育基本法第13条／学校教育法第43条	P.114-115
卒業生を送る会	児童生徒へのサポート ※児童会・生徒会の主催で実施。	学習指導要領「特別活動▶学校行事▶儀式的行事」	P.48-51
職員会議	卒業関連行事の確認／次年度校務分掌と所属学年の確認／次年度当初の役割・準備確認	学校教育法第37条／学校教育法施行規則第43条	P.170-171
通知表作成	各教科の評定／所見欄の記入 ※個人の学習・生活面を評価（総括的評価）	学習指導要領「総則▶教育課程の実施と学習評価」	P.106-107
卒業式	行事準備／児童生徒の送別	学習指導要領「特別活動▶学校行事▶儀式的行事」	P.48-51
修了式	1年の振り返り／春季休業中の事前指導	学習指導要領「特別活動▶学校行事▶儀式的行事」	P.48-51
指導要録作成	児童生徒の外部証明の原簿・指導資料の原本作成	学校教育法施行規則第24・28条	P.138-139

【教員の仕事】

1　学校運営（校務分掌／出勤簿／年次休暇／研修会・研究会／職員会議／各種部会）
2　学校行事（入学式・卒業式など儀式的行事／保健行事／校外学校行事／宿泊行事／教育委員会への届け出）
3　学級経営（学級目標／学習計画／学級だより／保護者と良好な関係づくり／教室環境整備／徴収金管理）
4　授業力向上（研究会参加／授業観察／教科会 その他）
5　特別支援（日々の具体的支援／個別教育支援計画）
6　生徒指導（児童生徒理解／組織対応／問題行動の予防）
7　その他の指導（水泳／図書館／給食／清掃／保健／文化祭／合唱コンクール／体育大会（運動会）／部活動（クラブ活動）／進路指導／キャリア教育／人権教育／安全教育／避難・防災訓練）
8　諸帳簿作成（通知表／指導要録／出席簿／休暇簿／各種届け出など）

以上が主な教員の仕事である。仕事それぞれに指導方法や規則規定がありその裏付けを理解することが必要である。

教職課程「教職に関する科目」（初等【小学校】）と教員採用試験『教職教養』における領域との関係性

※本学教職課程の科目を、一部改編しています。

教職に関する科目	免許法施行規則に定める科目区分等		授業科目	配当学年	教職単位		教採『教職教養』領域との関係
	科目	各科目に含める必要事項			必修	選択	
	教職の意義等に関する科目	・教職の意義及び教員の役割 ・教員の職務内容（研修、服務及び身分保障等を含む。） ・進路選択に資する各種の機会の提供等	教職入門	1	2		教育原理 教育法規
	教育の基礎理論に関する科目	・教育の理念並びに教育に関する歴史及び思想	教育原理	1	2		教育原理 教育史 学習指導要領
		・幼児、児童及び生徒の心身の発達及び学習の過程（障害のある幼児、児童及び生徒の心身の発達及び学習の過程を含む。）	教育心理学	2	2		教育心理
			児童心理学	2	2		
		・教育に関する社会的、制度的又は経営的事項	教育の制度と経営	1	2		教育原理 教育法規 教育時事
			教育行財政1	3		2	
			教育行財政2	3		2	
	教育課程及び指導法に関する科目	・教育課程の意義及び編成の方法	初等教育課程論	2	2		教育原理
		・各教科の指導法	初等国語科教育法（書写を含む。）	2	2		教育原理 学習指導要領
			初等社会科教育法	2	2		
			初等算数科教育法	2	2		
			初等理科教育法	2	2		
			初等生活科教育法	2	2		
			初等音楽科教育法	1	2		
			初等図画工作科教育法	1	2		
			初等家庭科教育法	1	2		
			初等体育科教育法	1	2		
		・道徳の指導法	道徳教育の指導法（小学校）	3	2		教育原理 学習指導要領
		・特別活動の指導法	特別活動の指導法（小学校）	3	2		教育原理 学習指導要領

	免許法施行規則に定める科目区分		授業科目	配当学年	必修	選択	教採『教職教養』領域との関係
		・教育の方法及び技術（情報機器及び教材の活用を含む。）	初等教育方法学	2	2		教育原理
	生徒指導、教育相談及び進路指導等に関する科目	・生徒指導の理論及び方法 ・進路指導の理論及び方法	児童・進路指導論	3	2		教育原理
		・教育相談（カウンセリングに関する基礎的な知識を含む。）の理論及び方法	初等教育相談の基礎と方法	3	2		教育原理 教育心理
	教育実習		初等教育実習指導	3	1		
			特別教育実習	4		4	
			初等教育実習	4		4	
	教職実践演習		教職実践演習（教諭）	4	2		

	免許法施行規則に定める科目区分	授業科目	配当学年	教職単位		教採『教職教養』領域との関係
				必修	選択	
教科又は教職に関する科目	教科又は教職に関する科目	教育の最新事情	1		2	教育原理 教育時事
		教育法規1	2		2	教育法規
		教育法規2	2		2	
		授業研究1	3		2	教育原理 学習指導要領
		授業研究2	3		2	
		初等国語指導法研究1	3		2	教育原理 学習指導要領
		初等国語指導法研究2	3		2	
		初等社会指導法研究1	3		2	
		初等社会指導法研究2	3		2	
		初等算数指導法研究1	3		2	
		初等算数指導法研究2	3		2	
		初等理科指導法研究1	3		2	
		初等理科指導法研究2	3		2	
		初等音楽指導法研究1	3		2	
		初等音楽指導法研究2	3		2	
		初等図画工作指導法研究1	3		2	
		初等図画工作指導法研究2	3		2	
		初等体育指導法研究1	3		2	
		初等体育指導法研究2	3		2	
		外国語活動指導法研究1	3		2	
		外国語活動指導法研究2	3		2	

教職課程「教職に関する科目」(中等【中学・高校】)と教員採用試験『教職教養』における領域との関係性

※本学教職課程の科目を、一部改編しています。

教職に関する科目	免許法施行規則に定める科目区分等		授業科目	配当学年	教職単位		教採『教職教養』領域との関係
	科目	各科目に含める必要事項			必修	選択	
	教職の意義等に関する科目	・教職の意義及び教員の役割 ・教員の職務内容(研修、服務及び身分保障等を含む。) ・進路選択に資する各種の機会の提供等	教職入門	1	2		教育原理 教育法規
	教育の基礎理論に関する科目	・教育の理念並びに教育に関する歴史及び思想	教育原理	1	2		教育原理 教育史 学習指導要領
		・幼児、児童及び生徒の心身の発達及び学習の過程(障害のある幼児、児童及び生徒の心身の発達及び学習の過程を含む。)	教育心理学	2	2		教育心理
		・教育に関する社会的、制度的又は経営的事項	教育の制度と経営	1	2		教育原理 教育法規 教育時事
			教育行財政1	3		2	
			教育行財政2	3		2	
	教育課程及び指導法に関する科目	・教育課程の意義及び編成の方法	中等教育課程論	2	2		教育原理
		・各教科の指導法	各教科教育法1	2	2		教育原理 学習指導要領
			各教科教育法2	2	2		
			各教科教育法3	3	2		
			各教科教育法4	3	2		
		・道徳の指導法	道徳教育の指導法(中学校)	3	2		教育原理 学習指導要領
		・特別活動の指導法	特別活動の指導法(中高)	3	2		教育原理 学習指導要領
		・教育の方法及び技術(情報機器及び教材の活用を含む。)	中等教育方法学	3	2		教育原理

	免許法施行規則に定める科目区分		授業科目	配当学年	教職単位 必修	教職単位 選択	教採『教職教養』領域との関係
	生徒指導、教育相談及び進路指導等に関する科目	・生徒指導の理論及び方法 ・進路指導の理論及び方法	生徒・進路指導論	3	2		教育原理
		・教育相談（カウンセリングに関する基礎的な知識を含む。）の理論及び方法	中等教育相談の基礎と方法	3	2		教育原理 教育心理
	教育実習		中等教育実習指導	3	1		
			中等教育実習A	4	2		
			中等教育実習B	4	2		
	教職実践演習		教職実践演習（教諭）	4	2		

【注1】 道徳の指導法（「道徳教育の指導法（中学校）」）は、免許法上、中学校教諭免許状を取得の場合のみ必修
【注2】 教育実習（「中等教育実習B」）は、中学校教諭免許状を取得の場合のみ必修

	免許法施行規則に定める科目区分	授業科目	配当学年	教職単位 必修	教職単位 選択	教採『教職教養』領域との関係
教科又は教職に関する科目	教科又は教職に関する科目	教育の最新事情	1		2	教育原理 教育時事
		教育法規1	2		2	教育法規
		教育法規2	2		2	
		授業研究1	3		2	教育原理 学習指導要領
		授業研究2	3		2	

2018年夏実施試験以降、筆記試験において最注目テーマとなるのが「教員育成指標」。教員採用試験を受ける上でも、教師になる上でも、押さえておきたい内容です。各自治体ごとに策定されているので、必ず目を通しておきましょう。

最注目テーマ 教員育成指標

Basic Question 教員採用試験を受ける者ですが、2016年11月28日に法律が改正され、各自治体で教員育成の「指標」を作らなければならないと聞きました。具体的に、どのようなことなのでしょうか。理解していないので不安です。詳しく教えてください。

Answer

ご指摘の通り、教育公務員特例法の一部が改正され、各自治体が教員の資質向上のため「養成」「採用」「研修」の各段階について指標を策定し、実施していくことになりました。指標は、各自治体の協議会で協議し、策定することとなっています。自身が受験する自治体の指標をホームページ等で確認しておきましょう。

1　教育公務員特例法改正の背景と課題

中央教育審議会「これからの学校教育を担う教員の資質能力の向上について ～学び合い、高め合う教員育成コミュニティの構築に向けて～（答申）」(2015年12月)において、次のようなことが挙げられている。

【背景】

○**教育課程・授業方法の改革**（アクティブ・ラーニングの視点からの授業改善、教科等を越えたカリキュラム・マネジメント）**への対応**

○**英語、道徳、ICT、特別支援教育等、新たな課題への対応**

○**「チーム学校」の実現**

○**社会環境の急速な変化**

○学校を取り巻く環境の変化

・**大量退職、大量採用で年齢、経験年数の不均衡**による弊害
・学校教育課題の多様化・複雑化

【課題】

研修	○自ら学び続けるモチベーションを維持できる環境整備が必要 ○アクティブ・ラーニング型研修への転換が必要 ○初任者研修・10年経験者研修の制度や運用の見直しが必要 ○教員の学ぶ意欲は高いが多忙で時間確保が困難
採用	○優秀な教員確保のための求める教員像の明確化、選考方法の工夫が必要 ○採用選考試験への支援方策が必要 ○採用に当たって学校内の年齢構成不均衡の是正に配慮することが必要
養成	○「教員となる際に最低限な基礎的・基盤的な学修」という認識が必要 ○学校現場や教職に関する実際を体験させる機会の充実が必要 ○教育課程の質の保証・向上が必要 ○教科・教職に関する科目の分断と細分化の改善が必要
全般事項	○大学と教育委員会の連携のための具体的な制度的枠組みが必要 ○幼稚園、小学校、中学校、高等学校及び特別支援学校等の特徴や違いを踏まえて、制度設計を進めていくことが重要 ○新たな教育課題（アクティブ・ラーニングの視点からの授業改善、教科等を越えたカリキュラム・マネジメント）に対応した養成・研修が必要

2　教育公務員特例法の関連条文

教育公務員特例法の中で、「教員育成指標」に関連する条文は次の通り。
○第21条（研修）
○第22条の2（校長及び教員としての資質の向上に関する指標の策定に関する指針）
○第22条の3（校長及び教員としての資質の向上に関する指標）
○第22条の4（教員研修計画）
○第22条の5（協議会）
○第23条（初任者研修）
○第24条（中堅教諭等資質向上研修）

3　教育公務員特例法の改正内容

①校長及び教員としての資質の向上に関する指標の策定に関する指針

文部科学大臣は、公立の小学校等の校長及び教員としての資質向上を図るため、校長及び教員としての資質向上に関する指標の策定に関する指針を定めるものとする。

②校長及び教員としての資質の向上に関する指標

公立の小学校等の校長及び教員の任命権者は、指針を参酌し、その地域の実情に応じ、当該校長及び教員の職責、経験及び適性に応じて向上を図るべき校長及び教員としての資質に関する指標を定めるものとする。

③教員研修計画

公立の小学校等の校長及び教員の任命権者は、指標を踏まえ、当該校長及び教員の研修について、毎年度、体系的かつ効果的に実施するための計画を定めるものとする。

④協議会

公立の小学校等の校長及び教員の任命権者は、指標の策定に関する協議並びに当該指標に基づく当該校長及び教員の資質の向上に関して必要な事項についての協議を行うための協議会を組織するものとするとともに、協議会は、指標を策定する任命権者及び公立小学校等の校長及び教員の資質の向上に関する大学等をもって構成するものとする。

4　自治体の教員育成計画

各自治体の教員育成計画は、2018年3月までに作成することになっている。

内容については各自治体の特色があり、自分の受験する自治体の「求める教師像」をきちんと確認しておきたい。(各自治体教育委員会ホームページを参照。)

参考

▸「東京都教職課程カリキュラム」(2017年10月) ※抜粋

■本カリキュラムの位置付け

図「『養成』段階から『研修』段階への流れ」のとおり、「養成」段階、つまり、大学における教職課程においては、教育職員免許法及び同施行規則に基づき全国全ての大学の教職課程で共通的に修得すべき教育内容を示した「教職課程コアカリキュラム」に加え、地域や採用者のニーズに対応した教育内容と、大学の自主性や独自性を発揮する教育内容等を踏まえて、体系的に教育課程を編成することが求められている。本カリキュラムは、この中の主に「地域や採用者のニーズに対応した教育内容」に位置付け、東京都教育委員会として、各大学が教職課程編成の際の参考になるよう内容を取りまとめた。

また、「養成」段階は、「採用」段階を経て、「研修」段階へとつながり、「東京都公立学校の校長・副校長及び教員としての資質の向上に関する指標」を踏まえた研修を通して、段階的、継続的に教員としての資質・能力の向上を図れるようにしている。

■「教職課程コアカリキュラム」及び「東京都公立学校の校長・副校長及び教員としての資質の向上に関する指標」と本カリキュラムとの関連

「東京都公立学校の校長・副校長及び教員としての資質の向上に関する指標」で示している「学習指導力」や「生活指導力・進路指導力」等、人材育成の基本的な事項及び教育課題に関す

図1 「養成」段階から「研修」段階への流れ

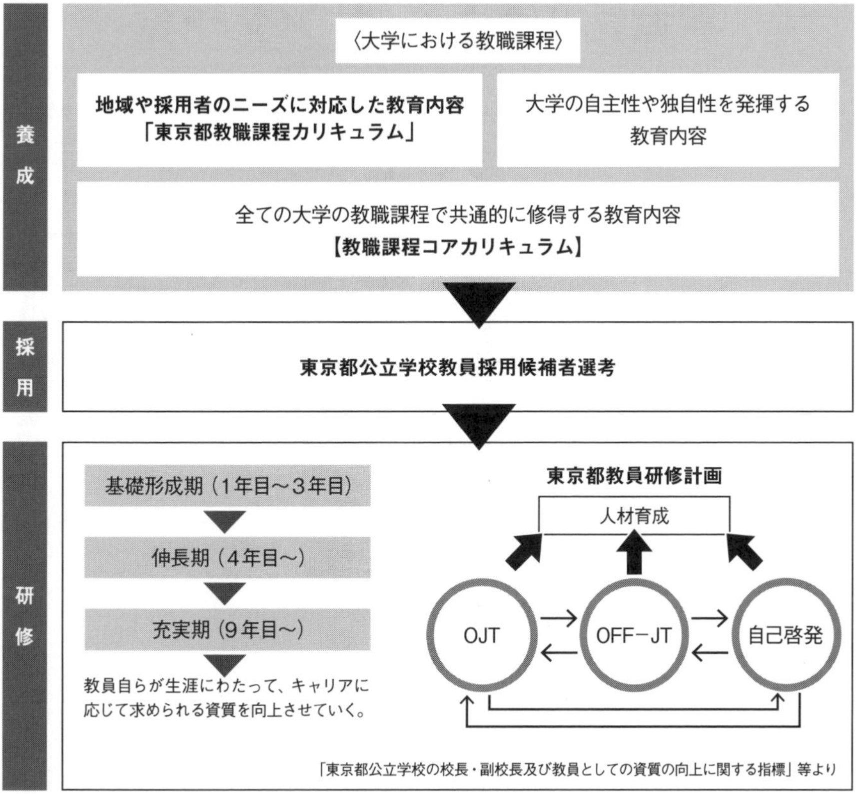

「東京都公立学校の校長・副校長及び教員としての資質の向上に関する指標」等より

る対応力と、本カリキュラムとの関連も明示した。

■本カリキュラムの構成及び内容

〈Ⅰ 東京都教職課程カリキュラム〜東京都教育委員会が求める教員として最小限必要な資質・能力〜〉

Ⅰは、新規採用教員として身に付けておくべき最小限必要な資質・能力を示したものである。「教員の在り方に関する領域」、「各教科等における実践的な指導力に関する領域」、「教育課題への対応に関する領域」、「学級経営に関する領域」の４領域で編成するとともに、領域ごとに「到達目標」と「具体的な姿」を示し、育成すべき資質・能力を明確にした。

〈Ⅱ 東京都教育委員会における教育課題への対応方針と主な取組〉

Ⅱは、2017年７月に東京都が策定した「東京都公立学校の校長・副校長及び教員としての資質の向上に関する指標」で示している９つの教育課題について、最新（2017年時点）の東京都の対応方針や主な取組、関連資料等をまとめたものであり、学生への指導の際に活用できるようにした。

学習指導要領　リンク一覧

第２章に入る前に学習指導要領やその解説、基となった中央教育審議会の答申などについて、その本文が見られるページのQRコードを掲載しておきます。

文部科学省「新学習指導要領」(小学校・中学校＝2017年３月告示／特別支援学校＝2017年４月告示／高等学校2018年３月告示) 	文部科学省「現行学習指導要領」(小学校・中学校＝2008年３月告示／高等学校・特別支援学校＝2009年３月告示) 
 中央教育審議会「幼稚園、小学校、中学校、高等学校及び特別支援学校の学習指導要領等の改善及び必要な方策等について(答申)」(2016年12月)	 文部科学省「学習指導要領改訂のスケジュール」(201年7月)
文部科学省「道徳教育」 	文部科学省「学習指導要領の変遷」 
 文部科学省「小学校外国語活動サイト」	 文部科学省「総合的な学習の時間」
文部科学省「先生応援ページ（指導資料・学習評価等)」 	文部科学省「学習指導要領とは何か」 

第2章

学習指導要領

教育課程の基準として、文部科学省が示している学習指導要領。全国のすべての学校教員が、学習指導を行う際の拠り所としているものであり、教員採用試験でもその内容が必ず問われます。2017年3月に、小・中学校の新学習指導要領が出されたばかりなので、要点を押さえておきましょう。

keyword 01 小・中学校の教育課程

Basic Question 小学校の教員になって10年、次年度は小中一貫校への異動を希望しています。小学校と中学校では、さまざまな違いがあると感じています。異動したときに戸惑わないよう、小・中学校の教育課程の共通点と相違点について押さえておきたいと考えます。それぞれの教育課程にはどのような特徴があるのでしょうか。

Answer

小・中学校の教育課程は、それぞれの学習指導要領に沿って編成されます。まずは、小・中学校の教科等の名称を正しく理解することが重要です。その上で校種による特徴を十分に把握し、所属校の教育課程を確実に理解して、教育活動を行わなければなりません。具体的には、教科等の区分、授業の1単位時間、年間授業時数などに違いがあり、学校教育法等の法令によって規定されています。

1 小学校・中学校の教科等

小学校と中学校の教科等については、学校教育法施行規則において、次のように規定されている。

○小学校：学校教育法施行規則第50条第1項

【各教科】国語／社会／算数／理科／生活／音楽／図画工作／家庭／体育
【その他】特別の教科 道徳／外国語活動／総合的な学習の時間／特別活動
※2020年から「各教科」に「外国語」が加わる予定

○中学校：学校教育法施行規則第72条

【各教科】国語／社会／数学／理科／音楽／美術／保健体育／技術・家庭／外国語
【その他】特別の教科 道徳／総合的な学習の時間／特別活動

2 授業時数等の取扱い

上記の教科等をどのように取り扱うかについては、次のように定められている。

①年間の授業時数

各教科等の年間総授業時数は、学校教育法施行規則別表に示されている。また、新しい学習指導要領の「第1章　総則」の「3 教育課程の編成における共通的事項」において、**年間35週（小学校の第1学年については34週）**以上にわたって授業を行うこととされている。

②各教科等の授業の1単位時間

授業の1単位時間は、各学校が適切に定めるとされているが、学校教育法施行規則別表の「備考」において、**小学校45分、中学校50分**と示されている。

3 指導計画の作成等に当たっての配慮事項

新しい学習指導要領には、「第1章 総則」の「第2　教育課程の編成」において、「指導計画の作成等に当たっての配慮事項」が定められている。ここには「主体的・対話的で深い学び」をはじめ、小・中学校の各教育課程の実施において、注意すべき事項が記載されている。

小学校学習指導要領「第1章 総則」「第2 教育課程の編成」「3 教育課程の編成における共通的事項」「(3) 指導計画の作成等に当たっての配慮事項」

※中学校はア、イのみ。

各学校においては、次の事項に配慮しながら、学校の創意工夫を生かし、全体として、調和のとれた具体的な指導計画を作成するものとする。

ア　各教科等の指導内容については、単元や題材など内容や時間のまとまりを見通しながら、そのまとめ方や重点の置き方に適切な工夫を加え、**主体的・対話的で深い学び**の実現に向けた**授業改善**を通して資質・能力を育む効果的な指導ができるようにすること

イ　**各教科等及び各学年相互間の関連**を図り、**系統的、発展的な指導**ができるようにすること

ウ　学年の内容を2学年まとめて示した教科及び外国語活動については、当該学年間を見通して、児童や学校、地域の実態に応じ、児童の**発達の段階**を考慮しつつ、効果的、段階的に指導するようにすること

エ　児童の実態等を考慮し、指導の効果を高めるため、**児童の発達の段階**や**指導内容の関連性**等を踏まえつつ、**合科的・関連的な指導**を進めること

keyword 02

学習指導要領の変遷

Basic Question 学習指導要領は、教育課程を編成する際の基準だと聞きました。重要な内容なので、しっかり押さえておきたいと思います。学習指導要領は、これまで何回かにわたって改訂が行われてきたそうですが、どのような変遷をたどって今日に至ったのでしょうか。また、それぞれの改訂の特徴と内容はどのようなものなのでしょうか。

Answer

学習指導要領は、戦後間もなく「試案」として示された後、度重なる改訂を経て今日に至っており、その時代ごとに求められる資質・能力の育成を目指して定められてきました。その意味で、学習指導要領の変遷を見ることは、戦後日本の教育が目指してきたことの道のりを辿ることにもなります。2020年4月（中学校は2021年4月）に全面実施される新しい学習指導要領について熟知することは大切ですが、過去の変遷を確実に踏まえることも、学習指導要領を深く理解する上で不可欠です。

1 学習指導要領とは

学習指導要領は、子どもたちが全国のどの地域、どの学校で教育を受けても一定水準の教育が保障されるよう、学校教育法等の法令に基づき文部科学大臣が**告示**として示す教育課程編成の基準である。

2 学習指導要領の変遷

学習指導要領が最初に示されたのは、戦後間もない1947(昭和22)年。当時は「**試案**」という位置付けで、**法的拘束力**を持たなかった。現在のような大臣告示の形で定められ、法的拘束力を持つとされたのは1958（昭和33）年版からである。改訂は、ほぼ10年ごとに行われている。

1958（昭和33）年版以降の各学習指導要領の主な特徴は次の通りである。

① 1958（昭和 33）年版

- 「**告示**」形式となり**法的拘束力**を持つとされ、教育課程の基準としての性格が明確化
- 新たに「**道徳の時間**」を新設し、道徳教育を強化
- 「経験主義」から「**系統主義**」へシフトし、科学技術教育を強化
- 基礎学力を強化するために、国語や算数の授業時数を増加
- 高校で「**倫理・社会**」を必修科目として新設

② 1968（昭和 43）年版

- 急激な経済成長を支えるために、教育内容・授業時数を増加
- **科学技術教育**のさらなる充実（背景に「スプートニク・ショック」）など「**教育内容の現代化**」を推進
- 中学校、高校で「**クラブ活動**」を新設

③ 1977（昭和 52）年版

- 校内暴力など問題行動の顕在化を受け、「**ゆとりのある充実した学校生活の実現**」を提唱するなど児童生徒の学習負荷を軽減
- 学校裁量時間として「**ゆとりの時間**」を新設
- 高校で習熟度別学級編制を導入

④ 1989（平成元）年版

- 臨時教育審議会の答申等を受け、「**新しい学力観**」と「**個性尊重の教育**」を提唱
- 小学校低学年で「**生活科**」を新設
- 入学式・卒業式などでの国旗・国歌の取り扱いを明確化

⑤ 1998（平成 10）年版

- 「ゆとり」の中で「**生きる力**」（知・徳・体のバランスの取れた力）を育成することを重視
- **完全学校週５日制**を導入し、**教育内容を大幅に削減**
- 「**総合的な学習の時間**」を新設
- 高校で「**情報**」を必修教科として新設
- 中学校、高校でクラブ活動が廃止

⑥ 2008（平成 20）年版

- 「生きる力」の継承と「**基礎・基本の徹底**」と「**思考力・判断力・表現力**」の育成を重視
- 「**確かな学力**」の定着のために授業時数を増加
- 「**言語活動**」の充実
- 小学校高学年で「**外国語活動**」を新設

keyword 03 新学習指導要領

Basic Question 学習指導要領が改訂され、2020年4月から小学校で、2021年4月から中学校で全面実施されます。教職に就くに当たっては、学習指導要領の確実な理解が必要と考えます。今回の改訂には、どんな特徴があり、どのように教育活動に取り組んでいけばよいのでしょうか。

Answer

「学習指導要領の変遷」の項目で見たように、学習指導要領はどの改訂版のものも、鮮明な特徴を有しています。今回改訂のキーワードとしては、「社会に開かれた教育課程」「カリキュラム・マネジメント」「主体的・対話的で深い学び」「資質・能力の三つの柱」などが挙げられます。それぞれの内容を確実に理解することが重要です。

1 改訂までの流れ

2017（平成29）年3月に告示された小・中学校の新学習指導要領は、2016（平成28）年12月の中央教育審議会答申「幼稚園、小学校、中学校、高等学校及び特別支援学校の学習指導要領等の改善及び必要な方策等について」を基に改訂された。高等学校の新学習指導要領は、2018（平成30）年3月に告示された。

2 改訂のキーワード

新学習指導要領において押さえておくべきキーワードとして次の4つが挙げられる。

①「社会に開かれた教育課程」

「社会に開かれた教育課程」とは、教育課程の内容が学校で完結することなく、文字通り「社会」や「世界」とつながりを持つようにすることを意味する。具体的に、「より良い社会を創る」という目標を社会と共有した上で、育むべき資質・能力を明確化すること、地域社会との連携のもとで実施していくことなどが求められている。

②「カリキュラム・マネジメント」

教育課程の基準として、国が学習指導要領を示しているが、学校はこれをそのまま実施すればよいというわけではない。各学校が、地域や子どもたちの実態を踏まえ、創意工夫を凝らして年間指導計画として練り上げていく必要がある。その際、「編成」「実施」「評価」「改善」の**PDCA サイクル**を通じてより良いものにしていくことが求められ、新学習指導要領では「カリキュラム・マネジメント」という言葉を用いて、その必要性を示している。

③「主体的・対話的で深い学び」

改訂の基となった中央教育審議会の答申では「**アクティブ・ラーニング**」という言葉で示されていたが、新学習指導要領では「主体的・対話的で深い学び」という言葉で統一された。ただし、新学習指導要領の解説では「アクティブ・ラーニング」が使われている。

④「資質・能力の三つの柱」

新学習指導要領では、「育成を目指す資質・能力の三つの柱」として、「**知識・技能**」、「**思考力・判断力・表現力等**」、「**学びに向かう力、人間性等**」を示している。この３つは、学力の３要素（知識・技能、思考力・判断力・表現力、学ぶ意欲）と類似しているので、混同しないように整理しておく必要がある。

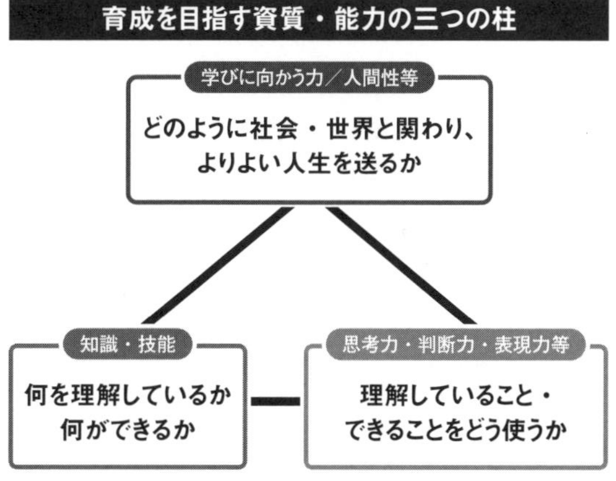

3　その他の改訂事項

その他、小・中学校に共通する改訂事項としては、次の点が挙げられる。

言語能力の確実な育成／理数教育の充実／伝統や文化に関する教育の充実／道徳教育の充実／体験活動の充実／外国語教育の充実／初等中等教育の一貫した学びの充実

4　構成・形式の変更

構成や記述形式において、これまでの学習指導要領と次の点が異なっている。

○冒頭に「**前文**」が追加

○各教科の目標を「知識・技能」「思考力・判断力・表現力等」「学びに向かう力、人間性等」の「資質・能力の三つの柱」に沿って記述

keyword 04 小学校学習指導要領

Basic Question 小学校の新しい学習指導要領では、教科が新設されるなど大きな変化があり、個々の教員にもさまざまな工夫が求められていると聞きます。具体的に日々の教育活動がどのように変わり、どう対応したらよいのかを教えてください。

Answer

今回の改訂では、5・6年生に教科としての「外国語」が新設され、これまで5・6年生で実施されていた「外国語活動」が3・4年生に前倒しされました。授業時数は、3〜6年生で35時間ずつ増加し、10〜15分程度のモジュール学習の設定など、工夫が求められています。新学習指導要領の狙いを正しく把握し、日々の教育活動に生かしていきましょう。

1 新学習指導要領の特徴

2020年4月から実施される小学校の新学習指導要領には、次のような特徴がある。

①高学年での「外国語（教科）」の新設

これまで第5・6学年で実施されていた「外国語活動」を第3・4学年に前倒しした上で、第5・6学年では教科としての「外国語」を新設。「聞くこと」「話すこと」に加え、外国語活動では扱っていなかった「読むこと」「書くこと」も加えた4技能の言語活動を通して、コミュニケーションを図る基礎となる資質・能力の育成を図ることが目指されている。

②「主体的・対話的で深い学び」の実現

これまで、小学校では「言語活動」をはじめ、多くの学校が一斉講義形式とは異なる学習活動を取り入れてきた。これをさらに発展させる形で、「**主体的・対話的で深い学び**」の実現に向けた「授業改善」を行うことが求められている。

新学習指導要領の総則には、次のような文章で、その目的が記述されている。

> 各教科等において身に付けた**知識及び技能**を活用したり、**思考力、判断力、表現力等**や**学びに向かう力、人間性等**を発揮させたりして、学習の対象となる物事を捉え思考することにより、各教科等の特質に応じた物事を捉える視点や考え方（「**見方・考え方**」）が鍛えられてい

くことに留意し、児童が各教科等の**特質**に応じた見方・考え方を働かせながら、知識を相互に関連付けてより深く理解したり、情報を**精査**して考えを形成したり、問題を見いだして**解決策**を考えたり、思いや考えを基に**創造**したりすることに向かう過程を重視した学習の充実を図る。

③プログラミングの導入

情報活用能力の育成を目的として、「**プログラミング**」を体験することが盛り込まれた。ここでは、プログラミング言語を覚えるのではなく、プログラミングを通じた「**論理的思考力**」を身に付けることが目標とされている。

2　各教科等の年間授業時数

新学習指導要領では、年間の総授業時数が第３～６学年で、年間35時間ずつ増加した。各教科等の学年別の授業時数は**表１**の通り。

表１　小学校の年間総授業時数

区分		1年	2年	3年	4年	5年	6年
各教科	国語	306	315	245	245	175	175
	社会	−	−	70	90	100	105
	算数	136	175	175	175	175	175
	理科	−	−	90	105	105	105
	生活	102	105	−	−	−	−
	音楽	68	70	60	60	50	50
	図画工作	68	70	60	60	50	50
	家庭	−	−	−	−	60	55
	体育	102	105	105	105	90	90
	外国語	−	−	−	−	70	70
特別の教科 道徳		34	35	35	35	35	35
外国語活動		−	−	35	35	−	−
総合的な学習の時間		−	−	70	70	70	70
特別活動		34	35	35	35	35	35
合計		**850**	**910**	**980**	**1015**	**1015**	**1015**

keyword 05

中学校学習指導要領

Basic Question 中学校の新しい学習指導要領では、さまざまな改訂とともに部活動の捉え方が明確にされたと聞きました。中学生にとって、部活動の存在は重要な意味があると思います。私自身も、中学校教員として部活動指導に関わりたいと考えていますが、今後、中学校における部活動指導のあり方はどのように変わっていくのでしょうか。

Answer

基本的に、部活動の活動内容は各学校の工夫に委ねられますが、今後は教員の多忙化解消に向けた流れも踏まえ、休養日の適切な設定をはじめとする見直しが加速するものと考えられます。教員の部活動に関わろうとする意欲を尊重しつつも、部活動指導員の導入をはじめ、どのように負担軽減の方策を具体化していくかが現場の課題となります。

1　新学習指導要領の特徴

「外国語（教科）」が新設された小学校や新教科が多数生まれた高等学校に比べると、中学校における改訂には目玉とされるものがないように映る。しかし、総則に示された「主体的・対話的で深い学び」をはじめ、個々の学校、個々の教員が取り組むべき点は多々あるので、ポイントを押さえておく必要がある。

①「主体的・対話的で深い学び」の実現

「主体的・対話的で深い学び」の実現は、小学校と同様の内容が中学校の新学習指導要領にも記述されている。中学校では教科担任制が敷かれており、加えて高校受験を控えていることから、教科によってはこの視点が見落としがちになるので、意識して取り組んでいく必要がある（具体的な内容は「小学校学習指導要領」の項目を参照）。

②部活動指導の留意点

新学習指導要領では、中学校において大きな意義を持つ部活動についての記述が、「第１章 総則」の「第５ 学校運営上の留意事項」において次のように加えられた。

> 生徒の**自主的**、**自発的**な参加により行われる部活動については、スポーツや文化、科学等に親しませ、学習意欲の向上や責任感、連帯感の涵養等、学校教育が目指す資質・能力の育

成に資するものであり、学校教育の一環として、**教育課程との関連**が図られるよう留意すること。その際、学校や地域の実態に応じ、地域の人々の協力、**社会教育施設**や**社会教育関係団体**等の各種団体との連携などの運営上の工夫を行い、**持続可能**な運営体制が整えられるようにするものとする。

③学齢を経過した者への配慮

新学習指導要領の「第1章 総則」の「第4 生徒の発達の支援」には、新たに「学齢を経過した者への配慮」という項目が加えられた。ここでは、中学校の既卒者等を対象とした、いわゆる「夜間中学」の教育課程について、次のように述べられている。

夜間その他の特別の時間に授業を行う課程において**学齢**を経過した者を対象として特別の教育課程を編成する場合には、学齢を経過した者の**年齢**、**経験**又は**勤労状況**その他の実情を踏まえ、中学校教育の目的及び目標並びに第2章以下に示す各教科等の目標に照らして、中学校教育を通じて育成を目指す資質・能力を身に付けることができるようにするものとする。

「学齢」とは、満6歳の誕生日以後の最初の4月1日から9年間（満15歳に達した日以後の最初の3月31日まで）を指す。

2　各教科等の年間授業時数

中学校の年間授業時数は、改訂前と同じ。各教科等の学年別の授業時数は表1の通りとなっている。

表1　中学校の年間総授業時数

区分		1年	2年	3年
各教科	国語	140	140	105
	社会	105	105	140
	数学	140	105	140
	理科	105	140	140
	音楽	45	35	35
	美術	45	35	35
	保健体育	105	105	105
	技術・家庭	70	70	35
	外国語	140	140	140
特別の教科 道徳		35	35	35
総合的な学習の時間		50	70	70
特別活動		35	35	35
合計		1015	1015	1015

keyword 06 高等学校学習指導要領（現行）

Basic Question 「中・高」の枠で教員採用選考の出願をしました。選考の枠としては同じですが、義務教育としての中学校と、義務教育後の高等学校では、教育内容に違いがあると考えます。高等学校の学習指導要領には、どのような特徴があるのでしょうか。

Answer

現行学習指導要領は2009年に告示されたもので、高等学校教育の多様化の現状を踏まえた内容となっています。多様化の実際については、受験自治体によって異なるので状況を調べておく必要があります。

1 現行（2009年3月告示）学習指導要領の特徴

2009年3月に告示された現行学習指導要領には、次のような特徴がある。

①共通必履修科目の設定

高校における学習の基礎となる国語、数学、外国語に共通必履修科目を設定。一方で、理科の科目履修の柔軟性を向上するなど「**共通性**」と「**多様性**」のバランスを重視。

②授業時数

卒業までに修得させる単位数は**74単位**。年間授業週数は**35週**、週あたりの標準授業時数は30単位時間、授業1単位時間は各学校が適切に定める。全日制課程における週当たりの授業時数は「30単位時間を標準」とした上で、30単位時間を超えて授業を行うこともできる。

③義務教育における学習内容の定着

学習が遅れがちで、義務教育段階の学習内容が身に付いていない生徒に対し、確実な定着を図るための学習機会を設けることを促進。

2 教育内容の主な改善事項

具体的な教育内容の改善事項としては、次のような事項が挙げられる。

①理数教育の充実

「数学Ⅰ」において統計に関する内容を必修化し、「**数学活用**」「**理科課題研究**」を新設するなど知識・技能を活用する探究学習を重視。「**科学と人間生活**」を新設。

②伝統や文化に関する教育の充実

歴史や宗教に関する教育を充実。あわせて、古典や武道、伝統音楽、美術文化、衣食住の歴史や文化に関する学習を充実。

③外国語教育の充実

指導する標準的な単語数を1,300語から1,800語に増加。授業は英語で指導を基本。

3 各教科等の年間授業時数

高等学校の年間授業時数は、表1の通りとなっている。

表1 高等学校の年間授業時数

教科	科目	標準単位数
国語	国語総合	4
	国語表現	3
	現代文A	2
	現代文B	4
	古典A	2
	古典B	4
地理歴史	世界史A	2
	世界史B	4
	日本史A	2
	日本史B	4
	地理A	2
	地理B	4
公民	現代社会	2
	倫理	2
	政治・経済	2
数学	数学Ⅰ	3
	数学Ⅱ	4
	数学Ⅲ	5
	数学A	2
	数学B	2
	数学活用	2
理科	科学と人間生活	2
	物理基礎	2
	物理	4
	化学基礎	2
	化学	4
	生物基礎	2
	生物	4
	地学基礎	2
	地学	4
	理科課題研究	1
保健体育	体育	7～8
	保健	2
芸術	音楽Ⅰ	2
	音楽Ⅱ	2
	音楽Ⅲ	2
	美術Ⅰ	2
	美術Ⅱ	2
	美術Ⅲ	2
	工芸Ⅰ	2
	工芸Ⅱ	2
	工芸Ⅲ	2
	書道Ⅰ	2
	書道Ⅱ	2
	書道Ⅲ	2
外国語	コミュニケーション英語基礎	2
	コミュニケーション英語Ⅰ	3
	コミュニケーション英語Ⅱ	4
	コミュニケーション英語Ⅲ	4
	英語表現Ⅰ	2
	英語表現Ⅱ	4
	英語会話	2
家庭	家庭基礎	2
	家庭総合	4
	生活デザイン	4
情報	社会と情報	2
	情報の科学	2
総合的な学習の時間		3～6

keyword
07
道徳教育

Basic Question いじめや暴力行為など、児童生徒の問題行動が学校教育上の課題となっています。児童生徒の心を健やかに育むために道徳教育は欠かせないものと考えていますが、詳しい内容がよく分かりません。道徳教育は、どのような目標に向けて進め、どんな点に配慮すべきかなど、道徳教育を推進する上での要点を教えてください。

児童生徒の心の成長にとって、道徳教育は欠かせません。道徳教育は、学校の全教育活動を通じて行うものとされています。それゆえ、学校として道徳教育の全体計画をしっかりと立て、どの教科・領域でどのように進めていくのかを全教職員で共通理解を図りながら進めていく必要があります。

Answer

1「総則」における道徳教育

道徳教育は、「道徳の時間」や2018年４月から導入される「特別の教科 道徳（道徳科）」と混同されがちである。道徳教育は、教科・領域を問わず学校全体として取り組むもので、道徳の時間や道徳科は教科・領域の一つに過ぎない。ただし、新学習指導要領では、道徳科を「**要**として」道徳教育を実施していくものとされている。

道徳教育については、新学習指導要領の総則において、「生きる力」の一要素である「豊かな心」を育むものとして関連する記述がいくつかあるので、キーワードを押さえておく必要がある。

新学習指導要領（小学校・中学校）
「第１章 総則」「第１ 小学校（中学校）教育の基本と教育課程の役割」
※中学校は「児童」→「生徒」、「外国語活動」はなし。
(2) 道徳教育や体験活動、多様な表現や鑑賞の活動等を通して、**豊かな心**や創造性の涵養を目指した教育の充実に努めること。
学校における道徳教育は、**特別の教科である道徳（以下「道徳科」という。）を要として**学校の**教育活動全体を通じて行う**ものであり、道徳科はもとより、各教科、外国語活動、総合的な学習の時間及び特別活動のそれぞれの特質に応じて、**児童の発達の段階を考慮**して、適切な指導を行うこと。

道徳教育は、教育基本法及び学校教育法に定められた教育の根本精神に基づき、自己の生き方を考え、主体的な判断の下に行動し、自立した人間として他者と共によりよく生きるための基盤となる道徳性を養うことを目標とすること。
道徳教育を進めるに当たっては、**人間尊重の精神**と**生命に対する畏敬の念**を家庭、学校、その他社会における具体的な生活の中に生かし、豊かな心をもち、**伝統と文化を尊重し**、それらを育んできた**我が国と郷土を愛し**、個性豊かな文化の創造を図るとともに、**平和で民主的な国家及び社会の形成者**として、公共の精神を尊び、社会及び国家の発展に努め、**他国を尊重**し、**国際社会の平和と発展**や**環境の保全**に貢献し未来を拓く主体性のある日本人の育成に資することとなるよう特に留意すること。

高等学校には、小学校や中学校と違い、道徳の時間や道徳科はない。しかし、道徳教育を「学校の教育活動全体を通じて行う」ことは、同じく学習指導要領の総則に示されている。

現行学習指導要領（高等学校）
「第１章 総則」「第１款 教育課程編成の一般方針」
学校における道徳教育は、生徒が**自己探求**と**自己実現**に努め**国家・社会の一員としての自覚**に基づき行為しうる発達の段階にあることを考慮し**人間としての在り方生き方**に関する教育を学校の教育活動全体を通じて行うことにより、その充実を図るものとし、各教科に属する科目、総合的な学習の時間及び特別活動のそれぞれの特質に応じて、適切な指導を行わなければならない。

2　道徳教育の実施体制

道徳教育の実施に当たっては、学校として次の事項を踏まえる必要がある。

①道徳教育推進教師の設置

学校は、校長の方針の下に、道徳教育の推進を主に担当する「**道徳教育推進教師**」を置く必要がある。

②道徳教育の全体計画と道徳科の年間指導計画の作成

学校は、学校の教育活動全体を通して道徳教育の目標を達成するための全体計画を作成しなければならない。また、道徳教育の要となる道徳科についても、児童生徒の発達段階に即して計画的・発展的に行われるよう、全学年にわたる年間指導計画を作成しなければならない。

keyword 08 特別の教科 道徳（道徳科）

Basic Question 「道徳の時間」が「特別の教科 道徳（道徳科）」となりました。道徳科の目標や内容について深く理解し、指導を行うことが重要になると考えます。道徳科の特性や授業を行う上で配慮すべき点等について教えてください。

Answer

2018年4月より小学校で、2019年4月より中学校で、「特別の教科 道徳」が導入されたことにより、「道徳の時間」では読み物資料集などを活用して行っていた指導が、教科書を使って行われるようになります。指導に当たっては、所属校における道徳教育の全体計画等と道徳科の年間指導計画をしっかりと踏まえることが求められます。

1 特別の教科 道徳（道徳科）の特徴

「特別の教科 道徳」は、2015年3月に告示された一部改正学習指導要領等によって、小・中学校の教育課程に新設された。「道徳の時間」との違いは次の通りである。

①記述式での評価

児童生徒の成長を促すことを目的として評価を実施。他の教科と異なり、数値での評価は行わず、記述式の評価を行うものとされている。

②検定教科書の使用

小学校では2018年4月から、中学校では2019年4月から、検定教科書を活用した指導がスタートする。

③「考える道徳」

善悪の判断基準を押し付けるのではなく、グループでの話し合い活動を行うなど、問題解決的な学習や体験的な学習を取り入れることが求められている。

2 道徳科の目標

学習指導要領には、道徳科の目標が次のように記されている。

「第３章 特別の教科 道徳」「第１　目標」

第１章総則の第１の２の（2）に示す道徳教育の目標に基づき、よりよく生きるための基盤となる**道徳性を養う**ため、**道徳的諸価値についての理解**を基に、自己を見つめ、物事を（中学校は「広い視野から」が加わる）多面的･多角的に考え、自己の（中学校は「人間としての」となる）生き方についての考えを深める学習を通して、**道徳的な判断力**、**心情**、**実践意欲と態度**を育てる。

3　道徳科の内容

道徳科の内容については、次のＡ～Ｄの４つの視点から内容項目を分類整理し、小学校では61 項目（第１・２学年 19 項目、第３・４学年 20 項目、第５・６学年 22 項目)、中学校では 22 項目にまとめられている。

視点	キーワード	
	小学校	中学校
A　主として自分自身に関すること	善悪の判断，自律，自由と責任／正直，誠実／節度，節制／個性の伸長／希望と勇気，努力と強い意志／真理の探究	自主，自律，自由と責任／節度，節制／向上心，個性の伸長／希望と勇気，克己と強い意志／真理の探究，創造
B　主として人との関わりに関すること	親切，思いやり／感謝／礼儀／友情，信頼／相互理解，寛容	思いやり，感謝／礼儀／友情，信頼／相互理解，寛容
C　主として集団や社会との関わりに関すること	規則の尊重／公正，公平，社会正義／勤労，公共の精神／家族愛，家庭生活の充実／よりよい学校生活，集団生活の充実／伝統と文化の尊重，国や郷土を愛する態度／国際理解，国際親善	遵法精神，公徳心／公正，公平，社会正義／社会参画，公共の精神／勤労／家族愛，家庭生活の充実／よりよい学校生活，集団生活の充実／郷土の伝統と文化の尊重，郷土を愛する態度／我が国の伝統と文化の尊重，国を愛する態度／国際理解，国際貢献
D　主として生命や自然，崇高なものとの関わりに関すること	生命の尊さ／自然愛護／感動，畏敬の念／よりよく生きる喜び	生命の尊さ／自然愛護／感動，畏敬の念／よりよく生きる喜び

4　指導に当たっての配慮事項

指導上の配慮事項として、学習指導要領には次のような内容が記されている。

①**道徳教育推進教師**を中心とした指導体制の充実

②道徳教育の「**要**」としての役割を果たせるよう計画的・発展的な指導

③**情報モラル**に関する指導の充実

④**家庭**や**地域社会**との共通理解と相互連携

keyword 09 外国語活動・外国語（教科）

Basic Question 小学校の新学習指導要領では、これまで5・6年生で実施していた「外国語活動」が3・4年生に前倒しされ、5・6年生には教科としての「外国語」が新設されました。小学校においても、教員が外国語の指導力を身に付けることは必須だと考えますが、どのような点に気を付けて指導すればよいのでしょうか。

Answer

これまでは、高学年の担任だけが外国語活動の指導に関わっていましたが、新学習指導要領が実施されたら、3年生以上の担任が外国語に関する指導を行うことになります。そこで、自分がいつ外国語の指導を担当しても大丈夫なよう準備をしておくことが求められます。自らの外国語力を高めるとともに、指導のあり方について十分に理解し、実際に授業を行えるように備えておくことが大切です。

1　外国語活動・外国語の目標

3・4年生の「外国語活動」と5・6年生の「外国語」の目標は、新学習指導要領において次のように定められているので、キーワードを押さえておく必要がある。

■「外国語活動」の目標

外国語によるコミュニケーションにおける**見方・考え方**を働かせ、外国語による**聞くこと、話すこと**の言語活動を通して、**コミュニケーションを図る素地となる資質・能力**を次のとおり育成することを目指す。

(1) 外国語を通して、言語や文化について体験的に理解を深め、日本語と外国語との音声の違い等に気付くとともに、**外国語の音声や基本的な表現に慣れ親しむ**ようにする。

(2) 身近で簡単な事柄について、外国語で聞いたり話したりして**自分の考えや気持ちなどを伝え合う力の素地を養う**。

(3) 外国語を通して、言語やその背景にある文化に対する理解を深め、相手に配慮しながら、**主体的に外国語を用いてコミュニケーションを図ろうとする態度を養う**。

■「外国語（教科）」の目標

外国語によるコミュニケーションにおける**見方・考え方**を働かせ、外国語による**聞くこと、**

読むこと、**話すこと**、**書くこと**の言語活動を通して、コミュニケーションを図る基礎となる資質・能力を次のとおり育成することを目指す。

(1) 外国語の**音声や文字**、**語彙**、**表現**、**文構造**、**言語の働き**などについて、日本語と外国語との違いに気付き、これらの知識を理解するとともに、読むこと、書くことに慣れ親しみ、聞くこと、読むこと、話すこと、書くことによる**実際のコミュニケーションにおいて活用できる基礎的な技能を身に付ける**ようにする。

(2) コミュニケーションを行う目的や場面、状況などに応じて、身近で簡単な事柄について、聞いたり話したりするとともに、音声で十分に慣れ親しんだ外国語の語彙や基本的な表現を推測しながら読んだり、語順を意識しながら書いたりして、**自分の考えや気持ちなどを伝え合うことができる基礎的な力を養う**。

(3) 外国語の**背景にある文化に対する理解を深め**、他者に配慮しながら、**主体的に外国語を用いてコミュニケーションを図ろうとする態度を養う**。

2　指導計画の作成と内容の取り扱いの要点

外国語活動や外国語の指導上の注意点については、新学習指導要領において次のような点が挙げられている。

○ **主体的・対話的で深い学び**の実現を図るようにすること

○ コミュニケーションの**目的**や**場面**、**状況**などを意識して活動を行うこと

○ 外国語の音声や語彙、表現などの知識を、「**聞くこと**」「**読むこと**」「**話すこと（やり取り）**」「**話すこと（発表）**」「**書くこと**」の5領域（外国語活動は「読むこと」「書くこと」を除く3領域）における実際のコミュニケーションにおいて活用する学習の充実を図ること

○ 学年ごとの目標を適切に定め、2学年間を通じて外国語科（外国語活動）の目標の実現を図るようにすること

○ 学級担任の教師または外国語科（外国語活動）を担当する教師が指導計画を作成し、授業を実施する際には、**ネイティブ・スピーカー**など外国語が堪能な地域人材などの協力を得る等指導体制の充実を図ること

keyword 10 特別活動

Basic Question 今年度、校務分掌で「特別活動部」に入ることとなりました。特別活動という言葉は知っていますが、具体的に説明せよと言われたら、どう答えたらよいか分かりません。特別活動の具体的内容と意義、校種別の特徴などについて教えてください。

Answer

特別活動は、学習指導要領においても「章」の一つとして位置づけられ、学校教育において重要な意味を持ちます。小・中学校は2017年3月告示、高等学校は2009年3月告示の各学習指導要領に沿って、ポイントを解説していきます。

1 特別活動の目標

特別活動の目標は、校種別に次のように示されている。

【小・中学校（2017年3月告示）】

集団や**社会**の形成者としての**見方・考え方**を働かせ、様々な集団活動に**自主的**、**実践的**に取り組み、互いのよさや可能性を発揮しながら**集団**や**自己**の生活上の課題を解決することを通して、次のとおり資質・能力を育成することを目指す。

(1) 多様な他者と**協働**する様々な**集団活動**の意義や活動を行う上で必要となることについて理解し、**行動の仕方**を身に付けるようにする。

(2) 集団や自己の生活、人間関係の**課題**を見いだし、解決するために話し合い、**合意形成**を図ったり、**意思決定**したりすることができるようにする。

(3) **自主的**、**実践的**な集団活動を通して身に付けたことを生かして、集団や社会における**生活**及び**人間関係**をよりよく形成するとともに、自己の（中学校は「人間としての」）生き方についての考えを深め、**自己実現**を図ろうとする態度を養う。

【高等学校（2009年3月告示）】

望ましい**集団活動**を通して、**心身**の調和のとれた**発達**と**個性**の**伸長**を図り、集団や社会の一員としてよりよい生活や人間関係を築こうとする**自主的**、**実践的**な態度を育てるとともに、人間としての**在り方生き方**についての自覚を深め、自己を生かす能力を養う。

2　特別活動の各活動と内容

具体的な活動内容として、学習指導要領には以下が掲載されている。

特別活動の具体的な活動内容

小学校	学級活動／児童会活動／クラブ活動／学校行事
中学校	学級活動／生徒会活動／学校行事
高等学校	ホームルーム活動／生徒会活動／学校行事

それぞれの目標と具体的内容は、次の通りである。

(1) 学級活動（小・中学校）・ホームルーム活動（高等学校）

【目標（小・中学校）】

学級や学校での生活をよりよくするための課題を見いだし、解決するために**話し合い**、**合意形成**し、**役割**を分担して**協力**して実践したり、学級での話合いを生かして自己の課題の解決及び将来の**生き方**を描くために意思決定して実践したりすることに、**自主的**、**実践的**に取り組むことを通して、第1の目標に掲げる資質・能力を育成することを目指す。

【内容（小・中学校）】

(1) 学級や学校における**生活づくり**への参画
(2) 日常の生活や学習への**適応**と自己の**成長**及び**健康安全**
(3) 一人一人の**キャリア形成**と**自己実現**

【目標（高等学校）】

ホームルーム活動を通して、望ましい**人間関係**を形成し、**集団**の一員としてホームルームや学校におけるよりよい**生活**づくりに参画し、諸問題を解決しようとする**自主的**、**実践的**な態度や健全な生活態度を育てる。

【内容（高等学校）】

(1) ホームルームや学校の**生活づくり**
(2) 適応と**成長**及び**健康安全**
(3) 学業と**進路**

(2) 児童会活動（小学校）、生徒会活動（中・高等学校）

【目標（小・中学校）】

異年齢の児童（生徒）同士で協力し、**学校生活**の充実と向上を図るための諸問題の解決に向けて、**計画**を立て**役割**を分担し、協力して運営することに**自主的**、**実践的**に取り組むことを通して、第1の目標に掲げる資質・能力を育成することを目指す。

【内容（小学校）】

(1) **児童会**の組織づくりと児童会活動の**計画**や**運営**

(2) **異年齢集団**による交流
(3) **学校行事**への協力

【内容（中学校）】
(1) **生徒会**の組織づくりと生徒会活動の**計画**や**運営**
(2) **学校行事**への協力
(3) **ボランティア活動**などの社会参画

【目標（高等学校）】
生徒会活動を通して、望ましい**人間関係**を形成し、**集団**や**社会**の一員としてよりよい学校生活づくりに参画し、協力して諸問題を解決しようとする**自主的**、**実践的**な態度を育てる。

【内容（高等学校）】
(1) **生徒会**の**計画**や**運営**
(2) **異年齢集団**による交流
(3) 生徒の諸活動についての**連絡調整**
(4) **学校行事**への協力
(5) **ボランティア活動**などの社会参画

(3) クラブ活動（小学校のみ）

【目標】
異年齢の児童同士で協力し、共通の**興味・関心**を追求する集団活動の計画を立てて運営することに**自主的**、**実践的**に取り組むことを通して、**個性**の伸長を図りながら、第1の目標に掲げる資質・能力を育成することを目指す。

【内容】
(1) クラブの**組織づくり**とクラブ活動の**計画**や**運営**
(2) クラブを**楽しむ**活動
(3) クラブの**成果の発表**

(4) 学校行事

【目標（小・中学校）】
全校又は学年の児童（生徒）で協力し、よりよい学校生活を築くための**体験的**な活動を通して、集団への**所属感**や**連帯感**を深め、**公共の精神**を養いながら、第1の目標に掲げる資質・能力を育成することを目指す。

【内容（小学校）】
(1) **儀式的行事**
(2) **文化的行事**
(3) **健康安全・体育的行事**
(4) **遠足・集団宿泊的行事**
(5) **勤労生産・奉仕的行事**

【内容（中学校）】
(1) **儀式的行事**
(2) **文化的行事**
(3) **健康安全・体育的行事**
(4) **旅行・集団宿泊的行事**
(5) **勤労生産・奉仕的行事**

【目標（高等学校）】
学校行事を通して、望ましい**人間関係**を形成し、集団への**所属感**や**連帯感**を深め、**公共の精神**を養い、協力してよりよい学校生活や社会生活を築こうとする**自主的**、**実践的**な態度を育てる。

【内容（高等学校）】
(1) **儀式的行事**
(2) **文化的行事**
(3) **健康安全・体育的行事**
(4) **旅行・集団宿泊的行事**
(5) **勤労生産・奉仕的行事**

3 内容の取扱い

内容の取扱いについては、「ガイダンス」と「カウンセリング」という言葉が、2017年3月告示の新学習指導要領（小学校・中学校）において追加された。

【小学校・中学校】
※下線部は小学校のみ。括弧内は中学校の表記
学校生活への適応や人間関係の形成（、進路の選択）などについては、主に**集団の場面**で必要な指導や援助を行う**ガイダンス**と、個々の児童（生徒）の多様な実態を踏まえ、一人一人が抱える課題に個別に対応した指導を行う**カウンセリング**（**教育相談**を含む。）の双方の趣旨を踏まえて指導を行うこと。特に入学当初や各学年のはじめにおいては、個々の児童（生徒）が学校生活に適応するとともに、希望や目標をもって生活できるよう工夫すること。あわせて、児童（生徒）の家庭との連絡を密にすること。

keyword 11 総合的な学習の時間

Basic Question 新しい学習指導要領の移行措置期間が2018年度からスタートしました。第3～6学年の「総合的な学習の時間」についても、できるだけ実生活に役立つ学習を子どもたちにさせたいと考えています。注意すべき点などを教えてください。

Answer

「総合的な学習の時間」は、学習指導要領の趣旨を踏まえ、各学校が目標・内容を設定しています。したがって、所属校が設定した目標・内容をきちんと踏まえて、実施していくことが求められます。

1 総合的な学習の時間の概要

「総合的な学習の時間」の概要は、以下の通りである（以下、小・中学校は2017年3月告示、高等学校は2009年3月告示の学習指導要領に基づく）。

①授業時数

小学校…第3～6学年で年間70単位時間
中学校…第1学年で年間50単位時間、第2・3学年で年間70単位時間
高等学校…3年間で105～210単位時間

②評価方法

・表現による評価…レポート、新聞、ポスター、プレゼンテーションなど
・観察による評価…話し合い
・**ポートフォリオ評価**…学習過程の成果、作品記録の集積
・**パフォーマンス評価**…身に付けた力を使っての活動
・**自己評価・相互評価**…評価カードや学習記録
・**他者評価**…教師や地域の方による評価など

2 総合的な学習の時間の目標

「総合的な学習の時間」の目標は、校種別に次のように示されている。

【小・中学校】

探究的な見方・考え方を働かせ、**横断的・総合的**な学習を行うことを通して、よりよく課題を解決し、自己の**生き方**を考えていくための資質・能力を次のとおり育成することを目指す。

(1) **探究的**な学習の過程において、課題の解決に必要な知識及び技能を身に付け、課題に関わる概念を形成し、探究的な学習のよさを理解するようにする。

(2) **実社会**や**実生活**の中から問いを見いだし、自分で課題を立て、**情報**を集め、**整理・分析**して、まとめ・表現することができるようにする。

(3) 探究的な学習に**主体的・協働的**に取り組むとともに、互いのよさを生かしながら、積極的に社会に**参画**しようとする**態度**を養う。

【高等学校】

横断的・総合的な学習や**探究的**な学習を通して、自ら課題を見付け、自ら学び、自ら考え、**主体的**に判断し、よりよく問題を解決する資質や能力を育成するとともに、学び方やものの考え方を身に付け、問題の解決や探究活動に**主体的**、**創造的**、**協同的**に取り組む態度を育て、自己の**在り方生き方**を考えることができるようにする。

3　各学校における指導計画の作成と内容の取扱いにおける配慮事項

「総合的な学習の時間」においては、上記学習指導要領の目標を踏まえ、各学校が目標と内容を定めることとなっている。そして、指導計画の作成と内容の取扱いにおける配慮事項が、次のように示されている。

【小・中学校】

※下線部は小学校のみ。括弧内は中学校の表記

1 指導計画の作成に当たっては、次の事項に配慮するものとする。

(1) 年間や、単元など内容や時間のまとまりを見通して、その中で育む資質・能力の育成に向けて、児童（生徒）の**主体的・対話的で深い学び**の実現を図るようにすること。その際、児童（生徒）や**学校、地域の実態**等に応じて、児童（生徒）が**探究的**な見方・考え方を働かせ、**教科**等の枠を超えた**横断的・総合的**な学習や児童（生徒）の興味・関心等に基づく学習を行うなど創意工夫を生かした教育活動の充実を図ること。

(2) 全体計画及び年間指導計画の作成に当たっては、学校における全教育活動との関連の下に、目標及び内容、学習活動、**指導方法**や**指導体制**、学習の**評価**の計画などを示すこと。（その際、小学校における総合的な学習の時間の取組を踏まえること。）

(3) 他教科等及び総合的な学習の時間で身に付けた資質・能力を相互に関連付け、学習や生活において生かし、それらが総合的に働くようにすること。その際、**言語能力**、**情報活用能力**など全ての学習の基盤となる資質・能力を重視すること。

(4) 他教科等の**目標**及び**内容**との違いに留意しつつ、第1の目標並びに第2の各学校において定める目標及び内容を踏まえた適切な学習活動を行うこと。

(5) 各学校における総合的な学習の時間の**名称**については、各学校において適切に定めること。

(6) **障害**のある児童（生徒）などについては、学習活動を行う場合に生じる**困難さ**に応じた指導内容や指導方法の工夫を計画的、組織的に行うこと。
(7) 第１章総則の第１の２の（2）に示す道徳教育の目標に基づき、**道徳科**などとの関連を考慮しながら、第３章特別の教科道徳の第２に示す内容について、総合的な学習の時間の特質に応じて適切な指導をすること。

２ 第２の内容の取扱いについては、次の事項に配慮するものとする。
(1) 第２の各学校において定める目標及び内容に基づき、児童（生徒）の学習状況に応じて教師が適切な指導を行うこと。
(2) **探究的**な学習の過程においては、他者と**協働**して課題を解決しようとする学習活動や、**言語**により分析し、**まとめ**たり**表現**したりするなどの学習活動が行われるようにすること。その際、例えば、**比較する、分類する、関連付ける**などの考えるための技法が活用されるようにすること。
(3) 探究的な学習の過程においては、コンピュータや情報通信ネットワークなどを適切かつ効果的に活用して、情報を**収集・整理・発信**するなどの学習活動が行われるよう工夫すること。その際、**コンピュータ**で文字を入力するなどの学習の基盤として必要となる情報手段の基本的な操作を習得し（小学校のみ）、**情報**や**情報手段**を主体的に選択し活用できるよう配慮すること。
(4) **自然体験**や（**職場体験活動、**）**ボランティア活動**などの**社会体験**、**ものづくり**、**生産活動**などの**体験活動**、**観察・実験**、**見学**や**調査**、**発表**や**討論**などの学習活動を積極的に取り入れること。
(5) 体験活動については、第１の目標並びに第２の各学校において定める目標及び内容を踏まえ、**探究的**な学習の過程に適切に位置付けること。
(6) **グループ学習**や**異年齢集団**による学習などの多様な学習形態、地域の人々の協力も得つつ、全教師が一体となって指導に当たるなどの指導体制について工夫を行うこと。
(7) **学校図書館の活用**、他の学校との連携、**公民館**、**図書館**、**博物館等**の社会教育施設や社会教育関係団体等の各種団体との連携、地域の教材や学習環境の積極的な活用などの工夫を行うこと。
(8) **国際理解**に関する学習を行う際には、探究的な学習に取り組むことを通して、諸外国の**生活**や**文化**などを体験したり調査したりするなどの学習活動が行われるようにすること。（小学校のみ）
(9) **職業**や自己の**将来**に関する学習を行う際には、探究的な学習に取り組むことを通して、自己を理解し、将来の生き方を考えるなどの学習活動が行われるようにすること。（中学校のみ）
(10) **情報**に関する学習を行う際には、探究的な学習に取り組むことを通して、情報を**収集・整理・発信**したり、情報が日常生活や社会に与える影響を考えたりするなどの学習活動が行われるようにすること。第１章総則の第３の１の（3）のイに掲げる**プログラミング**を体験しながら**論理的思考力**を身に付けるための学習活動を行う場合には、プログラミングを体験することが、探究的な学習の過程に適切に位置付くようにすること。（小学校のみ）

高等学校の指導計画の作成と内容の取扱いにおける配慮事項は、要点をまとめると次の通り。

①指導計画作成上の配慮事項

○ 全教育活動との関連の下に目標や内容、指導方法、学習の評価の計画などを示すこと。

○ 地域や学校、生徒の実態等に応じ、**教科**等の枠を超えた**横断的・総合的**な学習活動を行うこと。

○ **日常生活**や**社会**とのかかわりを重視すること。

○ 例として**国際理解・情報・環境・福祉健康**などの横断的・総合的な課題についての学習活動、生徒が興味･関心や進路等に応じて設定した課題について知識や技能の**深化･総合化**を図る学習活動、自己の在り方生き方や進路について考察する学習活動などを行うこと。

○ 各教科・科目や特別活動の目標及び内容との違いに留意すること。

○ **名称**は各学校で適切に定めること。

②内容の取扱い上の配慮事項

○ 生徒の学習状況に応じて適切な指導を行うこと。

○ 他者と協同して問題を解決する学習活動、**言語**により分析して**まとめ**たり**表現**したりする学習活動を行うこと。

○ **自然体験**や**就業体験活動**、**ボランティア活動**などの**社会体験**、**ものづくり**、**生産活動**などの**体験活動**、**観察・実験・実習**、**調査・研究**、**発表**や**討論**などの学習活動を積極的に取り入れること。

○ **グループ学習**や**個人研究**などの多様な学習形態、地域の人々の協力も得つつ全教師が一体となって指導に当たるなど指導体制を工夫すること。

○ 学校図書館の活用、他の学校との連携、**公民館**、**図書館**、**博物館**等の社会教育施設や社会教育関係団体等の各種団体との連携、**地域**の教材や学習環境の積極的な活用などを工夫すること。

keyword 12 特別支援学校

Basic Question 特別支援学校の小学部の担任をしています。在籍するのは、知的発達の遅れがある子どもたちです。まだ、特別支援学校に来てまもなく、その教育課程などもよく分かりません。どのような点に注意をしながら指導していけばよいのでしょうか。

Answer

必要な配慮や指導については、特別支援教育コーディネーターに相談しながら進めていくことが大切です。また、小学部・中学部については、新しい学習指導要領が2017年4月に告示されましたので、その方向性を押さえながら、指導していくようにしましょう。

1 改訂の方向性

特別支援学校小学部・中学部学習指導要領の改訂における基本的な方向性は、次の通りである。基本的な趣旨等は、小学校や中学校などの新しい学習指導要領と変わらない。

○ **社会に開かれた教育課程**の実現、育成を目指す資質・能力、**主体的・対話的**で**深い学びの視点**を踏まえた指導改善、各学校におけるカリキュラム・マネジメントの確立など、初等中等教育全体の改善・充実の方向性を重視。
○ 障害のある子どもたちの学びの場の**柔軟**な選択を踏まえ、幼稚園、小・中・高等学校の教育課程との**連続性**を重視。
○ 障害の重度・重複化、多様化への対応と卒業後の**自立**と**社会参加**に向けた充実

教育内容の主な改善事項としては、次の点が挙げられる。

○ 知的障害者である子どものための各教科等の目標や内容について、育成を目指す**資質・能力の三つの柱**に基づき整理。その際、各部や各段階、幼稚園や小・中学校とのつながりに留意し、次の点を充実。
・中学部に2つの段階を新設し、小・中学部の各段階に目標を設定
・小学部の教育課程に**外国語活動**を設けることが可能に
○ 視覚障害者、聴覚障害者、肢体不自由者、病弱者である子どもに対する教育を行う特別支

援学校において、子どもの障害の状態や特性等を十分考慮し、育成を目指す資質・能力を育むため、障害の特性等に応じた指導上の配慮を充実するとともに、コンピュータ等の**情報機器（ICT 機器）**の活用等について規定。
○ **発達障害**を含む多様な障害に応じた指導を充実するため、自立活動の内容として、「障害の特性の理解と生活環境の調整に関すること」などを規定。
○ 卒業後の視点を大切にした**カリキュラム・マネジメント**を計画的・組織的に行うことを規定。
○ 幼稚部、小学部、中学部段階からの**キャリア教育**の充実を図ることを規定。
○ 生涯学習への意欲を高めることや、生涯を通じてスポーツや文化芸術活動に親しみ、豊かな生活を営むことができるよう配慮することを規定。
○ 障害のない子どもとの**交流**および**共同学習**を充実（心のバリアフリーのための交流および共同学習）。

2　教育目標

特別支援学校の小学部・中学部の新しい学習指導要領には、「第1章　総則」において次のように教育目標が示されている。

第1節 教育目標
小学部及び中学部における教育については、学校教育法第 72 条に定める目的を実現するために、児童及び生徒の**障害の状態**や**特性**及び心身の**発達の段階**等を十分考慮して、次に掲げる目標の達成に努めなければならない。
1 小学部においては、学校教育法第 30 条第1項に規定する小学校教育の目標
2 中学部においては、学校教育法第 46 条に規定する中学校教育の目標
3 小学部及び中学部を通じ、児童及び生徒の障害による学習上又は生活上の**困難**を改善・克服し自立を図るために必要な**知識**、**技能**、**態度**及び**習慣**を養うこと。

3　自立活動

特別支援学校の教育課程には、「自立活動」が置かれ、その目標は次のように示されている。

個々の児童又は生徒が自立を目指し、障害による学習上又は生活上の困難を主体的に改善・克服するために必要な知識、技能、態度及び習慣を養い、もって心身の調和的発達の基盤を培う。

自立活動の内容については、「**健康の保持**」「**心理的な安定**」「**人間関係の形成**」「**環境の把握**」「**身体の動き**」「**コミュニケーション**」の6項目が示されている。

keyword 13

高等学校学習指導要領（新）

Basic Question 2018 年３月、高等学校の新学習指導要領が告示されました。「高大接続改革」との一体改革により、教科・科目などが大幅に変更されたと聞きましたが、どのように変わったのでしょうか。改訂の方向性も含めて教えてください。

Answer

「主体的・対話的で深い学び」等を通じて、「生きる力」を醸成するという方向性は小・中学校と同じです。「何のために学ぶのか」という学習意義を共有して授業の創意工夫を行い、「知識及び技能」「思考力、判断力、表現力等」「学びに向かう力、人間性等」の「資質・能力の３つの柱」で全教科等の再調整を行うなど、教科内容や教科の新設、統合が行われます。改訂のポイント等が数多くあるので、確認しておきましょう。

1　主体的に学び生きる力の育成

思考力や判断力、表現力を重視し、全教科に討論や発表を取り入れた**主体的・対話的で深い学び**（アクティブ・ラーニング）を導入する。

言語能力の確実な育成、**理数教育**の充実、**伝統や文化**に関する教育の充実、**道徳教育**の充実、**外国語教育**の充実、**職業教育**の充実を図る。

2　カリキュラム・マネジメントの確立

学習の基盤となる言語能力や情報活用能力、問題発見・解決能力などの資質・能力や今後の課題解決に対応する資質・能力の育成に向けて、教科の学習を**教科等横断的**な視点で組み立て学習を充実させる（教科等横断的な教育課程の編成）。また、主体的・対話的で深い学びを充実するため、授業のまとまりの中で「**習得・活用・探究**」のバランスを工夫する。そのため、各学校が工夫・改善を行い学習効果の最大化を図るために**カリキュラム・マネジメント**を確立することが求められる。

3　教育内容の改善

○各教科・科目の中で考える過程を大切にし、自らの考えを表現し議論すること、また観察や調査の結果や過程を報告書にまとめるなど**言語活動**を充実させる。

○理数を学ぶことの有用性を知り、日常生活や社会との関連を重視する。見通しを持った実験観察を行い**科学的な探究**を行う。統計や分析、データの収集など統計教育を充実させる。

○国語においては情報を的確に理解し、効果的に表現する力の育成など**言語能力**の育成を行う。

4　道徳教育の充実

○各学校において校長のリーダーシップの下、**道徳教育推進教師**を中心に、全ての教師が協力して道徳教育を展開する。

○公民の「公共」、「倫理」、特別活動を、人間としての在り方生き方に関する中核的な指導の場面とする。

5　総合的な探究の時間

「総合的な学習の時間」の名称が「**総合的な探究の時間**」と変更された。内容的には「総合的な学習の時間」と変わらず、標準単位数３～６である。

6　その他

その他に、不登校や日本語の習得に困難な生徒への配慮事項、消費者教育・防災安全教育、部活動、キャリア教育等が、重要事項として挙げられている。

7　授業科目と授業時数・単位

教科・科目が、大学入試などの「高大接続改革」との一体改革を意識した内容に改訂された。具体的内容は次の通り。

①外国語

- 「英語コミュニケーションⅠ・Ⅱ・Ⅲ」を新設し、読む、書く、話す（やり取り）（発表）をバランス良く育成。
- 「論理・表現Ⅰ・Ⅱ・Ⅲ」を新設し、発信力を強化。

②地理歴史／公民

- 選挙権年齢の 18 歳への引き下げに伴い、「**公共**」を新設。主権者教育の内容を充実。
- 近現代の日本史と世界史を融合した「**歴史総合**」を新設。
- 「**地理総合**」を新設。領土に対する正しい知識を身に付けさせる。

③理数

- 「理数探究」「理数探究基礎」を新設。将来、学術研究等につながる創造性豊かな人材を育成するための探究的科目を設置。大学との連携を行う。

④情報科

必履修科目として「情報Ⅰ」を新設。プログラミング、情報セキュリティ、データベースの基礎学習を行う。

その他にも、思考力や判断力・表現力を重視する方向性を打ち出し、「古典探究」「日本史探究」「世界史探究」「理数探究」「総合的な探究の時間」が名称変更・新設された。

表１　新学習指導要領における高等学校の年間授業時数

教科	科目	標準単位数	必履修科目
国語	現代の国語	2	○
	言語文化	2	○
	論理国語	4	
	文学国語	4	
	国語表現	4	
	古典探究	4	
地理歴史	地理総合	2	○
	地理探究	3	
	歴史総合	2	○
	日本史探究	3	
	世界史探究	3	
公民	公共	2	○
	倫理	2	
	政治・経済	2	
数学	数学Ⅰ	3	○２単位まで減可
	数学Ⅱ	4	
	数学Ⅲ	3	
	数学Ａ	2	
	数学Ｂ	2	
	数学Ｃ	2	
理科	科学と人間生活	2	「科学と人間生活」を含む２科目又は基礎を付した科目を３科目
	物理基礎	2	
	物理	4	
	化学基礎	2	
	化学	4	
	生物基礎	2	
	生物	4	
	地学基礎	2	
	地学	4	
保健体育	体育	7〜8	○
	保健	2	○
芸術	音楽Ⅰ	2	○（音楽Ⅰ・美術Ⅰ・工芸Ⅰ・書道Ⅰから）
	音楽Ⅱ	2	
	音楽Ⅲ	2	
	美術Ⅰ	2	
	美術Ⅱ	2	
	美術Ⅲ	2	
	工芸Ⅰ	2	
	工芸Ⅱ	2	
	工芸Ⅲ	2	
	書道Ⅰ	2	
	書道Ⅱ	2	
	書道Ⅲ	2	
外国語	英語コミュニケーションⅠ	3	○２単位まで減可
	英語コミュニケーションⅡ	4	
	英語コミュニケーションⅢ	4	
	論理・表現Ⅰ	2	
	論理・表現Ⅱ	2	
	論理・表現Ⅲ	2	
家庭	家庭基礎	2	○（いずれか）
	家庭総合	4	
情報	情報Ⅰ	2	○
	情報Ⅱ	2	
理数	理数探究基礎	1	
	理数探究	2〜5	
総合的な探究の時間		3〜6	○２単位まで減可

※下線は新設

第3章

教育原理

「教育原理」とは、学校において進められる教育活動等の「基本原理」となるものです。その内容は「学習指導」「生徒指導」「特別支援教育」「人権教育」など多岐にわたり、教育に対する基礎的・学術的理解を確認するために、教員採用試験でも必ず問われます。もちろん、良き教師を目指す上でも、しっかりと理解しておきたい領域です。

keyword 01 陶冶と訓育

（とうや くんいく）

Basic Question 学級の子どもたちにより良い人間関係を育てたいと思い、大学の先生に相談したところ「陶冶と訓育を勉強したらどうか」と言われました。どのような指導のことを指すのでしょうか。

Answer

簡単に説明すると「陶冶」とは知的・技能的・道徳的・美的諸能力を発展させることによって、より良い人間形成をしようとすることです。「訓育」とは、豊かな感情や意志を育みながら人格の形成を目指す教育作用のことです。

1　陶冶

「陶冶」とはドイツ語の「Bildung」の訳語で、土をこねたり金属をたたいたりして形づくることから転じて、「人間形成」「教育」という意味である。教育が、人間の成長に関する包括的概念であるのに対して、陶冶はより良い人間形成をしようとすることを指し、「訓育」と並列して表記されることがある。陶冶には、**形式**陶冶と**実質**陶冶がある。

①形式陶冶

人間形成に関わる部分、**精神的な諸能力**を身に付けさせることを指す。つまり、知識を使いこなす能力のことで、記憶力・想像力・問題解決能力・判断力・推理力・観察力・意志力・思考力・感情などを指す。

②実質陶冶

知識・技能の習得を重視する。つまり、個々の知識・技能を身に付けさせることを指す。教科の学習内容の実質的・内容的価値に注目し、実生活の中で役立つ具体的な知識や技能それ自体の習得を目指す。

2　訓育

訓育は、**道徳教育**と同義に用いられることがある。対義語になるのが「**知育**」で、知識の習得を目指す「**教授**」と同義であるのに対し、訓育は一人一人の児童生徒と全人格的に交わり、その児童生徒の個性的特性に直接働きかけながら訴え、訓戒、警告などを通して素質・習慣等を良い方向に伸ばすように、教え育てることである。訓育と教授を包括して「陶冶」とも言う。

keyword 02 教授・学習プラン

Basic Question 最近、子どもたちが意欲をもって授業に取り組まなくなってきました。どのようにしたら興味関心をもって学習活動に取り組むようになるのか、効果的な学習法を教えてください。

Answer

授業は児童生徒が意欲的に学習し、学力がつくように学習計画や授業形態を工夫することが重要です。1900年代から行われてきた代表的な教授・学習プランを紹介しますので、学級の子どもたちの実態を踏まえつつ、活用してみてください。

代表的な教育プラン

①ドルトン・プラン（1920年）…パーカースト

・教育内容を主要教科群（数学･歴史･理科･英語･地理･外国語）と**副次的教科群**（音楽・芸術・手芸・家事・手工・体操）に分類。

・主要教科群は、教師が課す「**学習割当表**（アサインメント）」に基づき児童生徒が「契約仕事」として、「実験室」と呼ばれる教科別の教室に移動し、**自学形式**で実施。副次的教科群は、学級単位で**一斉講義形式**で実施。

②ウィネトカ・プラン（1919年）…ウォッシュバーン

・学習領域を**共通基本教科**と**社会的・創造的活動**に分類。共通基本教科は、診断テストや自己診断等を通じて学習進度や単元の進め方を個別化し、学習者のペースに合わせて行う。社会的・創造的活動は、グループ活動で行う。

③プロジェクト・メソッド（1918年）…キルパトリック

・問題解決の過程として、**目的設定**、**計画**、**実行**、**評価**の４段階を設定。

・デューイの**経験主義**に基づき、**実践**を通じて**問題解決**に取り組む。

④モリソン・プラン（1920年）…モリソン

・教科を特性により科学型、鑑賞型、言語型、実技型、反復練習型に分類し、教授段階を設定（例：科学型の「探究→提示→類化→組織→発表」など）。

⑤イエナ・プラン（1924年）…ペーターゼン

・学年別の学級編制をやめ、異学年による４つの基幹集団に再編制。指導する立場と指導される立場を経験させることで、社会性の育成を目指す。

keyword 03

教授・学習理論

Basic Question 授業をやっていて、子どもたちにとって効果的ではない学習をさせているのではないかと気がかりです。効果的な授業を行う上で大切なことは何でしょうか。教授・学習理論について教えてください。

Answer

授業づくりで大切なことは、児童生徒が意欲的に学習し、一人一人の学力を高めることです。教授と学習について、いくつかの理論・考え方がありますので、それぞれの特徴を学び、授業に生かしてみてください。

1　教授理論

教授理論には、**児童中心主義**と**教科中心主義**の２つがある。

①児童中心主義

直観教授…実物や事象、絵画、模型・写真などを観察させ、具体的、感覚的に理解させる教育法。コメニウス、ルソーらの理論を基に**ペスタロッチ**が提唱。

②教科中心主義

知識を体系的・段階的に伝達する教育法。有名なものとして次のものがある。

・**ヘルバルト**…４段階教授法（明瞭→連合→系統→方法）
・**ツィラー**…５段階教授法（分析→総合→連合→系統→方法）
・**ライン**…５段階教授法（予備→提示→比較→総括→応用）

明瞭：物のイメージを明瞭に認識すること
連合：類似するイメージ同士を合流・連合すること
系統：連合されたイメージを意味付けしながら系統化すること
方法：系統で得られた概念を発展させ、新しいイメージに応用すること
予備：授業の冒頭で内容を予告すること
提示：内容を説明すること
比較：過去の教育内容と比較すること
総括：学習した内容をまとめること
応用：得た知識を他の場面で活用できるようにすること

2　学習理論

①発見学習…ブルーナー

知識を教え込むのではなく、知識の**生成過程**をたどらせることを通じて知識を発見させ体系的・構造的に理解させる学習法。

②問題解決学習…デューイ

「**なすことによって学ぶ**」の考え方に基づき、児童生徒が実生活を通じて自発的に問題を発見・解決していくプロセスを経て、知識や論理的思考力、問題解決力などを身に付けさせようとする学習法。

③プログラム学習…スキナー

オペラント条件づけの原理に基づく、**行動主義心理学**の基本的理論。スモール・ステップの原理、即時確認の原理、積極的反応の原理、自己ペースの原理、学習者検証の原理の５原理で構成される。

④バズ学習…フィリップス

グループ学習と討議法を組み合わせた学習法。６人のグループで６分間討議をさせるもので、「６－６討議法」とも呼ばれる。

⑤完全習得学習（マスタリー・ラーニング）…ブルーム

教え方や評価方法を児童生徒の適性・到達度に合わせるなどして工夫することで、すべての学習者に学習内容を完全に習得させようとする学習法。あらかじめ設定した達成目標に対して、**形成的評価**を中心に**診断的評価**や**総括的評価**を取り入れ、**指導**と**評価**の一体化を図る。

⑥範例学習…ハインペル、ワーゲンシャイン

数ある価値・情報の中から、基本的・本質的なものだけを精選して深く学ばせる学習法。

⑦有意味受容学習…オースベル

学習者に対し、事前に予備知識（**先行オーガナイザー**）を与えることで、学習者の学習効率を高める教授学習法。

⑧ティーム・ティーチング（T・T）…ケッペル

２人以上の教師が**ティーム**となり、それぞれの専門性を生かしながら協力して進める指導法。日本の学校においても、よく用いられている。

⑨水道方式…遠山啓

筆算を中心とした算数教育の指導法。教材として**タイル**を使う。標準的な問題から入り、次第に複雑な問題を解かせる。

⑩仮説実験授業…板倉聖宣

事前に立てた予想とその集合を**仮説**とし、**実験**を通じて結果を比較することで、科学の基礎概念・原理を学ばせる指導法。

keyword 04 一斉学習・グループ学習・個別学習

Basic Question 子どもたちの学力を高めるにはどうしたらよいか悩んでいます。学年主任の先生に相談したら、「学習法を工夫することが大事」と指導を受けました。具体的にどのような学習法があるのでしょうか。

Answer

学力を高めるための学習法には、大きく分けて「一斉学習」「グループ学習」「個別学習」の3つがあります。それぞれ長所・短所があり、授業ではこれらの方法を組み合わせることで、効果的に学力を高めることができます。

1 一斉学習

一人の教師が学級の児童生徒全員に、同じ内容、同じ進度、同じ方法で進める学習方法。具体的なものとして、**講義法**、**問答法**、**討議法**、**劇化法**、**モニトリアル・システム**などがある。教師が一方的に話し続けるのではなく、問答や討議を取り入れたり、視聴覚教材を用いたりすることで、学習効果を上げることができる。

《長所》 児童生徒全員が同じ内容を学ぶため、学力の平均化を図りやすい。また、教える側の予定通りに進められ、効率的である。

《短所》 教師主導の画一的、形式的な授業に陥りやすい。理解の遅い児童生徒は取り残され、理解の早い児童生徒は物足りないなどの不満も出てくる。個々の子どもの興味・関心、個人差に対応しにくいため、問答法を取り入れるなどして工夫する必要がある。

○モニトリアル・システム（ベル・ランカスター方式）

少数の授業者が多数の学習者に対して授業する形は、19世紀初めにイギリスで開発された**モニトリアル・システム（ベル・ランカスター方式）**に始まるとされ、これが近代教育の基本形態として広く採用された。

2 グループ学習（小集団学習）

興味や能力などを考慮して編成された小グループ単位で進める学習方法。共通目的の達成を目指し、子ども同士が影響を及ぼし合うことを期待する学習形態である。意見の交換や協同作業による知的、社会的発達が目指される。具体的なものとして、**バズ学習（バズ・セッション）**、**習熟度**別グループ指導などがある。

《長所》一人一人に活動の場を与えるので、学習意欲を高めやすい。

《短所》人間関係が影響するため、グループ分けを工夫する必要がある。学習のめあてや役割分担を明確にしないと、期待した学習効果が得られない。

○バズ学習（バズ・セッション）

少人数のグループに分けて自由に発言・討議させる小集団学習法。アメリカの**フィリップス**によって考案された。がやがやと話し合いながら問題解決を図る様子が、ハチが飛び交う羽音（buzz）に似ていることに由来する。

3　個別学習

学習者の個々の能力や適性などに応じ、その自発性を重んじて学習目標を達成させようとする学習方法。マンツーマンで行う指導を指すこともあり、学習者が他者に頼らず自分のペースで学ぶ独学とは異なる。**ドルトン・プラン**や**ウィネトカ・プラン**がその先駆で、プログラム学習もその一例。

《長所》興味・関心・能力に応じて一人一人のペースで学習を進められる。

《短所》他の子どもたちとの学び合いの機会がない。効率が悪い。

○ドルトン・プラン

1920年代にアメリカ・マサチューセッツ州ドルトン市の小学校教師**パーカースト**により実施された学習法。子どもが教科別の「実験室」を自由に選び、個性や能力に応じて作成された学習計画に基づき、個別に学習する。

○ウィネトカ・プラン

1919年、**ウォッシュバーン**が、アメリカのイリノイ州ウィネトカ市の小・中学校で行った教育法。共通基本教科（読・書・算の3R' s）は個別指導で、社会的・創造的活動（音楽・美術・体育等）は集団学習で実施。

4　ティーム・ティーチング（T・T）

1955年にアメリカの**ケッペル**が考案した指導法。複数の教師が、それぞれの専門性を生かしながらチームとして指導に当たる。指導だけでなく、指導計画の立案、**教材**づくり、**評価**も協同で行う。

《長所》「**学級王国**」の弊害を防止し、学級経営の円滑化が図れる。複数の目で子どもを見られるため、個に応じた学びが図れる。

《短所》教師が互いに依存的になり、児童生徒への働きかけが滞ることがある。サブティーチャーが児童生徒の補助や管理だけになることがある。ねらいに沿わない授業になることがある。

keyword 05 講義法・バズ学習

Basic Question 授業が単調なせいか、子どもたちがおしゃべりをしてしまいます。先日、ある子どもからは「授業つまらない」と言われました。子どもたちが意欲的に学習できる方法を教えてください。

Answer

学習形態を工夫する必要があります。教師が子どもたちの前で説明する「講義法」だけでなく、少人数のグループで話し合うバズ学習なども取り入れながら、授業を組み立ててみてください。

1 講義法

教師が児童生徒に説明や講話を行い、思考や想像力に訴えて理解させる指導法。**説明法**と**講話法**があり、**視聴覚的方法**を用いることもある。

- 説明法…客観的な知識の理解を目指し、聞き手の思考に訴える方法。
- 講話法…臨場感豊かに話しかけ、聴き手の想像力に訴える方法。
- 視聴覚的方法…視聴教材を用い、情報を正しく生き生きと伝える方法。
  (使用する教材…図表、地図、テレビ、プロジェクターなど)

《長所》短時間に多くの体系的知識を教師の意図通りに伝えることができる。
《短所》児童生徒の主体性が軽視され、受動的な態度を助長しやすい。

2 バズ学習(バズ・セッション)

学級を小グループに分け、話し合いをしながら知識や思考力、問題解決能力を高める学習法。**グループ学習**と**討議法**を組み合わせた方法である。

○バズ・セッション

代表的な形式は、6人グループで6分間討議し、その結果を持ち寄って全員で討議するもの。この形式を学校の授業に取り入れたものが**バズ学習**で、アメリカの**フィリップス**が考案した。

《長所》大人数の中で発言できない児童生徒でも発言しやすい。児童生徒の人間関係の構築と学習内容の習熟を両面から図れる。
《短所》教師が児童生徒を十分に掌握できていないと、効果的に実施できない。

keyword 06 プログラム学習

Basic Question このところ子どもたちが授業中に解答を間違えることが多いので、先輩教員に相談したところ「プログラム学習」を取り入れてはどうかと助言されました。プログラム学習とは、具体的にどのようなものなのでしょうか。

Answer

プログラム学習とは、刺激に対する反応を強化することを基本として個別に学習させていく方法です。これを進める際には5つの原理を踏まえる必要があり、理解しておきましょう。

1　プログラム学習

行動主義心理学の立場から、アメリカの**スキナー**が提唱した学習法。ラットのレバー押し実験に見られる**オペラント条件づけ**の理論に基づき、**ティーチングマシン**を活用しながら個別に学習する。実際の授業では、学習内容を細分化して系統的に配列し、児童生徒が個々の能力に応じて学習する。現代では、ティーチングマシーンとコンピュータを連動させる形で活用されている。

2　プログラム学習の５つの原理

プログラム学習には、次の５つの原理がある。

①**スモール・ステップの原理**…学習者の失敗を少なくするために、学習内容を細かく段階分けして学習させること。

②**即時確認の原理**…学習者に対し、反応が正答かどうかをすぐに確認して知らせること。反応が正しければ次に進み、誤りならば正しい解答が得られるように導く。

③**積極的反応の原理**…学習者の積極性を引き出しながら進めること。

④**自己ペースの原理**…学習者の能力等に合った速度で学習を進めること。

⑤**学習者検証の原理**…実施したプログラム内容の評価・検証は、専門家が判断するのではなく、実際に学習が成立したかどうか、学習者の学習結果によって判断すること。

《長所》一人一人に見合ったペースで学べる。知識の習得に適している。

《短所》思考力を身に付ける学習には適さない。

keyword 07 完全習得学習・発見学習

Basic Question 学級の子ども一人一人の学力に合わせた学習法を探しています。「完全習得学習がよい」との話を聞きましたが、具体的にどのような学習なのか教えてください。

Answer

「完全習得学習」は、児童生徒の適性に合わせ、すべての学習者に完全に習得させようとする学習法で、ブルームが提唱しました。もう一つ、子どもが発見の喜びを味わえる学習法として「発見学習」があり、ブルーナーが提唱しました。

1 完全習得学習

一斉授業を基本とし、評価を生かして適切に指導することで、学習者に学習内容を完全に理解させる教授法で、**ブルーム**が提唱した。**診断的評価**、**形成的評価**、**総括的評価**の３つの評価を活用するが、中でも形成的評価を重視。

①**診断的評価**…学習活動に入る前に、学習者の実態を把握するための評価。評価結果に基づき、指導計画が立てられる。

②**形成的評価**…学習の過程において、学習者がどの程度理解したかを確認するための評価。評価結果に基づき、指導計画等を修正する。

③**総括的評価**…学習活動の最後に、学習者の達成度を確認する評価。評価結果に基づき、教師は次の指導方針を立てる。

《長所》形成的評価を用いながら学習を進めるので、学習効果が高い。

《短所》個別指導のため、一人の指導者が複数の学習者に指導できない。

2 発見学習

学習者に知識の生成過程をたどらせることを通じ、体系的・構造的に把握させようとする教授法で、**ブルーナー**が**『教育の過程』**の中で提唱した。科学的概念や法則を学習者が自ら発見していくことを重視しているが、全く未知のものを発見させるのでなく、既知のものを児童生徒に再発見させるものである。

《長所》学習者の意欲を高められる。獲得した知識が活用され、記憶されやすい。

《短所》時間がかかる。一人の発見に過ぎない。

keyword 08

習熟度別学習

Basic Question 小学４年生の担任をしていますが、子どもたちの算数の習熟度に開きがあり、改善が必要です。学年全体で習熟度別の少人数指導を行いたいと思いますが、まずは習熟度別学習とはどのようなものか、基本的な情報を教えてください。

Answer

習熟度別学習とは、子どもたち一人一人の習熟度・到達度に合わせて行う学習法のことです。学年全体の子どもを複数のグループに分ける方法や、１つの学級の子どもを複数のコースに分ける方法などがあります。公立学校では、「学力別」「能力別」ではなく「習熟度別」という言葉を使い、グループ名等も優劣が分からないような配慮がなされています。

習熟度別学習

全国各地の学校では、習熟度別の少人数学級を作ったり、単元の導入や応用力を養う場面で習熟度によらない少人数学級を作ったりするなど、さまざまな工夫が行われている。

文部科学省では、2002年度に、習熟度別授業などを研究する学校として、全国の公立小・中学校約1,600校を「学力向上フロンティアスクール」に指定した。また、2003年12月の学習指導要領一部改正の際、「個に応じた指導の充実」の一例として習熟度別学習を盛り込んでいる。

習熟度別学習については、その評価をめぐってさまざまな意見があるが、実践する側としては、長所を生かし、短所を工夫改善していく視点が重要となる。

《長所》

- 児童生徒の能力・到達度に応じたきめ細かい指導ができる。
- 児童生徒が自分のペースで安心して学習できる。
- 意欲が高まり、学力が向上する。

《短所》

- 能力的に均質化された集団で学習するため、優劣がつかず、意欲がわかないこともある。

keyword 09

モジュール学習

Basic Question 新学習指導要領で「モジュール学習」が導入されるとの話を聞きました。10～15分程度の短い時間を使った学習だと聞いていますが、これを実施することのねらいや意義について教えてください。

Answer

「モジュール学習」は10～15分程度の短時間学習のことで、「授業時数の確保」と「学習内容の効率的な定着」を主たる目的としています。授業の単位時間を固定せず、例えば小学校なら15分のモジュール学習を3回行えば、1単位時間分としてカウントすることができます。

モジュール学習のねらい

モジュールとは「基準となる寸法」のことで、「基準によって交換可能な構成要素」という意味で広く経営分野等で使われている言葉である。教育分野では、授業の単位時間を「45分」「50分」と固定するのではなく、**最小単位時間**（モジュール）を10～15分とし、それを複数回実施することで、法令等の定める年間授業時数に換算することができる。

授業時数の確保が図れること、短時間の繰り返しにより学習内容の効率的な定着を図れることなどを理由に、新学習指導要領では次のような文言で盛り込まれている。

新学習指導要領（小学校・中学校）「第1章 総則　第2 教育課程の編成」

各教科等の特質に応じ、**10**分から**15**分程度の短い時間を活用して特定の教科等の指導を行う場合において、教師（中学校は「当該教科等を担当する教師」）が、単元や題材など内容や時間のまとまりを見通した中で、その指導内容の決定や指導の成果の把握と活用等を責任を持って行う体制が整備されているときは、その時間を当該教科等の年間授業時数に含めることができること。

なお、モジュール学習の具体的な活用例としては、**読書活動**、**ドリル学習**などが考えられる。

keyword 10 主体的・対話的で深い学び

Basic Question 新学習指導要領では、「主体的・対話的で深い学び」による授業改善が必要だと言われています。具体的に、子どもたちにどのような形で学習させればよいのでしょうか。また、教師はどのように実践していけばよいのでしょうか。

Answer

「主体的・対話的で深い学び」は、子どもたちに生きる力を育む上で不可欠な学習です。教師として積極的に取り入れていくようにしましょう。学習指導要領の記述等から、「主体的な学び」「対話的な学び」「深い学び」に分けて理解しておくことをお勧めします。

1 導入の経緯

新学習指導要領では「**何を学ぶか**」だけでなく、「**何ができるようになるか**」「**どのように学ぶか**」についても、各学校が創意工夫の下で考え、実践していくことが求められている。このうち「どのように学ぶか」という点について、「主体的・対話的で深い学び」の視点で授業改善を行い、質の高い学びを実現することが、子どもたちが学習内容を深く理解し、資質・能力を身に付ける上で不可欠であると考えられている。

2 具体的内容

中央教育審議会の教育課程部会では、「主体的・対話的で深い学び」の具体的内容を次のように示している。

①**主体的な学び**…学ぶことに興味や関心を持ち、自己のキャリア形成の方向性と関連付けながら、見通しを持って粘り強く取り組み、自らの学習活動を振り返って次につなげる学び。
②**対話的な学び**…子供同士の協働、教師や地域の人との対話、先哲の考え方を手掛かりに考えること等を通じ、自らの考えを広げ深める。
③**深い学び**…習得・活用・探究の見通しの中で、教科等の特質に応じた見方や考え方を働かせて思考・判断・表現し、学習内容の深い理解につなげる学び。

keyword 11

いじめ

Basic Question ある保護者から「うちの子が学校へ行きたくないと言っている。いじめを受けているのではないか」との電話が入りました。いじめだとしたら、どのように対応すべきでしょうか。いじめに関連する法令・制度などとあわせて教えてください。

Answer

いじめに対しては「早期発見」と「早期対応」、そして何より「未然防止」が肝要です。そのためにも、法的な制度や具体的な対応方法について日頃から理解を深めておくことが大事です。対応は学校全体でチームとして進めるよう心がけ、保護者と学校が一体となっていじめをなくしていく必要があります。

1　定義

いじめの定義は、いじめ防止対策推進法において次のように示されている。

【いじめ防止対策推進法第2条第1項】
この法律において「いじめ」とは、児童等に対して、当該児童等が在籍する学校に在籍している等当該児童等と一定の**人的関係**にある他の児童等が行う**心理的**又は**物理的**な影響を与える行為（**インターネット**を通じて行われるものを含む。）であって、当該行為の対象となった児童等が**心身の苦痛**を感じているものをいう。

2　学校の責務

いじめ防止対策における学校の責務は、いじめ防止対策推進法において次のように示されている。

【いじめ防止対策推進法第8条】
学校及び学校の教職員は、基本理念にのっとり、当該学校に在籍する児童等の**保護者**、**地域住民**、**児童相談所**その他の関係者との連携を図りつつ、学校全体でいじめの**防止**及び**早期発見**に取り組むとともに、当該学校に在籍する児童等がいじめを受けていると思われるときは、適切かつ迅速にこれに**対処**する責務を有する。

3　重大事態への対処

いじめ防止対策推進法第 28 条第 1 項は、いじめの**重大事態**について次のように定めている。

> 一　いじめにより当該学校に在籍する児童等の**生命**、**心身**又は**財産**に重大な被害が生じた疑いがあると認めるとき。
> 二　いじめにより当該学校に在籍する児童等が相当の期間学校を**欠席**することを余儀なくされている疑いがあると認めるとき。

こうした事態に直面した際は、速やかに調査のための組織を設け、アンケート等による調査を行わねばならないこととなっている。また、その調査結果は、児童生徒やその保護者に提供する義務が学校と設置者に課されている。

4　いじめの防止等のための基本的な方針

いじめ防止対策推進法第 11 条に基づき、「いじめの防止等のための基本的な方針」が 2013 年 10 月に策定され、2017 年 3 月に改定された。要点は次のとおり。

〈いじめの防止等に関する基本的考え方〉

いじめの防止及び対策は**未然防止**、**早期発見**、**組織的な対応**、**地域・家庭・諸機関との連携**が重要。

○未然防止

- いじめは絶対許されないという理解の促進
- 心の通う**人間関係**を構築する能力の素地の養成
- **ストレス**に適切に対処できる力の育成
- 全ての児童生徒が**自己有用感**や**充実感**を感じられる学校生活づくり

○早期発見

- 早い段階から的確に関わりを持ち、いじめを隠したり軽視したりすることのない積極的ないじめの認知
- 定期的なアンケート調査や教育相談の実施、電話相談窓口の周知

○組織的な対応

- 児童生徒の安全を確保し詳細を確認した上で、いじめたとされる児童生徒に対して事情を確認し適切に指導
- 家庭や教育委員会への連絡・相談、事案に応じた関係機関との連携

○地域や家庭との連携

○関係機関との連携

keyword 12

不登校

Basic Question 最近、学校を休むことが多くなってきた児童がいます。続けての欠席でないので、本人や保護者に詳しい事情は聞いていませんが、不登校の傾向があるのかもしれず心配です。不登校だとしたら、どのように対応したらよいでしょうか。

不登校は、病気や経済的な理由以外で年間30日以上欠席した場合を指します。その兆候があるのなら、本人や保護者と話をし、状況を把握した上で管理職に報告することが必要です。対応は、学校と家庭が連携し、スクールカウンセラーの力を借りるなどして組織的に行っていくことが重要です。

Answer

1　定義

不登校の定義は、義務教育の段階における普通教育に相当する教育の機会の確保等に関する法律（教育機会確保法）において、次のように示されている。

【教育機会確保法第２条第３号】
不登校児童生徒　相当の期間学校を**欠席**する児童生徒であって、学校における**集団**の生活に関する**心理的**な負担その他の事由のために就学が困難である状況として文部科学大臣が定める状況にあると認められるものをいう。

上記、「文部科学大臣が定める状況」については、「児童生徒の問題行動・不登校等生徒指導上の諸課題に関する調査」において次のように定義されている。

年間**30日以上**欠席した児童生徒のうち、何らかの**心理的**、**情緒的**、**身体的**、あるいは**社会的**要因・背景により、児童生徒が登校しないあるいはしたくともできない状況にある者（ただし、「**病気**」や「**経済的理由**」による者を除く）。

2　対応の視点

不登校にどう対応していくかについては、文部科学省「不登校児童生徒への支援の在り方について（通知）」（2016年９月）にポイントが示されている。

①支援の視点

・「学校に登校する」という結果のみを目標にせず、児童生徒が自らの**進路**を主体的に捉え、社会的に**自立**することを目指す
・**学業**の遅れ、進路選択上の不利益、社会的自立などのリスクに留意

②学校教育の意義・役割

・不登校となった**要因**を的確に把握し、学校関係者や家庭、関係機関などが**情報共有**し、個々の児童生徒に応じて組織的・計画的に支援
・本人の希望を尊重した上で、**教育支援センター（適応指導教室）**や**不登校特例校**、**ICT**を活用した学習支援、**フリースクール**、**夜間中学**での受入れなど、さまざま関係機関等を活用

③不登校の理由に応じた働き掛けや関わりの重要性

・不登校のきっかけや継続理由に応じて、その環境づくりのために適切な支援や働き掛けを実施

④家庭への支援

・保護者と課題意識を共有して一緒に取り組むという**信頼関係**の構築
・**訪問型**支援による保護者への支援等、保護者が気軽に相談できる体制の整備

3　学校の支援

学校に求められる取り組みについては、上記通知において、次のように示されている。

①「児童生徒理解・教育支援シート」の活用

・**学級担任**、**養護教諭**、**スクールカウンセラー**、**スクールソーシャルワーカー**等の学校関係者が中心となり、児童生徒や保護者と話し合うなどして、「児童生徒理解・教育支援シート（試案）」を作成

②不登校が生じないような学校づくり

・魅力あるよりよい学校づくり
・**いじめ**、**暴力行為**等問題行動を許さない学校づくり

③不登校児童生徒に対する効果的な支援の充実

・**スクールカウンセラー**や**スクールソーシャルワーカー**との連携協力
・**家庭訪問**を通じた児童生徒への積極的支援や家庭への適切な働き掛け
・不登校児童生徒の登校に当たっての**受入体制**
・児童生徒の立場に立った柔軟な**学級替え**や**転校**等の対応

④不登校児童生徒に対する多様な教育機会の確保

・**教育支援センター**、**不登校特例校**、**フリースクール**などの民間施設、**ICT**を活用した学習支援
・青少年教育施設等の体験活動プログラムの積極的活用

keyword 13 暴力行為・非行

Basic Question 担任するクラスに、暴力行為が目立つ生徒がいます。先日は、その暴力がエスカレートし、クラスメイトに大きなけがを負わせる事案も発生しました。担任に不満をぶつけることも多く、対教師暴力に発展する可能性もあります。どういった対処等が必要でしょうか。

Answer

もう一度その生徒と人間関係を構築し、その生徒が自分の気持ちを伝えられるよう対応していくことが肝要です。「暴力行為」とは、「自校の児童生徒が、故意に有形力（目に見える物理的な力）を加える行為」と定義されています。具体的には「対教師暴力」「生徒間暴力」「対人暴力」「器物損壊」の４つに分類され、決して許される行為ではありません。通知などにも目を通し、適切な対応をしましょう。

1　暴力行為等の背景

児童生徒が暴力行為等を行う背景として、次のようなことが考えられる。

○児童生徒の成育・生活環境の変化、児童生徒が経験するストレスの増大
○コミュニケーション力や言語能力の低下による感情コントロールの不能
○規範意識や倫理観の低下、人間関係の希薄化
○家庭の養育に関わる問題
○映像等の暴力場面に接する機会の増加やインターネット・携帯電話の急速な普及に伴う有害な情報への接近

2　暴力行為等の類型

文部科学省では、毎年度実施している「児童生徒の問題行動・不登校等生徒指導上の諸課題に関する調査」において、暴力行為の件数を調査している。その中で、暴力行為の類型を次の４種類に分類している。

○対教師暴力
○生徒間暴力

○対人暴力
○器物損壊

3 暴力行為等への対応

問題行動等を起こす児童生徒に対する指導については、文部科学省が次のような通知を出している。

【文部科学省「問題行動を起こす児童生徒に対する指導について（通知）」(2007年2月)】
※一部抜粋

1 生徒指導の充実について

(1) 学校においては、日常的な指導の中で、児童生徒一人一人を把握し、**性向**等についての理解を深め、教師と児童生徒との**信頼関係**を築き、すべての教育活動を通じてきめ細かな指導を行う。また、全教職員が一体となって、児童生徒の様々な悩みを受け止め、積極的に**教育相談**や**カウンセリング**を行う。

(2) 児童生徒の**規範意識**の醸成のため、各学校は、**いじめ**や暴力行為等に関するきまりや対応の基準を明確化したものを**保護者**や**地域住民**等に公表し、理解と協力を得るよう努め、全教職員がこれに基づき一致協力し、一貫した指導を粘り強く行う。

(3) 問題行動の中でも、特に校内での傷害事件をはじめ、**犯罪行為**の可能性がある場合には、学校だけで抱え込むことなく、直ちに**警察に通報**し、その協力を得て対応する。

2 出席停止制度の活用について

(1) 出席停止は、**懲戒行為**ではなく、学校の**秩序**を維持し、他の児童生徒の**教育を受ける権利**を保障するために採られる措置であり、各市町村教育委員会及び学校は、このような制度の趣旨を十分理解し、日頃から規範意識を育む指導やきめ細かな教育相談等を粘り強く行う。

(2) 学校がこのような指導を継続してもなお改善が見られず、いじめや暴力行為など問題行動を繰り返す児童生徒に対し、正常な教育環境を回復するため必要と認める場合には、**市町村教育委員会**は、出席停止制度の措置を採ることをためらわずに検討する。

(3) この制度の運用に当たっては、教師や学校が孤立することがないように、校長をはじめ教職員、教育委員会や地域のサポートにより必要な支援がなされるよう十分配慮する。
学校は、当該児童生徒が学校へ円滑に復帰できるよう**学習を補完**したり、学級担任等が計画的かつ臨機に**家庭への訪問**を行い、読書等の課題をさせる。
市町村教育委員会は、当該児童生徒に対し出席停止期間中必要な支援がなされるように**個別の指導計画**を策定するなど、必要な教育的措置を講じる。
都道府県教育委員会は、状況に応じ、**指導主事**や**スクールカウンセラー**の派遣、教職員の追加的措置、当該児童生徒を受け入れる機関との連携の促進など、市町村教育委員会や学校をバックアップする。

keyword 14 学級崩壊

Basic Question 私が担任する５年生のクラスは、授業を聞いている児童が３～４人程度。他の児童は寝ていたり、教室の後ろで机をバリケード代わりにして、その中で勝手な遊びをするなどして、好き放題振舞っています。この実態をどのように捉え、指導していけばよいのでしょうか。

Answer

子どもたちの学習の場であり、生活の場である教室。そこで行われなければならない学習活動が、全く機能しなくなることを学級崩壊と言います。学級崩壊が起こる原因はさまざまですが、複数の要因が重なって起こるケースが少なくありません。まずは、信頼関係を構築し、学級を一から立て直していくことが肝心です。

1　学級崩壊の原因

文部科学省「学級経営の充実に関する調査研究（最終報告）」（2000年３月）では、「学級がうまく機能しない状況」を次のように定義している。

> 子どもたちが教室内で勝手な行動をして教師の指導に従わず、**授業が成立しない**など、集団教育という学校の機能が成立しない学級の状態が**一定期間継続**し、学級担任による通常の方法では問題解決ができない状態に立ち至っている場合

また、前年度に発表した中間まとめでは、次のように捉えている。

> ○「学級がうまく機能しない状況」の要因としては、学級担任の**指導力不足**の問題や学校の対応の問題、子どもの生活や人間関係の変化及び**家庭・地域社会の教育力の低下**などが考えられること。
> ○これらは、ある一つの「原因」によって「結果」が生まれるかのような単純な対応関係ではなく、**複合的**な要因が積み重なって起こるものであること、問題解決のための特効薬はなく、複合している諸要因に一つ一つ丁寧に対処していかなければならないものと考えること。

2　学級崩壊への対応

「学級がうまく機能しない状況」への対応として、上記最終報告は次の６つの視点を提示している。

(ｉ) 状況をまずは受け止めること
(ii)「困難さ」と丁寧に向き合うこと
(iii) **子ども観**の捉え直し
(iv) **信頼関係づくり**とコミュニケーションの充実
(ｖ) 教育と**福祉**、**医療**など境界を超える協力・連携
(vi) 考え工夫したり研修を充実するなど、考え試みる習慣と知恵の伝承

　また、今後の取り組みのポイントとして、次の５つを提示している。

(ｉ) 早期の**実態把握**と**早期対応**
(ii) 子どもの実態を踏まえた**魅力ある学級づくり**
(iii) TT などの協力的な指導体制の確立と校内組織の活用
(iv) **保護者**などとの緊密な連携と一体的な取り組み
(ｖ) **教育委員会**や関係機関との積極的な連携

3　生徒指導の意義

　生徒指導の定義は、文部科学省「**生徒指導提要**」(2010 年３月）において、「一人一人の児童生徒の人格を尊重し、個性の伸長を図りながら、社会的資質や行動力を高めることを目指して行われる教育活動のこと」と示されている。生徒指導のキーワードとしては、次のようなものが挙げられる。

○自己実現
○自己指導力
○児童生徒理解
○望ましい人間関係づくりと集団指導・個別指導
○学校全体で進める生徒指導

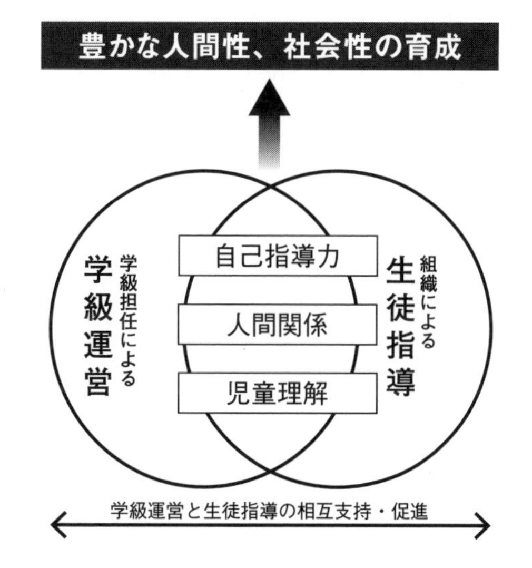

keyword 15

特別支援教育の基本理念

Basic Question 通常学級の担任をしていますが、特別支援学級との交流で、朝の会や給食、図工の時間などに、障害がある児童が通ってきます。実りある交流を行うために、特別支援教育の理念や制度的な枠組みなどについて教えてください。

Answer

特別支援教育は2007年の法改正を経て導入されました。その基本理念は、子どもたち一人一人の教育的ニーズを把握し、適切な指導と支援を講じていくことです。昨今は、インクルーシブ教育システムの考えに基づき、障害のある児童とない児童が共に学ぶことを基本として、教育行政や学校には「合理的配慮」が求められています。

1　特別支援教育とは

①特別支援教育の定義と理念

特別支援教育の定義は、文部科学省が次のように示している。

> 障害のある幼児児童生徒の自立や社会参加に向けた主体的な取組を支援するという視点に立ち、幼児児童生徒一人一人の**教育的ニーズ**を把握し、その持てる力を高め、生活や学習上の困難を改善又は克服するため、適切な**指導**及び必要な**支援**を行うもの。

「特別支援教育」が制度化されたのは2007年で、学校教育法の改正等を受けて導入された。それ以前の「盲学校」「聾学校」「養護学校」は「特別支援学校」と改められ、「特殊学級」は「特別支援学級」と改められた。

「特別支援教育」の理念について、文部科学省では「これまでの特殊教育の対象の障害だけでなく、知的な遅れのない**発達障害**も含めて、特別な支援を必要とする幼児児童生徒が在籍する全ての学校において実施されるもの」と示している。

②校内委員会の設置

各学校では、発達障害を含む障害のある幼児児童生徒の実態把握や支援方策の検討等を行うため、特別支援教育に関する**校内委員会**を設置することとされている。この校内委員会は、**校長**、**教頭**、**特別支援教育コーディネーター**、**教務主任**、**生徒指導主事**、

通級指導教室担当教員、特別支援学級教員、養護教諭、**対象の幼児児童生徒の学級担任**、**学年主任**、その他必要と思われる者などで構成される。

③特別支援教育コーディネーター

各校では、校内委員会・校内研修の企画・運営、関係諸機関・学校との連携・調整、保護者からの相談窓口などの役割を担う教員として、**特別支援教育コーディネーター**を設置。指名は**校長**が行う。

④個別の教育支援計画

各校では、乳幼児期から学校卒業後まで一貫した教育的支援を行うため、**医療**、**福祉**、**労働**など、さまざまな側面からの取り組みを含めた**長期**計画として、**個別の教育支援計画**を活用した支援が求められる。

⑤個別の指導計画

各校では、障害のある児童一人一人について、指導の目標や内容、配慮事項などを示した**個別の指導計画**を活用した支援が求められる。

2　インクルーシブ教育システム

2012年7月、中央教育審議会が「共生社会の形成に向けたインクルーシブ教育システム構築のための特別支援教育の推進（報告）」を公表した。ここでは、障害のある児童生徒とない児童生徒が共に学ぶことを基本とした**インクルーシブ教育システム**について、次のように示している。

> 障害者の権利に関する条約第24条によれば、「**インクルーシブ教育システム**」（inclusive education system、署名時仮訳：包容する教育制度）とは、人間の多様性の尊重等の強化、障害者が精神的及び身体的な能力等を可能な最大限度まで発達させ、自由な社会に効果的に参加することを可能とするとの目的の下、障害のある者と障害のない者が**共に学ぶ仕組み**であり、障害のある者が「general education system」（署名時仮訳：教育制度一般）から**排除されない**こと、自己の生活する地域において初等中等教育の機会が与えられること、個人に必要な「**合理的配慮**」が提供される等が必要とされている。

ここで言う「合理的配慮」とは、障害のある子どもが、他の子どもと平等に「教育を受ける権利」を享有・行使することを確保するために、学校の設置者および学校が「必要かつ適当な**変更・調整**を行うこと」とされる。これを受けて、国、都道府県、市町村は「**基礎的環境整備**」を図っていくことが求められている。ただし、「学校の設置者及び学校に対して、体制面、財政面において、均衡を失した又は**過度の負担**を課さないもの」とされている。

また、「共に学ぶ仕組み」を推進するものとして、特別支援学級と通常の学級との間で「**交流及び共同学習**」を行うことが求められている。

keyword 16

特別支援教育の枠組み

Basic Question 障害のある小学4年生の児童の保護者から、将来の進路などについて相談を受けました。担任として的確に助言ができるよう、障害のある児童生徒の進学先等の教育機関について情報を把握したいと考えています。特別支援教育の基本的な枠組みについて教えてください。

Answer

特別支援教育のための教育機関は、障害の程度に応じて特別支援学校や特別支援学級などがあります。特別支援学級は小学校や中学校に併設されており、そこへ定期的あるいは不定期に通って授業を受けることを「通級」と言います。学校や教員は、個々の児童生徒の教育的ニーズを把握し、適切な教育や指導を行うことが求められています。

1　特別支援学校

①特別支援学校の概要

特別支援学校の目的は、学校教育法において次のように規定されている。

> **【学校教育法第72条】**
> 特別支援学校は、**視覚障害者**、**聴覚障害者**、**知的障害者**、**肢体不自由者**又は**病弱者**（身体虚弱者を含む。以下同じ。）に対して、幼稚園、小学校、中学校又は高等学校に準ずる教育を施すとともに、障害による学習上又は生活上の困難を克服し自立を図るために必要な知識技能を授けることを目的とする。

「幼稚園、小学校、中学校又は高等学校に準ずる教育」については、具体的に次のように規定されている。

> **【学校教育法第76条第1項】**
> 特別支援学校には、**小学部**及び**中学部**を置かなければならない。ただし、特別の必要のある場合においては、そのいずれかのみを置くことができる。

特別支援学校は、特別支援教育の推進において**センター的機能**が求められている。

具体的に、幼稚園、小学校、中学校、高校などの要請に応じて、個別の指導計画や個別の教育支援計画の作成などの支援に努めることが求められている。

第72条に規定する「視覚障害者」「聴覚障害者」「知的障害者」「肢体不自由者」「病弱者」については、学校教育法施行令第22条の3において、表1のように示されている。

表1　障害の程度

障害の区分	障害の程度
視覚障害者	両眼の視力がおおむね0.3未満のもの又は視力以外の視機能障害が高度のもののうち、拡大鏡等の使用によつても通常の文字、図形等の視覚による認識が不可能又は著しく困難な程度のもの
聴覚障害者	両耳の聴力レベルがおおむね60デシベル以上のもののうち、補聴器等の使用によつても通常の話声を解することが不可能又は著しく困難な程度のもの
知的障害者	①知的発達の遅滞があり、他人との意思疎通が困難で日常生活を営むのに頻繁に援助を必要とする程度のもの ②知的発達の遅滞の程度が前号に掲げる程度に達しないもののうち、社会生活への適応が著しく困難なもの
肢体不自由者	①肢体不自由の状態が補装具の使用によつても歩行、筆記等日常生活における基本的な動作が不可能又は困難な程度のもの ②肢体不自由の状態が前号に掲げる程度に達しないもののうち、常時の医学的観察指導を必要とする程度のもの
病弱者	①慢性の呼吸器疾患、腎臓疾患及び神経疾患、悪性新生物その他の疾患の状態が継続して医療又は生活規制を必要とする程度のもの ②身体虚弱の状態が継続して生活規制を必要とする程度のもの

②特別支援学校の教育課程

特別支援学校の教育課程は、学習指導要領に基づき、**各校種に準じた内容**と**自立活動**を加えた形で構成されている。また、知的障害者を教育する特別支援学校では、小学部の全学年に総合的な教科である**生活科**や教科の一部または全部を合わせた**生活単元学習**が行われている。そのため、同様の趣旨の指導が行われる**総合的な学習の時間**は設けられていない。

③教科書使用の特例

教科用図書は、文部科学大臣の検定を経たもの等を使用することとなっているが、特別支援学校においては、それ以外の教科用図書を使用することが例外的に認められている（学校教育法附則第9条）。

2　特別支援学級

特別支援学級については、学校教育法において次のように規定されている。

【学校教育法第81条】

幼稚園、小学校、中学校、義務教育学校、高等学校及び中等教育学校においては、次項各号のいずれかに該当する幼児、児童及び生徒その他教育上特別の支援を必要とする幼児、児童及び生徒に対し、文部科学大臣の定めるところにより、障害による学習上又は生活上の困難を克服するための教育を行うものとする。

2　小学校、中学校、義務教育学校、高等学校及び中等教育学校には、次の各号のいずれかに該当する児童及び生徒のために、**特別支援学級**を置くことができる。

一　**知的障害者**

二　**肢体不自由者**

三　**身体虚弱者**

四　**弱視者**

五　**難聴者**

六　その他障害のある者で、特別支援学級において教育を行うことが適当なもの

3　前項に規定する学校においては、疾病により**療養中の児童及び生徒**に対して、特別支援学級を設け、又は教員を派遣して、教育を行うことができる

第3項にある「療養中の児童及び生徒」に対し、病院等に置かれる学級を**院内学級**という。

②特別支援学級の教育課程

特別支援学級の教育は、小学校・中学校の学習指導要領に沿って行われるが、子どもの実態に応じて、**特別支援学校**の学習指導要領を参考として特別の教育課程を編成することもできる。

③教科書使用の特例

教科用図書は、文部科学大臣の検定を経たもの等を使用することとなっているが、特別支援学級においては、それ以外の教科用図書を使用することが例外的に認められている（学校教育法附則第9条）。

3　通級

通級については、学校教育法施行規則において次のように規定されている。

【学校教育法施行規則第140条】

小学校、中学校若しくは義務教育学校又は中等教育学校の前期課程において、次の各号のいずれかに該当する児童又は生徒（特別支援学級の児童及び生徒を除く。）のうち当該障害に応じた特別の指導を行う必要があるものを教育する場合には、文部科学大臣が別に定めるところにより、（略）特別の教育課程によることができる。

一　**言語障害者**

二　**自閉症者**

三　**情緒障害者**

四　**弱視者**
五　**難聴者**
六　**学習障害者**
七　**注意欠陥多動性障害者**
八　その他障害のある者で、この条の規定により特別の教育課程による教育を行うことが適当なもの

具体的に、通常学級に在籍する軽度の障害のある児童生徒が、必要に応じて**通級指導教室**などに出向いて受けることを指す。

4　発達障害

通級の対象となる学習障害、注意欠陥多動性障害などは、発達障害の一つである。発達障害には、具体的に次のようなものがある。

①学習障害

３歳位までに現れ、①他人との社会的関係の形成の困難さ、②言葉の発達の遅れ、③興味や関心が狭く特定のものにこだわることを特徴とする行動の障害であり、中枢神経系に何らかの要因による機能不全があると推定される。

②高機能自閉症

３歳位までに現れ、①他人との社会的関係の形成の困難さ、②言葉の発達の遅れ、③興味や関心が狭く特定のものにこだわることを特徴とする行動の障害である自閉症のうち、知的発達の遅れを伴わないものをいう。また、中枢神経系に何らかの要因による機能不全があると推定される。

③学習障害（LD）

基本的には全般的な知的発達に遅れはないが、聞く、話す、読む、書く、計算するまたは推論する能力のうち特定のものの習得と使用に著しい困難を示すさまざまな状態を指すものである。学習障害は、その原因として、中枢神経系に何らかの機能障害があると推定されるが、視覚障害、聴覚障害、知的障害、情緒障害などの障害や、環境的な要因が直接の原因となるものではない。

④注意欠陥多動性障害（ADHD）

ADHDとは、年齢あるいは発達に不釣り合いな注意力、及び／又は衝動性、多動性を特徴とする行動の障害で、社会的な活動や学業の機能に支障をきたすものである。また、７歳以前に現れ、その状態が継続し、中枢神経系に何らかの要因による機能不全があると推定される。

⑤アスペルガー症候群

知的発達の遅れを伴わず、かつ、自閉症の特徴のうち言葉の発達の遅れを伴わないものである。

keyword 17 人権教育の歴史

Basic Question 担任するクラスの子どもたちの中に、特定の子に対して特殊な地域の子どもだと友達にふれまわったり、偏見に満ちた噂を流したりする子がいて悩んでいます。教師としてこの問題と向き合っていくため、どのような知識と理解が求められますでしょうか。

Answer

子どもたちの偏見をなくし、一人一人がかけがえのない存在であることを理解させることは大切です。この問題は「同和問題」「部落差別問題」と言い、江戸時代からの身分制度等に由来する問題ですが、現代においても根強く残っている社会問題です。その点で、人権教育の歴史をきちんと押さえておくことが求められます。

1　同和問題とは

同和問題については、同和対策審議会答申「人権教育の指導方法等の在り方について［第三次とりまとめ］」(1965年8月）において、次のように示されている。

> いわゆる同和問題とは、日本社会の歴史的発展の過程において形成された**身分階層構造**に基づく差別により、日本国民の一部の集団が**経済的・社会的・文化的**に低位の状態におかれ、現代社会においても、なおいちじるしく**基本的人権**を侵害され、とくに、近代社会の原理として何人にも保障されている**市民的権利**と**自由**を完全に保障されていないという、もっとも深刻にして重大な社会問題である。

「歴史的発展の過程において形成された身分階層構造」とは、江戸時代の身分制度であり、明治期に太政官布告として**解放令**が出された後も、その差別は根強く残り続けた。上記答申は、明治維新から100年近く経った後に出されたものであり、この時期はもちろん、現在においても同和問題は根強く社会に残っている。そのため、同答申では、この問題を解決していくために**教育対策**が重要であるとしている。

なお、「**被差別部落**」とは、歴史的にそうした差別を受けてきた人が居住してきた集落のことを指す。そのため、同和問題は「**部落差別問題**」「**部落問題**」などとも言われる。

2　同和問題の歴史

①解放令（1871年）、壬申戸籍（1872年）

明治維新によりさまざまな太政官布告が出されたが、その中の一つが1871年に出された**解放令**（穢多非人ノ称ヲ廃シ身分職業共平民同様トス）である。これにより、法令上は江戸時代以来の身分制度が撤廃され、また1872年には**壬申戸籍**が作成されて、差別を受けてきた人たちも「平民」とされた。しかし、具体的な方策・対策が取られることはほとんどなかったため、明治時代以降も差別は根強く残ることとなった。

②全国水平社の設立（1922年）

明治時代に入って以降も差別が解消されない状況に対し、1922年に被差別部落の地位向上等を目的として**西光万吉**を中心に**全国水平社**が結成され、水平社宣言が出された。活動は大正〜昭和期前半にかけて、**松本治一郎**などを中心に展開された。

第二次世界大戦後は**部落解放全国委員会**（1946年〜)、**部落解放同盟**（1955年〜）へと引き継がれていった。なお、全国水平社によって展開された運動を**水平社運動**という。

③「オール・ロマンス」事件（1951年）

1951年、雑誌「オール・ロマンス」に部落差別問題に焦点を当てた小説「特殊部落」が掲載されたことを契機として、部落解放全国委員会等による**行政闘争**が勃発した。その後、京都市は同和政策に力を注ぐことになったことから、部落解放運動が行政闘争に発展した事件として知られる。

④同和対策審議会答申（1965年）

1960年に、部落解放同盟の働きかけなどを受けて、政府が同和対策審議会を設置。1965年には答申として「人権教育の指導方法等の在り方について[第三次とりまとめ]」が示され、同和教育が展開される契機となった。

⑤同和対策事業特別措置法（1969年）

1969年、上記答申を受けて10年間の時限立法として**同和対策事業特別措置法**が制定された。具体的に、被差別部落の生活環境の改善、社会福祉や教育の充実などの施策を盛り込んだもので、最終的には1982年3月末まで3年間延長して実施された。

⑥地域改善対策特別措置法（1982年）

1982年3月末まで実施された同和対策事業特別措置法を受け継ぐ形で、1982年4月には5年間の時限立法として**地域改善対策特別措置法**が制定された。この法律では、同和対策事業特別措置法において残された課題の解決に向けて、諸施策の展開などが盛り込まれた。なお、同法の施行後、同和対策審議会は**地域改善対策協議会**と改称された。

3　人権の歴史

①世界人権宣言の採択（1948 年）

1948 年、すべての国・地域の人々の基本的人権を謳った「人権に関する世界宣言（**世界人権宣言**）」が国連総会で採択された。この宣言が採択された 12 月 10 日には「**世界人権の日**」として、各国で催しが行われている。

②児童の権利に関する宣言（1959 年）

1959 年、児童への差別禁止や権利、保護などを謳った「児童の権利に関する宣言」が国連総会で採択された。また、この宣言から 30 年後の 1989 年には、前文と 54 条から成る「**児童の権利に関する条約**」が採択され、翌 1990 年に発効した。日本国内では、1994 年 5 月から効力が発生している。

③国際人権規約（1966 年）

1966 年、世界人権宣言を土台として、人権に関する多国間規約である「国際人権規約」が採択され、1976 年に発効した。大きく、社会権規約と自由権規約に分かれ、日本は 1979 年に批准している。

④人権教育のための国連 10 年（1994 年）

1994 年には、1995 ～ 2004 年までの 10 年間の人権教育に関する行動計画を示した「人権教育のための国連 10 年」が国連総会で決議された。この計画には、あらゆる学習の場における人権教育の推進などが盛り込まれている。

⑤人権擁護施策推進法（1997 年）

人権の擁護を推進し、必要な体制を整備することを目的として、**人権擁護施策推進法**が 5 年間の時限立法として制定され、1997 年に施行された。地域改善対策審議会の意見具申を踏まえ、人権尊重のための教育啓発、人権侵害による被害者の救済などが具体的施策として盛り込まれた。主管官庁が、総務庁から法務省へ移り、同省に**人権擁護推進審議会**が設置された。

⑥人権教育及び人権啓発の推進に関する法律（2000 年）

2000 年、人権教育や人権啓発の基本理念を定めた**人権教育及び人権啓発の推進に関する法律**が制定された。人権教育や人権啓発のあり方などが示されており、同法の第 7 条に基づき、2002 年には「**人権教育・啓発に関する基本計画**」が策定された。

⑦人権教育の指導方法等の在り方について（2004）年

人権教育の指導方法等に関する調査研究会議により、2004年に「**人権教育の指導方法等の在り方について［第一次とりまとめ］**」が示された。その後、2006 年には第二次とりまとめが、2008 年には第三次とりまとめが公表されている。

keyword 18 人権教育に関する計画・答申

Basic Question 学級の中に、外国籍の子や障害のある子などがいます。多様な子どもたちが理解し合い、学級の友達・仲間として認め合えるようにしたいと考えますが、教師として理解しておくべき人権教育の基礎などについて教えてください。

Answer

児童生徒の多様化は、今後ますます加速するものと思われます。教師としては、まず子どもたち一人一人をかけがえのない存在として認めることが第一歩です。人権教育では、自分の人権のみならず他人の人権についても正しく理解し、相互に尊重し合うことを目指しています。人権教育に関する計画や答申から、人権教育の流れを把握しておきましょう。

1 「人権教育のための国連10年」国内行動計画

1997年、国連での「人権教育のための国連10年」を受けて、日本国内での行動計画が示された。ここでは、その目的を次のように規定している。

> 人権教育の積極的推進を図り、もって、国際的視野に立って一人一人の人権が尊重される、真に豊かでゆとりのある人権国家の実現を期するものである。

また、人権教育推進にあたっての重要課題として、次の人たちを示している。

> ①**女性**、②**子ども**、③**高齢者**、④**障害者**、⑤**同和問題**、⑥**アイヌの人々**、⑦**外国人**、⑧**HIV感染者等**、⑨**刑を終えて出所した人**

なお、「人権教育・啓発に関する基本計画」には、上記9つの人権課題のほかに、**犯罪被害者**等、**インターネットによる人権侵害**、**北朝鮮当局による拉致問題**などが挙げられている。

2 人権擁護推進審議会答申

人権擁護推進審議会では、1999年に「人権尊重の理念に関する国民相互の理解を深めるための教育及び啓発に関する施策の総合的な推進に関する基本的事項について

(答申)」を示している。具体的な内容は次の通り。

①人権教育・啓発の施策の在り方提言

・人権…人々が**生存**と**自由**を確保し、それぞれの**幸福**を追求する権利

▶「人間の尊厳」に基づく人間固有の権利として人権の意識を認識し、人権の尊重が行動基準となるよう教育・啓発する。

・人権尊重の理念…「自分の人権のみならず**他人**の人権についても正しく理解し、その権利の行使に伴う**責任**を自覚して、人権を**相互**に尊重し合うこと」

②人権教育・啓発の推進

この答申を受けて、2000年に「人権教育及び人権啓発の推進に関する法律」が制定された。

3　人権教育・啓発に関する基本計画

2002年、人権教育及び人権啓発の推進に関する法律の第7条を受けて、国が「人権教育・啓発に関する基本計画」を策定し、2011年にはその一部が変更された。この計画では、人権教育について次のように示している。

> **生涯学習**の視点に立って、幼児期からの**発達段階**を踏まえ、**地域**の実情等に応じて、**学校教育**と**社会教育**とが相互に連携を図りつつ、これを実施する必要がある。

また、学校教育における人権教育については、次のように示している。

> 学校種の教育目的や目標の実現を目指した教育活動が展開される中で、幼児児童生徒、学生が、社会生活を営む上で必要な**知識・技能**、**態度**などを確実に身に付けることを通じて、人権尊重の精神の涵養が図られるようにしていく。

さらに、学校における人権教育の具体的施策として、次の事項を示している。

①効果的な教育実践や学習教材などの**情報収集**や**調査研究**の実施
②社会教育との連携を通じた多様な**体験活動**の機会の充実
③人権尊重精神の涵養を目的とした人権に配慮した**教育活動**や**学校運営**
④**法学教育**などさまざまな分野における人権教育の取り組みへの一層の配慮
⑤養成・採用・研修を通じた**教職員の資質向上**

また、人権啓発の具体的な内容として、次の事項を示している。

①人権に関する基本的な**知識**の習得
②**生命尊重**の意識啓発
③人権を尊重し合うという意味での**個性**の尊重

keyword 19 学校における人権教育

Basic Question 担任するクラスには、家庭で問題を抱えている子どもが複数います。家庭でのストレスを友人にぶつけたり、自信がなくて何事も投げやりになっていたりと、その態様もさまざまです。学級担任として、どのように指導していけばよいのでしょうか。

Answer

教師に求められるのは、子どもたちにとって教室が「居場所」となるような学級づくりを進めていくことです。そのための視点の一つが、人権教育の推進です。人権教育とは、自分の大切さとともに他の人の大切さを認めることであり、学級づくりにおいて持っておきたい視点です。

1 定義・目標

人権教育の定義は、人権教育及び人権啓発の推進に関する法律第２条において「人権尊重の精神の涵養(かんよう)を目的とする教育活動」と定義されている。

また、「人権教育の指導方法等の在り方について［第三次とりまとめ］」において、学校における人権教育の目標が次のように示されている。

（略）一人一人の児童生徒がその**発達段階**に応じ、人権の**意義**・**内容**や重要性について理解し、［自分の大切さとともに他の人の大切さを認めること］ができるようになり、それが様々な場面や状況下での具体的な**態度**や**行動**に現れるとともに、人権が尊重される社会づくりに向けた行動につながるようにする（略）」

2 指導方法等の在り方

人権教育の指導方法等に関する調査研究会議による「人権教育の指導方法等の在り方について」では、第一次～第三次まで３回にわたってとりまとめが示されている。

①第一次とりまとめ（2004 年）

「人権教育・啓発に関する基本計画」（2002 年）が示す課題を踏まえ、人権教育の改善・充実の視点を示している。

②第二次とりまとめ（2006 年）

第一次のとりまとめを受けて、人権教育の実践事例を収集し、これを活用して指導方法等の工夫・改善に向けた視点を示している。

③第三次とりまとめ（2008 年）

「指導等の在り方編」と「実践編」 の２編で構成。これまでの理解を踏まえ、各学校で実践できるよう具体的方策を示している。

3　育てたい資質・能力

上記とりまとめでは、人権教育を通して育てたい資質・能力として、次のようなことを示している。

①知識的側面

自由、**責任**、**正義**、**個人の尊厳**、**権利**、**義務**などの諸概念についての知識、人権の**歴史**や現状についての知識、**国内法**や**国際法**などに関する知識、自他の人権を擁護し人権侵害を予防したり解決したりするために必要な**実践的**知識など。

②価値的・態度的側面

人間の**尊厳**の尊重、**自他**の人権の尊重、**多様性**に対する肯定的評価、**責任感**、**正義**や**自由**の実現のために活動しようとする意欲など。

③技能的側面

コミュニケーション技能、合理的・分析的に思考する技能や**偏見**や**差別**を見極める技能、その他相違を認めて**受容**できるための諸技能、**協力的**・**建設的**に問題解決に取り組む技能、**責任**を負う技能など。

4　学校教育における取り組み

上記とりまとめでは、学校における取り組みの視点について、次のように示している。

（略）**人権感覚**を身に付けるためには、学級をはじめ学校生活全体の中で**自ら**の大切さや**他の人**の大切さが認められていることを児童生徒自身が**実感**できるような状況を生み出すことが肝要である。個々の児童生徒が、自らについて一人の人間として**大切にされている**という実感を持つことができるときに、**自己**や**他者**を尊重しようとする**感覚**や**意志**が芽生え、育つことが容易になるからである。

その上で、学校における人間関係に着目し、次のように述べている。

とりわけ、**教職員同士**、**児童生徒同士**、**教職員と児童生徒**等の間の人間関係や、学校・教室の全体としての雰囲気などは、学校教育における人権教育の**基盤**をなすものであり、この**基盤**づくりは、校長はじめ、教職員一人一人の意識と努力により、即座に取り組めるものでもある。

その上で、単なる理解にとどまらず、態度や行動までつなげることの重要性を次のように指摘している。

[自分の大切さとともに他の人の大切さを認めること]ができるということが、態度や行動にまで現れるようにすることが必要である。すなわち、他の人とともに**よりよく生きようとする態度や集団生活における規範**等を尊重し**義務**や**責任**を果たす態度、具体的な人権問題に直面してそれを解決しようとする**実践的な行動力**などを、児童生徒が身に付けられるようにすることが大切である。

これを受けて、児童生徒に培うべき力を次のように示している。

1. 他の人の立場に立ってその人に必要なことやその人の考えや気持ちなどがわかるような**想像力**、**共感的に理解する力**
2. 考えや気持ちを適切かつ豊かに表現し、また、的確に理解することができるような、伝え合い、わかり合うための**コミュニケーションの能力**やそのための技能
3. 自分の要求を一方的に主張するのではなく建設的な手法により他の人との人間関係を**調整する能力**及び自他の要求を共に満たせる解決方法を見いだしてそれを実現させる能力やそのための技能

5 指導方法の基本原理

上記とりまとめでは、人権教育における指導方法の基本原理を次のように示している。

1. 協力的な学習

児童生徒が自分自身と学級集団の全員にとって有益となるような結果を求めて、**協力**しつつ**共同**で進める学習である。こうした協力的な学習は、生産的・建設的に活動する能力を促進させ、結果として**学力の向上**にも影響を与える。さらに、**配慮的**、**支持的**で責任感に満ちた人間関係を助長し、精神面・心理面での成長を促し、**社会的技能**や**自尊感情**を培う。

2. 参加的な学習

学習の課題の発見や学習の内容の選択等も含む領域に、児童生徒が**主体的に参加**することを基本的要素とする。児童生徒は参加を通して、他者の意見を**傾聴**し、他者の痛みや苦しみを**共感**し、他者を尊重し、自分自身の**決断**と行為に対して**責任**を負うことなどの諸能力を発展させることができる。

3. 体験的な学習

具体的な**活動**や**体験**を通して、問題を発見したり、その解決法を**探究**したりするなど、生活上必要な習慣や技能を身に付ける学習である。自らの心と頭脳と体とを働かせて、試行錯誤しつつ、**身をもって学ぶ**ことで、生きた知識や技能を身に付けることができる。

keyword 20

学校経営・学校運営

Basic Question 学校も企業と同様に「経営方針」があると聞きました。その計画は管理職の先生方が作成れると思いますが、組織の一員として、学校経営方針とどのように向き合っていくべきなのでしょうか。

Answer

全国どの学校も、学校の目標や経営方針が校長から示されています。教育活動を充実させていく上では、校長が示す方針の下、個々の教員がその方針を理解した上で、学級経営や教科指導等に取り組んでいかなければなりません。また、学校運営に関わる諸規定についても理解しておきたいところです。

1　学校経営とは

学校経営（学校運営）とは、**施設設備**や教員等の**人的資源**を効果的に活用し、**学校教育目標**を達成するための**PDCA サイクル（マネジメントサイクル）**のことである。学校教育目標の立案に際しては学校や児童生徒、地域などの諸条件を考慮し、学校評価等を通じてその達成度を検証し、次年度の計画立案等に生かすことが求められている。

なお、PCDA とは「Plan（計画）」「Do（実行）」「Check（評価）」「Action（改善）」の略で、新学習指導要領にあるカリキュラム・マネジメントにおいても、このプロセスで教育活動の充実を図っていくことが求められる。

2　学校経営の内容

具体的な経営の中身としては、次のようなものが挙げられる。

○**教育実践**…教育課程の編成と実施、生活指導

○**人的管理**…校務分掌の組織化、教職員の確保、勤怠管理、研修、外部関係者との連絡調整

○**物的管理**…施設設備の維持管理、学校環境の整備

学校経営は、学校教育目標に基づき全教職員参加の下で行われるが、最高責任者は校長であり、最終的には校長の権限と責任の下で行われる。

3　学校評価

学校経営計画に基づく教育活動が、どの程度達成できたかを検証するものとして**学校評価**がある。学校評価は、学校教育法において次のように規定されている。

【学校教育法第 42 条】
小学校は、文部科学大臣の定めるところにより当該小学校の教育活動その他の学校運営の状況について**評価**を行い、その結果に基づき学校運営の**改善**を図るため必要な措置を講ずることにより、その**教育水準**の向上に努めなければならない。

上記規定は、他の校種においても適用される。また、評価の詳細は、学校教育法施行規則において次のように規定されている。

【学校教育法施行規則第 66 条第 1 項】
小学校は、当該小学校の教育活動その他の学校運営の状況について、**自ら**評価を行い、その結果を**公表**するものとする。

【学校教育法施行規則第 67 条】
小学校は、前条第1項の規定による評価の結果を踏まえた当該小学校の児童の**保護者**その他の当該小学校の**関係者**（当該小学校の職員を除く。）による評価を行い、その結果を公表するよう**努める**ものとする。

上記規定は、他の校種においても適用される。第 66 条に規定されているのが「**自己評価**」、第 67 条に規定されているのが「**学校関係者評価**」である。この他に、外部の専門家等による「**第三者評価**」がある。これらをまとめると表 1 の通り。

なお、文部科学省が、学校評価の具体的な実施方法などを示した「**学校評価ガイドライン**」を公表している。

表1　３種類の学校評価

種類	内容・主体	実施義務	根拠法令
自己評価	学校の教職員による評価	義務	学校教育法施行規則第 66 条
学校関係者評価	保護者・地域住民によって構成された学校関係者評価委員会が行う評価	努力義務	学校教育法施行規則第 67 条
第三者評価	外部専門家等による評価	任意	なし

keyword 21

教育課程

Basic Question 家庭訪問と個人面談が終わり、学級経営案を作成するよう教務主任から指示がありました。学級目標を「最後までやり抜く子」「協力する子」「心と体を鍛える子」にしようと思っていたところ、「校長の学校経営方針とともに教育課程を踏まえて作成する必要がある」と学年主任から指導がありました。教育課程とはどのようなものなのでしょうか。

Answer

教育課程とは、学校の教育内容を系統的に配列したものであり、学級経営案の作成はもちろん、学校で行われる全ての教育活動は、校長の責任の下に編成された教育課程に従って実施されなければなりません。所属校の教育課程について深く理解しておくことは、教育活動を行う上で不可欠です。

1 教育課程とは

教育課程とは、英語のカリキュラム（curriculum）の訳であり、ラテン語の「currere」（走路）が語源となっている。その定義については、新しい小・中学校の学習指導要領解説に、次のように示されている。

> 学校において編成する教育課程については、学校教育の**目的**や**目標**を達成するために、教育の内容を児童（生徒）の心身の発達に応じ、授業時数との関連において総合的に組織した各学校の教育計画である（略）。

なお、カリキュラムには、計画的に策定され、明文化されている「**顕在的カリキュラム**」と校風や学級風土など無意識のうちに子どもたちに伝達されている「**潜在的カリキュラム**」があると言われている。

2 教育課程の類型

カリキュラムは、次のように類型化される。

①教科カリキュラム

「国語」「算数（数学）」や「歴史」「物理」などの教科・科目ごとに教育内容を整理・

区分したカリキュラムのこと。知識の伝達に優れているが、教科間の連携を図らなければ知識偏重主義に陥りがちな側面がある。

②相関カリキュラム

教科・科目の区分は残しつつ、教科間で相互に内容的な関連を図り、指導の効果を上げようとするカリキュラムのこと。具体例として、学校のある地域を「歴史」と「地理」の側面から相関させて学ぶ活動などが挙げられる。

③融合カリキュラム

複数の教科・科目等を共通の要素に基づいて融合し、新しい教科・科目や領域に再編成したカリキュラムのこと。例えば「地理」「歴史」「公民」を融合して「社会科」とするなどが挙げられる。

④広領域カリキュラム

内容が類似する教科・科目の境目を取り払い、より大きな単位で編成したカリキュラムのこと。例えば、大学における一般教育カリキュラムを「自然」「社会」「人文」の3領域で構成するなどが挙げられる。

⑤コア・カリキュラム

核（コア）となる教科・科目や活動領域を据えた上で、その周辺に関連する学習を配列して行うカリキュラムのこと。例えば、身近な生活問題の解決を核（コア）に据え、その解決のために教科の知識・技能を活用させるなどが挙げられる。

⑥経験カリキュラム

子どもの興味・関心・欲求を通じて経験したことを基に構成するカリキュラムのこと。例えば、染め物の体験を通じて、染料の歴史を知ったり、染色の科学的理解を図ったりするなどが挙げられる。

3 教育課程の制度的位置付け

教育課程は、法令（教育基本法、学校教育法など）と学習指導要領を踏まえた上で、校長の責任の下、各学校が編成する。その編成にあたっては、地域や学校の実態、児童生徒の心身の発達の段階と特性を十分に考慮する必要がある。

教育課程に関する法令・資料には次のようなものがある。

①教育課程の基準（学習指導要領）

学校教育法第33条（小学校）、第48条（中学校）、第52条（高等学校）など

②各学校段階の教育課程の内容（教科）

学校教育法施行規則第50条第1項（小学校）、第72条（中学校）、第83条（高等学校）など

keyword 22 学校評議員・学校運営協議会

Basic Question 今年度、勤務する学校に学校運営協議会が設置され、「コミュニティスクール」になるとの話を聞きました。以前、学校評議員の会合には参加したことがあるのですが、これと学校運営協議会は異なる組織なのでしょうか。それぞれの制度的な位置付けなどを教えてください。

Answer

学校評議員の会合と学校運営協議会は、全く異なる組織です。ただし、学校経営に外部の意見を取り入れるという点では共通していますが、学校運営協議会は学校運営に関する承認権限や人事についての意見を述べる権利を持っています。それぞれ、法律に基づく制度なので、概要を正しく理解しておきましょう。

1　学校評議員とは

学校評議員は、地域住民の学校経営への参画を目的として導入された制度である。学校教育法施行規則において、次のように定められている。

> **【学校教育法施行規則第49条】**
> 小学校には、設置者の定めるところにより、**学校評議員**を置くことができる。
> 2　学校評議員は、**校長**の求めに応じ、学校運営に関し**意見**を述べることができる。
> 3　学校評議員は、当該小学校の職員以外の者で教育に関する**理解**及び**識見**を有するもののうちから、**校長**の推薦により、当該小学校の**設置者**が委嘱する。

上記規定は、他の校種にも適用される。学校評議員設置の主たる目的は、次のようなものが挙げられる。

〇保護者や地域住民等の意向を把握し反映すること
〇保護者や地域住民等の協力を得ること
〇学校運営の状況等を周知するなど学校としての説明責任を果たしていくこと

学校評議員の任期は**1年**。校長の求めに応じて、個人的な意見を述べるが、その内容に拘束力はない。

2　学校運営協議会

開かれた学校づくりをさらに推進するため、2004年の法改正を経て制度化されたのが**学校運営協議会**である。地域・保護者の代表等から成る合議制の機関で、意見に法的拘束力を持たない学校評議員とは違い、権限を持つ。学校評議員制度との違いは表1の通り。学校運営協議会が設置された学校のことを「**コミュニティ・スクール**」と言う。

学校運営協議会の主な役割としては、次のようなものが挙げられる。

○校長が作成する**学校運営の基本方針**を**承認**する

○学校運営に関する意見を教育委員会または校長に述べることができる

○**教職員の任用**に関して、教育委員会規則に定める事項について、教育委員会に意見を述べることができる

協議会の委員は、保護者や地域住民、地域学校協働活動推進員などにより構成され、任命は**教育委員会**が行う。**任期**に決まりはなく、教育委員会が設定する。

新学習指導要領において「**社会に開かれた教育課程**」が打ち出され、中央教育審議会の答申において「全ての公立学校において、地域住民や保護者等が学校運営に参画する仕組みとして、学校運営協議会制度を導入した学校（コミュニティ・スクール）を目指すべき」等の文言が盛り込まれたことを受け、2017年3月には法改正が行われ、学校運営協議会の設置が**努力義務化**された。

表1　学校評議員と学校運営協議会の違い

項目／制度	学校評議員	学校運営協議会
根拠法令	学校教育法施行規則第49条	地方教育行政の組織及び運営に関する法律第47条の6
設置	・学校評議委員は､設置者の判断により､学校に置くことができる。 ・学校評議員の人数や任期など具体的なあり方は、**設置者**が定める。	・学校運営協議会は、学校を設置する地方公共団体の教育委員会の判断により、指定する学校ごとに置くことができる。
権限	・学校評議員は、校長の求めに応じ、校長が行う学校運営に関し意見を述べることができる。 ・学校評議員に意見を求める事項は、校長が判断する。	・学校運営協議会は、大きく、校長の策定する学校運営の基本的な方針を承認する権限、当該学校の教職員の任用に関して意見を述べる権限を持っている。
委嘱・任命	・学校評議員は、校長の推薦により、設置者が委嘱する。 ・学校評議員は、当該小学校の職員以外の者で教育に関する理解および識見を有するものに委嘱する	・学校運営協議会の委員は、保護者や地域住民の中から、学校運営協議会を設置する地方公共団体の教育委員会が任命する。

keyword 23 児童生徒の安全

Basic Question 昨日、下校途中に子どもが不審者につきまとわれるという出来事がありました。ここ最近、児童生徒の安全確保が学校の大きな課題であると痛感しています。教員としてどのようなことに取り組むべきか、ポイントを教えてください。

子どもの安全を脅かす事故や犯罪が頻発しています。一人一人の子どものかけがえのない命を守ることは、社会全体の課題であり、学校も事件・事故の防止策を講じていかなければなりません。通学路の安全点検、地域パトロールなども必要ですし、子どもたち自身が身を守る術を身に付ける機会も作っていくことが求められます。

1　学校安全緊急アピール

学校管理下の事件や事故が後を絶たない中、文部科学省では2004年1月に「**学校安全緊急アピールー子どもの安全を守るためにー**」を公表した。ここでは、学校において取り組むべき具体的な事項として、次の7項目を示している。

①実効ある学校マニュアルの策定
実効性の高い学校マニュアルの策定。防犯訓練等で不断に検証・改善。

②学校安全に関する校内体制の整備
学校安全担当者や**委員会**など校内組織の整備。学校安全に関する**点検活動**の日常化。

③教職員の危機管理意識の向上
学校安全の基盤は教職員の**危機管理意識**。実践的な研修・訓練も不可欠。「**安全マップ**」を作成し**通学路**の安全点検を行うなど、犯罪を未然に防ぐ環境づくり。

④校門等の適切な管理
校内への**出入口**の管理は安全確保の大前提。日常点検の中でその他校内に死角がないか把握。

⑤防犯関連設備の実効性ある運用
機器等を設置すること自体が目的ではなく、人による適切な運用が重要。全教職員が機器

等の運用方法を習得することや、日常的な点検が重要。

⑥子どもの防犯教育の充実
「**防犯教室**」や防犯訓練の実施など、子どもに対する**防犯教育**の充実。

⑦日常的な取組体制の明確化
校門の施錠などの日常的な取組体制の整備・確立。

2　登下校時の安全確保

登下校中の連れ去り事件等が相次ぐ中、2005年に文部科学省では「登下校時における幼児児童生徒の安全確保について（通知）」を示し、学校が取り組むべき課題として次の5項目を示した。

①通学路の**安全点検**の徹底と**要注意箇所の周知徹底**
②登下校時の幼児児童生徒の**安全管理**の徹底
③幼児児童生徒に**危険予測・回避能力**を身に付けさせるための**安全教育**の推進
④**不審者**等に関する情報の共有
⑤**警察**との連携

3．第2次学校安全の推進に関する計画

学校保健安全法第3条第2項は、国は「学校安全の推進に関する計画の策定その他所要の措置を講ずるものとする」と規定している。この条文に基づき「**第2次学校安全の推進に関する計画**」が2017年3月に公表された。ここでは、学校安全の推進方策として、次の5項目が示されている。

(1) 学校安全に関する組織的取組の推進
学校における人的体制の整備／**学校安全計画**及び**危機管理マニュアル**の策定・検証の徹底／学校安全に関する教職員の**研修**及び**教員養成**の充実

(2) 安全に関する教育の充実方策
「**カリキュラム・マネジメント**」の確立を通じた系統的・体系的な安全教育の推進／**優れた取組**の普及を通じた指導の改善・充実／**現代的課題**への対応

(3) 学校の施設及び設備の整備充実
学校施設の安全性の確保のための整備／非常時の安全に関わる**設備の整備充実**

(4) 学校安全に関するPDCAサイクルの確立を通じた事故等の防止
学校における**安全点検**／学校管理下において発生した事故等の**検証**と**再発防止**等

(5) 家庭、地域、関係機関等との連携・協働による学校安全の推進
家庭、**地域**との連携・協働の推進／**関係機関**との連携による安全対策の推進

keyword 24

学力

Basic Question 国や自治体では各種の学力調査を行い、指導方法の改善・充実に生かそうとしています。確かな学力を身に付けさせることは重要ですが、そのためにはまず、身に付けさせたい「学力」とはどのようなものなのかをしっかりと把握することが必要だと考えます。「学力」とは、どのようなものだと捉えたらよいのでしょうか。

Answer

学校は、児童生徒に確かな学力を身に付けさせる責務を負っています。その際に重要なのは、指導者である教師が「学力」を正しく捉え、深く理解していることです。「知識・技能」は重要な要素ですが、それのみを学力とする捉え方では、未来に生きる児童生徒に適切な学力を身に付けさせることはできないことに留意する必要があります。その意味でも、次に示す「学力」の概念をしっかりと理解して、教育活動に当たっていくことが重要となります。

1　確かな学力

新学習指導要領の「総則」には、変化の激しいこれからの社会を「生きる力」として、「確かな学力」「豊かな心」「健やかな体」を掲げている。このうち「確かな学力」については、学校教育法第30条第2項において、次のように定義されている。

【学校教育法第30条第2項】
前項の場合においては、生涯にわたり学習する基盤が培われるよう、基礎的な**知識及び技能**を習得させるとともに、これらを活用して課題を解決するために必要な**思考力**、**判断力**、**表現力**その他の能力をはぐくみ、**主体的に学習に取り組む態度**を養うことに、特に意を用いなければならない。

上記条文より、学力は次の3要素に整理することができる。
①基礎的・基本的な**知識・技能**
②知識及び技能を活用して課題を解決するために必要な**思考力・判断力・表現力**等
③**主体的**に学習に取り組む**態度**

「確かな学力」をさらに細かく具体化すると、図1のようになる。

図1　確かな学力の具体像

2　学力向上に向けた具体的施策

2002年に告示された小・中学校の学習指導要領において学習内容の大幅な削減が図られたこともあり、世間的に学力への不安が高まった。これを受けて、2003年には学習指導要領の一部改正が行われ、学習指導要領が教える内容の「**最低基準**」であることが明記された。その後、国際学力調査の結果等で、日本の児童生徒の順位等が下がったことから、さまざまな観点から学力向上に向けた取り組みが進められた。国が実施した事業としては、次のようなものが挙げられる。

①学力向上フロンティア事業

2002年度から3年間にわたって行われた学力向上に向けた事業。国が教育委員会に委嘱する形で、「確かな学力」の向上に向けた実証研究が全国各地の学校で行われた。その後､類似する事業として「課題解決に向けた主体的･協働的な学びの推進事業」が行われている。

②スーパーサイエンスハイスクール（SSH）

2002年度にスタートし、現在でも実施されている理数教育の推進事業。先進的な実践を行う高等学校等に助成金を拠出し、その成果等を報告させるもので、指定校では学習指導要領の枠を超えた高度な実践が行われている。

③全国学力・学習状況調査

子どもたちの学力・学習状況等を把握し、各校が指導改善等に生かすことを目的として2007年度から始まった調査。別名「全国学力テスト」とも呼ばれる。対象は小学6年生と中学3年生で、毎年度、全国すべての公立学校で実施されている（ただし、2011年度は東日本大震災を受けて見送りとされた。私立学校の参加は任意。）。

keyword 25 学習評価

Basic Question 「評価」というと通知表を連想してしまいがちですが、子どもたちに学力を付ける上でも、その役割が大切だと聞きました。学習評価とは何か、今一度詳しく教えてください。

Answer

学習評価とは、子どもの到達度を示すものであり、指導の振り返りの指標となるものでもあります。大切なのは、評価を活用して子どもたちの持てる力を最大限に伸ばすという視点です。学習評価については、新学習指導要領にも多くの記述がありますので、ポイントを押さえておきましょう。

1　学習評価の概要

中央教育審議会「児童生徒の学習評価の在り方について（報告）」（2010年3月）では、学習評価の今後の方向性を次のように示している。

○学習指導に係る**PDCAサイクル**の中で、学習評価を通じ、授業の改善や学校の教育活動全体の改善を図ることが重要であり、以下の3つの考え方を中心に学習評価を改善。
【1】きめの細かな指導の充実や児童生徒一人一人の学習の定着を図ることのできる「**目標に準拠した評価**」による「**観点別学習状況の評価**」や「評定※1」を着実に実施。（学習評価の在り方の大枠は維持し、深化を図る。）
【2】学習評価においても学習指導要領等の改正※2の趣旨を反映。
【3】学校等の創意工夫を生かす現場主義を重視した学習評価の促進。
※1　評定：それぞれの観点別評価の結果を総括的に評価すること（小学校3段階、中学校5段階）
※2　学習指導要領等の改正：2008年告示を指す。

2　観点別学習状況の評価の在り方

上記報告では、観点別学習評価について、次のように示している。

○学習状況を分析的に見る「評価の観点」については、成績付けのための評価だけでなく、**指導の改善**に生かす評価においても重要な役割。

○そのため、今回、学習指導要領等で定める学力の３つの要素に合わせ、評価の観点を整理することとし、概ね、

【1】**基礎的・基本的な知識・技能**は「知識・理解」「技能」において、

【2】これらを活用して課題を解決するために必要な**思考力・判断力・表現力等**は「思考・判断・表現」において、

【3】**主体的に学習に取り組む態度**は「関心・意欲・態度」において、

それぞれ評価を行うことと整理。

○各教科の評価の観点は上に示した観点を基本としつつ教科の特性に応じて設定。

3　教科等別の評価の在り方

学校における学習評価は、教科・領域によって次のように行われる。

・教科…観点別学習状況欄

▶Ａ～Ｃで記入

・外国語活動・総合的な学習の時間・道徳科

▶学習指導要領の目標と具体的な活動に合わせて評価の観点を設定し、文章記述で評価

・特別活動

学習指導要領の目標を踏まえ、各学校の教育活動に合わせ、評価の観点を決めて評価

4　新学習指導要領における評価

小・中学校の新しい学習指導要領においては、「第１章 総則」で学習評価について次のように記述している。

2 学習評価の充実

学習評価の実施に当たっては、次の事項に配慮するものとする。

(1) 児童（生徒）の**よい点**や**進歩**の状況などを積極的に評価し、学習したことの**意義**や**価値**を実感できるようにすること。また、各教科等の目標の実現に向けた学習状況を把握する観点から、**単元**や**題材**など**内容**や**時間**のまとまりを見通しながら評価の場面や方法を工夫して、学習の**過程**や**成果**を評価し、**指導の改善**や**学習意欲の向上**を図り、資質・能力の育成に生かすようにすること。

(2) 創意工夫の中で学習評価の**妥当性**や**信頼性**が高められるよう、**組織的**かつ**計画的**な取組を推進するとともに、**学年**や**学校段階**を越えて児童（生徒）の学習の成果が円滑に**接続**されるように工夫すること。

keyword 26 教育相談

Basic Question 先日、担任しているクラスの女子生徒から、進路のこととあわせて家庭のことについて相談がありました。進路については何とか対応ができそうなのですが、家庭での問題は複雑で対応に苦慮しています。どのようにしたらよいでしょうか。

Answer

子どもたちを取り巻く環境が複雑化する中、子どもたち一人一人が抱えている悩みや課題も多様化しています。大切なのは、子どもの話に耳を傾け、まずは悩みや相談を受け止めることです。場合によっては、管理職等に相談し、外部の専門家と連携して対応することも大切です。

1　教育相談とは

教育相談の意義は、文部科学省の「生徒指導提要」(2010年3月）において、学習指導要領解説を引用する形で、次のような記述がある。

> 教育相談は、一人一人の生徒の教育上の問題について、**本人**又はその**親**などに、その望ましい在り方を**助言**することである。その方法としては、**1対1**の相談活動に限定することなく、すべての教師が生徒に接するあらゆる機会をとらえ、あらゆる教育活動の実践の中に生かし、教育相談的な配慮をすることが大切である。

2　教育相談で用いるカウンセリング技法

教育相談で用いるカウンセリング技法として、「生徒指導提要」には、表1のようなものが示されている。

表1　教育相談で用いるカウンセリング技法

つながる言葉かけ	いきなり本題から始めるのではなく、始めは相談に来た労をいたわったり、相談に来たことを歓迎する言葉かけ、心をほぐすような言葉かけを行う。
傾聴	丁寧かつ積極的に相手の話に耳を傾ける。よくうなずき、受け止めの言葉を発し、時にこちらから質問する。
受容	児童生徒のそうならざるを得ない気持ちを推し量りながら聞く。

繰り返し	同じことを繰り返すと、児童生徒は自信を持って話すようになる。
感情の伝え返し	感情の表現が出てきたときには、同じ言葉を児童生徒に返し、感情表現を応援する。
明確化	うまく表現できないものを言語化して心の整理を手伝う。
質問	意味が定かでない時に確認する場合、より積極的に聞いているよということを伝える場合などに質問を行う。
自己解決を促す	本人の自己解決力を引き出す。

また、教育相談でも活用できる新たな手法として、表2のようなものを示している。

表2　教育相談でも活用できる新たな手法等

グループエンカウンター	グループ体験を通しながら、人間関係づくりや相互理解、協力して問題解決する力などが育成する。
ピア・サポート活動	「ピア」とは児童生徒「同士」という意味で、「ウォーミングアップ」「主活動」「振り返り」という流れを一単位として、段階的に積み重ねる。集団の持つプラスの力を最大限に引き出す方法。
ソーシャルスキルトレーニング	さまざまな社会的技能をトレーニングにより育てる方法。発達障害のある児童生徒の社会性獲得に役立つ。
アサーショントレーニング	「主張訓練」と訳され、相互関係を大切に自他尊重しながら、対人場面で自分の伝えたいことをしっかり伝えるためのトレーニング。
アンガーマネジメント	自分の中に生じた怒りの対処法を段階的に学ぶ方法。
ストレスマネジメント教育	さまざまなストレスに対する対処法を学ぶ手法。「コーピング（対処法）」の学習も含む。危機対応などに活用される。
ライフスキルトレーニング	自分の身体や心、命を守り、健康に生きるためのトレーニング。

3　専門的立場からの指導・助言者

教育相談において専門的立場から指導・助言を行う専門家として、次の2つがある。

①スクールカウンセラー

心の悩みに専門的立場から助言・援助するカウンセリングの専門家。**臨床心理士**や**精神科医**などが充てられ、児童生徒だけでなく教職員や保護者へのカウンセリングも行う。

②スクールソーシャルワーカー

児童生徒の課題に対し、**教育・福祉**両面の専門的な知識・技術を使って解決に当たるコーディネーター的存在。教育や福祉の分野で活動経験のある者が充てられる。

keyword 27 食育

Basic Question 私が担任するクラスでは、給食の残菜率が高く、なかなか改善されません。残菜率が高いということは、成長に必要な栄養が摂れていないということになります。食育の指導を充実させたいと思うのですが、その際の要点を教えてください。

Answer

「生きる力」の一つに「健康・体力」があり、「食」はその基礎となるものです。そのため「食育」の指導が適切に行われる必要があります。「食育」には、必要な栄養を摂るという目的にとどまらず、文化的な側面を含めて多様なねらいがあります。子どもたちの食にまつわる課題がある中、学校ではその指導を充実させることが強く求められています。

1　学校における食育

①食育の目的・目標

近年、偏った栄養摂取や不規則な食事など子どもたちに食生活の乱れが見られ、学齢児童生徒の生活習慣病などの問題もクローズアップされている。肥満や過度の痩身なども見られ、望ましい食習慣の形成は国民的課題となっている。そうした状況を踏まえ、2005年に施行された食育基本法には、その目的が次のように規定されている。

【食育基本法第２条】
食育は、食に関する適切な**判断力**を養い、生涯にわたって健全な食生活を実現することにより、国民の心身の**健康**の増進と豊かな**人間形成**に資することを旨として、行われなければならない。

食育指導の具体的な目標については、文部科学省「食に関する指導の手引−第1次改訂版−（2010年3月）に、次のように示されている。

①食事の重要性、食事の**喜び**、**楽しさ**を理解する。
②心身の成長や健康の保持増進の上で望ましい**栄養**や食事のとり方を理解し、自ら**管理**していく能力を身に付ける。

③正しい知識・情報に基づいて、食物の**品質**及び**安全性**等について自ら判断できる能力を身に付ける。
④食物を大切にし、食物の**生産**等にかかわる人々に**感謝**する心をもつ。
⑤食事の**マナー**や食事を通じた**人間関係形成能力**を身に付ける。
⑥各地域の**産物**、食文化や食に関わる**歴史**等を理解し、尊重する心をもつ。

②食に関する指導の内容

上記手引には、6つの食に関する指導の目標に沿って、次の観点から食に関する指導を行うことが例示されている。

○食事の重要性（食事の重要性、食事の**喜び**、**楽しさ**を理解する）
○心身の健康（心身の成長や健康の保持増進の上で望ましい**栄養**や食事のとり方を理解し、自ら**管理**していく能力を身に付ける）
○食品を選択する力（正しい知識・情報に基づいて、食物の**品質**及び**安全性**等について自ら判断できる能力を身に付ける）
○感謝の心（食物を大切にし、食物の**生産**等にかかわる人々へ**感謝**する心をもつ）
○社会性（食事の**マナー**や食事を通じた**人間関係形成能力**を身に付ける）
○食文化（各地域の**産物**、食文化や食にかかわる**歴史**等を理解し、尊重する心をもつ）

2　栄養教諭の職務

栄養教諭は、学校教育法第37条第13項において「児童の栄養の指導及び管理をつかさどる」と規定され、**栄養管理**、**衛生管理**、**検食**、**物品管理**などを行うが、その他に次のような取り組みを行うことが、上記手引に示されている。

①**全体計画**の作成の検討、原案作成、決定等の進行管理を行うこと。
②**教職員**の連携・調整の要としての役割を果たすこと。
③**家庭**や**地域**との連携・調整の要としての役割を果たすこと。
④**給食献立計画**、**給食の時間**における食に関する指導の計画、**各教科**等における食に関する指導の計画の関連付けを積極的に図ること。
⑤校長その他の教職員に対して食の観点から把握した児童生徒の**生活実態**等を積極的に提示すること。
⑥校長その他の教職員に対して食育に関する**取組事例**、**研究成果**等を積極的に提供すること。
⑦校長その他の教職員に対して自校や他校における学校給食の現状や課題等についての**情報提供**を積極的に行うこと。
⑧複数の学校や共同調理場を担当する栄養教諭も、地域内の各学校における**全体計画**の作成及び全体計画を踏まえた**指導**に際しては、積極的に参画すること。

keyword 28 社会教育・生涯学習

Basic Question 社会教育・生涯学習の重要性が指摘されています。複雑かつ多様に変化していく今後の社会にあって、子どもたちが生涯にわたって学び続ける意欲やそれを可能にする環境づくりが大切だと思いますが、社会教育や生涯学習と学校との関係等をどのように捉えたらよいのでしょうか。

変化の激しい社会の中で必要な資質・能力を身に付け、磨き続けることは、現代社会を生きる上で不可欠のことです。その観点から、社会教育の充実を図り、学校を卒業した後も、生涯にわたって学習し続ける児童生徒を育成していく必要があります。そのためにも、学校教育と社会教育は、今後ますます連携を密にしていくことが求められます。

1 生涯学習

生涯学習とは、「人が**生涯**にわたって、自己の**充実・啓発**や**生活の向上**のため、自己に適した手段・方法で**主体的**に**継続**して行うあらゆる学習」のことを言う。

生涯学習の基本的な考え方については、中央教育審議会「今後の生涯学習の振興方策について」(2004年3月) において、次のように示されている。

> 「人々が、生涯のいつでも、自由に学習機会を選択して学ぶことができ、その成果が適切に評価される」ような「生涯学習社会」の実現を目指す (略)。
>
> そのような「生涯学習社会」は、①教育・学習に対する個人の需要と社会の要請のバランスを保ち、②人間的価値の追求と職業的知識・技術の習得の調和を図りながら、③これまでの優れた知識、技術や知恵を継承して、それを生かした新たな創造により、絶えざる発展を目指す社会である。

2 生涯教育から生涯学習へ

「生涯教育」の考え方は、1965年にフランスの思想家である**ポール・ラングラン**が提唱した。日本では、1986 年の臨時教育審議会第２次答申において「生涯学習体系への移行」が提唱され、以後、「生涯学習」という表現が用いられるようになった。生涯学習においてよく使われる言葉に次の２つがある。

【リカレント教育】

経済協力開発機構（OECD）が中心になって推進している生涯教育の一つの形式。「循環教育」「回帰教育」とも言われる。組織的・計画的な教育機関での教育と、職場での労働を繰り返す教育のあり方を意味する。

【生涯学習社会】

「人々が、生涯のいつでも、自由に学習機会を選択して学ぶことができ、その成果が社会において適切に評価される」（1992 年生涯学習審議会答申）ような社会

3　社会教育施設

社会教育の理念は、教育基本法第 12 条において示されている。また、社会教育の定義については、社会教育法第２条において示されている。（いずれも P.176「社会教育」の項を参照）

社会教育法等に基づき設置される社会教育施設には、次のようなものがある。

①公民館（社会教育法第 20 条）

社会教育センター、市民館、市民ホールなどを含む。

②図書館（図書館法第２条）

学校図書館などは含まれない。

③博物館（博物館法第２条）

科学館などを含む。

4　学校施設の開放

学校における社会教育施設の附置と目的外使用などについては、学校教育法と社会教育法において次のように規定されている。

【学校教育法第 137 条】

学校教育上支障のない限り、学校には、**社会教育**に関する施設を附置し、又は学校の施設を**社会教育**その他**公共**のために、利用させることができる。

【社会教育法第 44 条第１項】

学校（略）の**管理機関**は、学校教育上支障がないと認める限り、その管理する学校の施設を**社会教育**のために利用に供するように努めなければならない。

keyword 29

学級経営

Basic Question 初めて学級担任をしますが、学級崩壊やいじめなどが話題になっていて、自分の学級でも起こらないか心配です。保護者との関係も難しいと聞きます。子どもたちが意欲的に学習し、子どもも担任も保護者も、楽しく1年間を過ごせる学級経営について教えてください。

Answer

「学級経営」とは、学校の教育目標を達成するために、学級を単位とする教育活動の計画・実施・評価に伴う学級担任のすべての活動のことを指します。担任するクラスで学級崩壊やいじめが起これば、子ども、教師も、さらには保護者も、悲しい思いをします。加えて、学力も高まりません。その点でも学級経営は非常に重要です。

1　学級経営とは

学級経営・ホームルーム経営は、文部科学省「生徒指導提要」(2010年3月)において、次のように定義されている。

> 一人一人の児童生徒の**成長発達**が円滑にかつ確実に進むように、**学校経営**の基本方針の下に、学級・ホームルームを単位として展開される様々な教育活動の成果が上がるよう諸条件を**整備**し**運営**していくこと。

学級担任の具体的な活動として、次のようなものがある。

①**学級経営計画の作成**…学級経営方針・学級経営案・学級目標・学級経営組織・評価と改善など

②**学習指導**…学習適応能力を高める指導・学習組織など

③**生活指導**…児童生徒理解・教育相談・学級の雰囲気の醸成・教師と児童生徒、児童生徒同士の人間関係づくり

④**進路指導**…あり方や生き方指導・進路相談

⑤**環境**…教室環境の構成と整備・学習環境の設定・言語環境の整備(教師が最大の言語環境である)

⑥**連携**…保護者・PTA・地域・学年・他校・保育園・幼稚園・小学校・中学校・子供家庭支援センター・児童相談所・警察など

⑦**学級事務**…在籍に関わる事務・成績処理・会計・学級通信・保健健康に関する事務

2　学級経営の進め方

学級・ホームルーム経営の進め方について、上記「生徒指導提要」では、次のような点を示している。

> **①児童生徒理解の深化**
> （略）学級担任・ホームルーム担任の教員は、学級・ホームルームに**多様**な児童生徒がいることを前提に、学級・ホームルームでの児童生徒との**人間的な触れ合**い、きめ細かい**観察**や**面接**、**保護者**との対話を深め、一人一人の児童生徒を客観的かつ総合的に理解していくことが大切です。（略）
>
> **②学級集団・ホームルーム集団の人間関係づくり**
> （略）児童生徒が、自他の**個性**を尊重し、互いの身になって考え、相手の**良さ**を見付けようと努める集団、互いに協力し合い、**主体的**によりよい人間関係を形成していこうとする集団、言い換えれば、好ましい人間関係を基礎に豊かな**集団生活**が営まれる学級やホームルームの教育的環境を形成していくことが必要です。また、児童生徒の**コミュニケーション能力**を高め、開かれた人間関係づくりを進めることが大事です。

また、学級経営の核となる集団指導については、次のように述べている。

> 指導的立場である教員は一人一人の児童生徒が、①「**安心**して生活できる」、②「**個性**を発揮できる」、③「**自己決定**の機会を持てる」④「集団に貢献できる**役割**を持てる」、⑤「**達成感・成就感**を持つことができる」、⑥「集団での**存在感**を実感できる」、⑦「他の児童生徒と好ましい**人間関係**を築ける」、⑧「**自己肯定感・自己有用感**を培うことができる」、⑨「**自己実現**の喜びを味わうことができる」ことを基盤とした集団づくりの工夫が必要です。

学級経営上の注意点については、次のようなものが挙げられる。

①学級経営案の作成と活用

- 学級の個と集団の実態をよく見る
- 児童生徒の願い、保護者の願いなどを加味する
- いつまでに何をどのようにするか、年間の見通しを立てる

②自分の居場所のある学級づくり

- 学級の生活や学習の規律を作る
- 学級における人間関係を作る（教師と児童生徒との関係づくり、児童生徒同士の関係づくり）
- 教師が児童生徒の手本となる

keyword 30 情報教育

Basic Question 新しい学習指導要領にプログラミング教育が導入されるなど、情報教育は新たな局面を迎えていると感じています。タブレット端末も普及し、ICT機器を活用した指導方法も開発していかなければなりません。子どもたちにより良い情報教育を行っていく上で、これからの情報教育のあり方について教えてください。

Answer

スマートフォンやタブレット端末の普及が進むなど、現代社会における「情報」の価値は高まるばかりです。これからの社会では、いかに情報を的確かつ迅速に収集し、処理・判断して活用していくかが問われます。児童生徒にそうした資質・能力を養っていくためにも、教師には情報教育の基本を確実に押さえ、指導力を高めることが求められます。

1　情報教育の概念

2010年に出された文部科学省「教育の情報化に関する手引」では、「教育の情報化」を次の3つで構成されるものとしている。

①**情報教育** ～子どもたちの情報活用能力の育成～
②**教科指導におけるICT活用** ～各教科等の目標を達成するための効果的なICT機器の活用～
③**校務の情報化** ～教員の事務負担の軽減と子どもと向き合う時間の確保～

このうち「情報教育」についは、1998年8月に出された「情報化の進展に対応した初等中等教育における情報教育の進展等に関する調査研究協力者会議」の最終報告で、その目標を次の3つの観点に整理されている。

①情報活用の実践力
課題や目的に応じて情報手段を適切に活用することを含めて、必要な情報を主体的に**収集**・**判断**・**表現**・**処理**・**創造**し、受け手の状況などを踏まえて発信・伝達できる能力

②情報の科学的な理解
情報活用の基礎となる**情報手段の特性**の理解と、情報を適切に扱ったり、自らの情報活用

を評価・改善するための基礎的な**理論**や**方法**の理解

③情報社会に参画する態度

社会生活の中で情報や情報技術が果たしている役割や及ぼしている影響を理解し、**情報モラル**の必要性や情報に対する責任について考え、**望ましい情報社会**の創造に参画しようとする態度

2　情報モラル教育

上記手引において、「情報モラル」は次のように定義されている。

「情報モラル」とは、「情報社会で適正に活動するための基となる考え方や態度」のことであり（略）、その範囲は、「他者への影響を考え、人権、知的財産権など**自他の権利**を尊重し情報社会での行動に**責任**をもつこと」、「**危険回避**など情報を正しく安全に利用できること」、「コンピュータなどの情報機器の使用による**健康**とのかかわりを理解すること」など多岐にわたっている。

情報機器の普及に伴い、ネット上での**誹謗中傷**、**有害情報**へのアクセス、**プライバシー**や**著作権**の侵害など、児童生徒を取り巻く諸問題が出てくるようになった。子どものネットの利用は、主として学校の管理下外で行われるものだが、そうした問題・トラブルが起こると円滑な教育活動に支障が生じることもあり、学校では「**情報モラル教育**」に取り組むことが、求められている。

3　新学習指導要領における情報教育

2017年3月に告示された小・中学校の新しい学習指導要領においては、情報教育について次のように記述されている。

「第1章 総則」「第3 教育課程の実施と学習評価」

1 主体的・対話的で深い学びの実現に向けた授業改善

（略）情報活用能力の育成を図るため、各学校において、**コンピュータ**や**情報通信ネットワーク**などの情報手段を活用するために必要な環境を整え、これらを適切に活用した学習活動の充実を図ること。また、各種の**統計資料**や**新聞**、**視聴覚教材**や教育機器などの教材・教具の適切な活用を図ること。

また、小学校の新しい学習指導要領には次のような記述がある。

あわせて、各教科等の特質に応じて、次の学習活動を計画的に実施すること。

ア　児童がコンピュータで文字を**入力**するなどの学習の基盤として必要となる情報手段の基本的な**操作**を習得するための学習活動

イ　児童が**プログラミング**を体験しながら、コンピュータに意図した処理を行わせるために必要な**論理的思考力**を身に付けるための学習活動。

第4章

教育法規

教育基本法や学校教育法など、教育に関連する法規のことを総称して「教育法規」と言います。教員採用試験では、教育法規の条文・内容などから問われるので、要点を理解しておく必要があります。教師を目指す者としても、自身が行う教育活動の法的根拠は、押さえておきたいところです。

keyword 01 教育の基本理念

Basic Question 「教育とは何か」について、教師間でも、保護者同士でも、よく話題になります。そして、どんなに議論を重ねても、明確な答えは出せないことがほとんどです。しかし、「教育」が国策として行われている限りは、そこに明確な「理念」があるはずだと思います。何か拠り所となるものはないのでしょうか。

Answer

教育は「一億総評論家」と言われるほど身近で関心の高いテーマですが、改めて「教育とは何か」と問われたら、根拠を示しながら答えられる人はほとんどいないでしょう。教育の基本理念は、憲法や法律できちんと規定されています。全国共通の法的根拠の下、各学校で教育活動が行われているのです。ここでは、それら憲法・法律が規定する教育の基本理念について解説していきます。

1　教育の基本理念

【日本国憲法第 26 条第１項】
すべて国民は、法律の定めるところにより、**その能力に応じて、ひとしく**教育を受ける権利を有する。

【教育基本法前文】
我々日本国民は、たゆまぬ努力によって築いてきた**民主的で文化的な国家**を更に発展させるとともに、世界の平和と人類の福祉の向上に貢献することを願うものである。
我々は、この理想を実現するため、**個人の尊厳**を重んじ、**真理と正義**を希求し、**公共の精神**を尊び、豊かな**人間性と創造性**を備えた人間の育成を期するとともに、**伝統**を継承し、**新しい文化**の創造を目指す教育を推進する。

日本の教育の基本理念は、日本国憲法と教育基本法に規定されている。

日本国憲法は、1946 年に公布され、1947 年に施行された。基本原理は「国民主権」「基本的人権の尊重」「平和主義」の３つ。すべての国民に、教育を受ける権利を保障している。教育基本法は、日本の教育の基本理念を定めた法律。1947 年に制定され、

2006年に改正された。

2　関連法規の規定

日本国憲法と教育基本法以外にも、教育の基本理念を示したものとして児童憲章がある。

【児童憲章（抜粋）】
児童は、よい環境の中で育てられる。
四　すべての児童は、**個性**と**能力**に応じて教育され、社会の一員としての責任を自主的に果たすように、みちびかれる。

児童憲章は、法規ではないため法的拘束力は有しないが、児童福祉の根本理念を定めた国民的規範として、1951年に制定された。また、民法にも以下のような規定がある。

【民法第820条】
親権を行う者は、子の利益のために子の監護及び教育をする権利を有し、義務を負う。

3　教育を受ける権利

万国共通の基本原理である「教育を受ける権利」については、上記日本国憲法第26条第1項の規定を受け、教育基本法に次のように規定されている。

【教育基本法第4条】
すべて国民は、ひとしく、その**能力**に応じた教育を受ける機会を与えられなければならず、**人種**、**信条**、**性別**、**社会的身分**、**経済的地位**又は**門地**によって、教育上差別されない。
2　国及び地方公共団体は、障害のある者が、その障害の状態に応じ、十分な教育を受けられるよう、教育上必要な支援を講じなければならない。
3　国及び地方公共団体は、能力があるにもかかわらず、経済的理由によって修学が困難な者に対して、奨学の措置を講じなければならない。

第1項で教育を受ける権利の保障を謳い、その実現に向けて、第2項・第3項で国と地方公共団体が行うべきことを規定している。また、「教育を受ける権利」については、世界人権宣言と児童の権利条約においても次のような規定がある。

なお、「門地」とは家柄や生まれのことを指す。

【世界人権宣言第26条】
すべて人は、教育を受ける権利を有する。（後略）

【児童の権利条約（児童の権利に関する条約）第28条】
締約国は、教育についての児童の権利を認めるものとし、（後略）

keyword 02

教育の機会均等

Basic Question すべての子どもが教育を受ける権利を持っていること、教育において差別があってはならないことは理解しました。もう一つ、よく「教育の機会均等」が言われますが、これは具体的にどのようなことを指すのでしょうか。また、それを保障するものとして、具体的にどのような法律が定められているのでしょうか。

Answer

すべての国民は、能力に応じて教育を受けられること、人種や信条等で教育的差別を受けないことなどが、法律で「教育の機会均等」として保障されています。教育の機会均等については、障害のある人への支援、奨学の措置、生涯学習の理念などがそれぞれ規定されており、正しく理解しておくことが求められます。

1 教育の機会均等

教育基本法第４条は「教育の機会均等」の原理を規定した条文である。特に第１項の条文は、日本国憲法第 14 条第１項の「法の下の平等」と第 26 条第１項の「教育を受ける権利」の２つを合わせて一体化した形になっている。

【教育基本法第４条第１項】
すべて国民は、**ひとしく、その能力に応じた教育を受ける機会**を与えられなければならず、**人種、信条、性別、社会的身分**、経済的地位**又は門地**によって、教育上差別されない。

【日本国憲法第 14 条第１項】
すべて国民は、法の下に平等であつて、人種、信条、性別、社会的身分又は門地により、政治的、経済的又は社会的関係において、差別されない。

【日本国憲法第 26 条第１項】
すべて国民は、法律の定めるところにより、その能力に応じて、ひとしく教育を受ける権利を有する。

2　障害のある者への支援

教育基本法第４条第２項は、障害のある者への教育支援について規定している。この条文は、2006年の改正で新たに盛り込まれた条文で、これを根拠として特別支援教育が推進されている。

> **【教育基本法第４条第２項】**
> 国及び地方公共団体は、**障害**のある者が、その障害の状態に応じ、十分な教育を受けられるよう、教育上必要な**支援**を講じなければならない。

3　奨学の措置

教育基本法第４条第３項は、国および地方公共団体による奨学の措置について規定している。

> **【教育基本法第４条第３項】**
> 国及び地方公共団体は、能力があるにもかかわらず、**経済的理由**によって修学が困難な者に対して、**奨学**の措置を講じなければならない。

ここで言う「奨学の措置」とは、奨学金のことだけではなく、教育の機会均等のために必要な、あらゆる経済的方法を意味する。具体的に、給食費、文具費、通学費、修学旅行費などの学校を通じて行う補助（教育援助）や、福祉上の生活保護（教育扶助など）、勤労学生への税の控除、入学金や授業料等の貸し付けなどが挙げられる。

4　生涯学習の理念

教育の機会均等は、社会教育においても前提となっている。社会教育法は、それを保障するために、国及び地方教育団体の任務を次のように規定している。

> **【社会教育法第３条第１項】**
> 国及び地方公共団体は、この法律及び他の法令の定めるところにより、**社会教育**の奨励に必要な施設の設置及び運営、集会の開催、資料の作製、頒布その他の方法により、すべての国民があらゆる機会、あらゆる場所を利用して、自ら実際生活に即する**文化的教養**を高め得るような**環境**を醸成するように努めなければならない。

条文内の「社会教育の奨励」という表現は、教育基本法第12条（社会教育）の規定を受けたものであり、それとほぼ同じ内容で「文化的教養を高め得るような環境」の「醸成」が謳われている。

keyword 03

教育の目的・目標

Basic Question 子どもから「学校に行く理由」や「勉強する理由」をよく聞かれます。教師として、どのように答えればよいでしょうか。

Answer

どう答えればよいかは難しいところですが、法律には教育の「目的」と「目標」が定められており、学校教育はそれに基づいて行われています。まずは教師として、これら法令の規定をきちんと理解しましょう。

1　教育の目的

教育基本法第1条は「教育の目的」を規定している。教育の目的は「人格の完成」であり、それは学校教育だけではなく、社会教育にも及ぶ。

【教育基本法第1条】

教育は、**人格の完成**を目指し、**平和**で**民主的**な国家及び社会の形成者として必要な資質を備えた心身ともに**健康**な国民の育成を期して行われなければならない。

2　教育の目標

教育基本法第2条は、第1条で規定された「教育の目的」を実現するために達成すべき「教育の目標」を計5項目にわたって示している。これら5つの目標は、2006年の改正で新たに盛り込まれたものである。

【教育基本法第2条】

教育は、その目的を実現するため、**学問**の自由を尊重しつつ、次に掲げる目標を達成するよう行われるものとする。

一　幅広い知識と教養を身に付け、**真理**を求める態度を養い、豊かな**情操**と**道徳心**を培うとともに、健やかな身体を養うこと。

二　個人の価値を尊重して、その能力を伸ばし、創造性を培い、**自主**及び**自律**の精神を養うとともに、職業及び生活との関連を重視し、**勤労**を重んずる態度を養うこと。

三　正義と責任、男女の平等、自他の**敬愛**と**協力**を重んずるとともに、公共の精神に基づき、主体的に社会の形成に参画し、その発展に寄与する態度を養うこと。

四　**生命**を尊び、**自然**を大切にし、環境の保全に寄与する態度を養うこと。
五　**伝統**と**文化**を尊重し、それらをはぐくんできた**我が国**と**郷土**を愛するとともに、**他国**を尊重し、国際社会の**平和**と**発展**に寄与する態度を養うこと。

3　義務教育の目的・目標

教育基本法は、義務教育の目的を次のように示している。

【教育基本法第５条第２項】
2　義務教育として行われる普通教育は、各個人の有する**能力**を伸ばしつつ社会において**自立的**に生きる基礎を培い、また、**国家**及び**社会**の形成者として必要とされる基本的な資質を養うことを目的として行われるものとする。

この目的を実現するため、学校教育法第 21 条には 10 の目標が示されている。

【学校教育法第 21 条】
義務教育として行われる普通教育は、教育基本法（略）第５条第２項に規定する目的を実現するため、次に掲げる目標を達成するよう行われるものとする。
一　学校内外における社会的活動を促進し、**自主**、**自律**及び**協同**の精神、**規範意識**、**公正な判断力**並びに**公共の精神**に基づき主体的に社会の形成に参画し、その発展に寄与する態度を養うこと。
二　学校内外における自然体験活動を促進し、**生命**及び**自然**を尊重する精神並びに環境の保全に寄与する態度を養うこと。
三　我が国と郷土の現状と歴史について、正しい理解に導き、**伝統**と**文化**を尊重し、それらをはぐくんできた**我が国**と**郷土**を愛する態度を養うとともに、進んで外国の文化の理解を通じて、**他国**を尊重し、**国際社会**の平和と発展に寄与する態度を養うこと。
四　**家族**と**家庭**の役割、生活に必要な**衣**、**食**、**住**、**情報**、**産業**その他の事項について基礎的な理解と技能を養うこと。
五　**読書**に親しませ、生活に必要な**国語**を正しく理解し、使用する基礎的な能力を養うこと。
六　生活に必要な**数量的**な関係を正しく理解し、処理する基礎的な能力を養うこと。
七　生活にかかわる**自然現象**について、観察及び実験を通じて、**科学的**に理解し、処理する基礎的な能力を養うこと。
八　健康、安全で幸福な生活のために必要な**習慣**を養うとともに、**運動**を通じて体力を養い、心身の調和的発達を図ること。
九　生活を明るく豊かにする**音楽**、**美術**、**文芸**その他の芸術について基礎的な理解と技能を養うこと。
十　**職業**についての基礎的な知識と技能、**勤労**を重んずる態度及び個性に応じて将来の**進路**を選択する能力を養うこと。

keyword 04 義務教育と無償制

Basic Question 「中学校までは義務教育だからすべて無償のはずだ」とクレームを付ける保護者の話を新聞記事で読みました。改めて、義務教育とは「誰」に対して、「何」を義務として課しているのでしょうか。義務教育の「無償制」について教えてください。

「義務教育だからすべて無償のはずだ」という保護者の主張は、義務教育の無償制を正しく理解していないがゆえのクレームです。教師として対応するためにも、「義務教育」と「無償制」の概念を正しく理解しておくようにしましょう。ここでは「義務教育」の具体的な内容と、それに関連する教育の無償制について解説していきたいと思います。さらには、「教育を受ける権利」と「義務教育」の関係性についても整理しておきます。

1　義務教育

義務教育の無償制については、日本国憲法に次のように規定されている。留意したいのは、義務を負っているのが「子ども」ではなく「国民（保護者）」であり、「保護する子女」に対して、「受けさせる義務」と規定している点である。

> **【日本国憲法第 26 条第２項】**
> 2　すべて国民は、法律の定めるところにより、その保護する**子女**に**普通教育**を受けさせる義務を負ふ。義務教育は、これを**無償**とする。

日本国憲法の第３章「国民の権利及び義務」には、国民の三大義務が規定されている。上記「普通教育を受けさせる義務」以外の義務は、次の２つである。

> **【日本国憲法第 27 条第１項（勤労の義務）】**
> すべて国民は、**勤労**の権利を有し、**義務**を負ふ。
>
> **【日本国憲法第 30 条（納税の義務）】**
> 国民は、法律の定めるところにより、**納税**の義務を負ふ。

2　義務教育の無償制

上記日本国憲法の規定を受け、教育基本法は義務教育を次のように規定している。

【教育基本法第５条】
国民は、その保護する子に、別に法律で定めるところにより、**普通教育**を受けさせる義務を負う。
2　義務教育として行われる普通教育は、各個人の有する能力を伸ばしつつ社会において**自立的**に生きる基礎を培い、また、国家及び社会の**形成者**として必要とされる基本的な資質を養うことを目的として行われるものとする。
3　国及び地方公共団体は、義務教育の**機会**を保障し、その**水準**を確保するため、適切な役割分担及び相互の協力の下、その実施に責任を負う。
4　国又は地方公共団体の設置する学校における義務教育については、**授業料**を徴収しない。

ここで留意したいのは、第４項において義務教育の無償の範囲を「授業料」と規定している点である。授業料の徴収は、私立学校においてのみ認められており、学校教育法において次のように規定されている。

【学校教育法第６条】
学校においては、授業料を徴収することができる。ただし、**国立又は公立**の小学校及び中学校、義務教育学校、中等教育学校の前期課程又は特別支援学校の小学部及び中学部における義務教育については、これを徴収することができない。

給食費は義務教育の無償の対象外であり、学校給食法第 11 条に次のように規定されている。

【学校給食法第 11 条第２項】
前項に規定する経費以外の学校給食に要する経費（以下「学校給食費」という。）は、学校給食を受ける児童又は生徒の学校教育法第 16 条に規定する**保護者の負担**とする。

また、教科書については、義務教育諸学校の教科用図書の無償に関する法律に基づき、現在は無償とされているが、義務教育の基本原則としての無償制とは別の措置として実施されているものである。

【義務教育諸学校の教科用図書の無償に関する法律第１条第１項】
義務教育諸学校の教科用図書は、無償とする。

keyword 05 政治教育と宗教教育

Basic Question 選挙権年齢が18歳に引き下げられたことを契機に、「主権者教育」の必要性が叫ばれるようになりました。同時に教育の中立性に対する意識も高まってきています。宗教教育も含め、今後学校ではどのように取り扱っていくべきなのでしょうか。

教員は、「主権者教育」などの新しい教育課題に対しても、古くからある政治教育や宗教教育に対しても、中立的立場で指導することが求められます。法令に基づき、「中立」の概念を正しく理解しておきましょう。

1　政治教育と中立性

政治教育の中立性は、次のように規定されている。

【教育基本法第14条】
良識ある**公民**として必要な**政治的教養**は、教育上尊重されなければならない。
2　**法律に定める学校**は、特定の政党を支持し、又はこれに反対するための政治教育その他**政治的活動**をしてはならない。

第1項の「公民」とは参政権を有する国民のことであり、主権者にふさわしい国民を育成するために政治的教養（政治的教養の教育）が必要であることを示している。第2項の「法律に定める学校」には、私立学校も含まれる。

2　教員の政治的活動の制限

教育公務員には、一般の地方公務員以上に政治的行為に関する中立性が求められており、国家公務員に準じることが規定されている。

【教育公務員特例法第18条第1項】
公立学校の教育公務員の政治的行為の制限については、当分の間、地方公務員法第36条の規定にかかわらず、**国家公務員**の例による。

【国家公務員法第 102 条第１項】
職員は、**政党**又は**政治的目的**のために、寄附金その他の利益を求め、若しくは受領し、又は何らの方法を以てするを問わず、これらの行為に関与し、あるいは**選挙権**の行使を除く外、**人事院規則**で定める**政治的行為**をしてはならない。。

3　宗教教育と中立性

教育基本法は信教の自由を保障しつつ、宗教の本質や歴史的・社会的な役割など、宗教に関する一般的な教養を客観的・中立的に教えるべきことを定めている。一方で、教育と教育行政の宗教的中立性を規定している。この規定は、日本国憲法第 20 条第３項にある政教分離の規定を受けたものである。

【教育基本法第 15 条】
宗教に関する寛容の態度、宗教に関する一般的な教養及び宗教の社会生活における地位は、教育上尊重されなければならない。
2　**国**及び**地方公共団体**が設置する学校は、特定の宗教のための**宗教教育**その他宗教的活動をしてはならない。

【日本国憲法第 20 条第３項】
国及びその機関は、**宗教教育**その他いかなる**宗教的活動**もしてはならない。

ここで、宗教的中立性が求められているのは「国及び地方公共団体が設置する学校」と「国及びその機関」であり、私立学校では特定の宗教のための宗教教育や宗教的活動が認められている。学校教育法施行規則には、次のような規定がある（中学校、義務教育学校、中等教育学校、特別支援学校小学部・中学部にも準用）。

【学校教育法施行規則第 50 条第２項】
私立の小学校の教育課程を編成する場合は、前項の規定にかかわらず、**宗教**を加えることができる。この場合においては、宗教をもつて前項の**道徳**に代えることができる。

4　教育行政の中立性

政治的中立、宗教的中立の他に、教育行政の中立性について教育基本法に次のような規定がある。

【教育基本法第 16 条第１項】
教育は、**不当な支配**に服することなく、この法律及び他の法律の定めるところにより行われるべきものであり、教育行政は、国と地方公共団体との適切な役割分担及び相互の協力の下、**公正**かつ**適正**に行われなければならない。

keyword 06 学校の定義

Basic Question 保護者から「国際感覚を身に付けさせたい」との理由で、インターナショナルスクールへの進学について相談を受けました。以前、他の教員から「インターナショナルスクールは学校ではない」との話を聞いたことがあります。どのように説明したらよいでしょうか。

Answer

社会がグローバル化する中で、外国人学校やインターナショナルスクールへの進学を希望する保護者が増えてきています。「学校」や「スクール」の名が付くことから、保護者の中には、国内の私立学校と同様のものだと理解している人もいますが、私たちが日常的に語る「学校」は学校教育法において「学校」として定義されているものです。その定義等を正しく理解して、保護者の相談に応じることが大切です。

1　法律に定める学校

「学校」とは、学校教育法に定められた９種類の学校を指す。第１条に規定されているため「１条学校」「１条校」、あるいは「正規（正系）の学校」と呼ばれる。

【学校教育法第１条】
この法律で、学校とは、**幼稚園**、**小学校**、**中学校**、**義務教育学校**、**高等学校**、**中等教育学校**、**特別支援学校**、**大学**及び**高等専門学校**とする。

上記のうち高等専門学校は1962年度に、中等教育学校は1999年度に新設された。また、2007年度には盲学校、聾学校、養護学校が特別支援学校に統合された。さらに、2016年度より義務教育学校が新設されて９種類となった。

2　「法律に定める学校」以外の学校

学校教育法第１条で規定さた正規の学校以外の教育機関として、専修学校と各種学校がある。専修学校については、高等課程の**高等専修学校**、専門課程の**専門学校**、一般課程がある。**外国人学校・民族学校**は、各種学校として扱われている。

【学校教育法第 124 条】
第1条に掲げるもの以外の教育施設で、職業若しくは実際生活に必要な能力を育成し、又は教養の向上を図ることを目的として次の各号に該当する組織的な教育を行うもの（略）は、**専修学校**とする。（略）

【学校教育法第 134 条第1項】
第1条に掲げるもの以外のもので、学校教育に類する教育を行うもの（略）は、**各種学校**とする。

その他、教育施設として、次のようなものがある。

○児童福祉施設（保育所、児童厚生施設、児童養護施設など）
○社会教育施設（公民館、図書館、博物館、青年の家など）
○矯正教育施設（少年院、少年鑑別所など）
○職業訓練施設（防衛大学校、航空大学校、気象大学校など）

3　学校の設置者

上記「学校」を設置できるものは、次のように規定されている。

【教育基本法第6条第1項】
法律に定める学校は、公の性質を有するものであって、国、地方公共団体及び法律に定める法人のみが、これを設置することができる。

ここでいう「法律に定める学校」は、上記「1条学校」のことを指し、国が設置する国立学校、地方公共団体が設置する公立学校、学校法人が設置する私立学校がある。国には国立大学法人と独立行政法人国立高等専門学校機構が含まれ、地方公共団体には公立大学法人が含まれる（学校教育法第2条第1項）。
「法律に定める学校」の一つとして「学校法人」があり、次のように規定されている。

【私立学校法第3条】
この法律において「学校法人」とは、**私立学校**の設置を目的として、この法律の定めるところにより設立される法人をいう。

義務教育段階の学校については、市町村に設置義務が課されている（学校教育法第38条、第49条）、特別支援学校については都道府県に設置義務が課されている（同法第80条）。

keyword 07 学校の目的・目標

Basic Question 新年度最初の職員会議で、校長先生より学校教育目標について説明がありました。近隣の学校と似ていたので質問したところ、「学校の目的・目標は学校教育法に定められており、学校教育目標はそれを基に設定しているので、内容的に類似することが多い」とのことでした。学校教育法の規定とは、どのようなものなのでしょうか。

Answer

教育基本法には教育の目的・目標が掲げられており、これを受けて学校教育法には、児童生徒の発達の状況に応じた学校段階別の目標・目的が規定されています。各学校はこれを具体化する形で学校教育目標を設定し、学校運営を行っているのです。

1　各学校段階の目的

各学校段階の目的は、学校教育法に次のように示されている。

【学校教育法第 29 条】
小学校は、心身の発達に応じて、義務教育として行われる普通教育のうち**基礎的なものを施す**ことを目的とする。

【学校教育法第 45 条】
中学校は、小学校における教育の基礎の上に、**心身の発達に応じて**、義務教育として行われる**普通教育を施す**ことを目的とする。

【学校教育法第 49 条の２】
義務教育学校は、心身の発達に応じて、義務教育として行われる**普通教育を基礎的なものから一貫して施す**ことを目的とする。

【学校教育法第 50 条】
高等学校は、中学校における教育の基礎の上に、心身の発達及び進路に応じて、**高度な普通教育及び専門教育を施す**ことを目的とする。

【学校教育法第 63 条】
中等教育学校は、小学校における教育の基礎の上に、心身の発達及び進路に応じて、**義務**

教育として行われる普通教育並びに高度な普通教育及び専門教育を一貫して施すことを目的とする。

【学校教育法第 72 条】

特別支援学校は、視覚障害者、聴覚障害者、知的障害者、肢体不自由者又は病弱者（身体虚弱者を含む。以下同じ。）に対して、幼稚園、小学校、中学校又は高等学校に準ずる教育を施すとともに、**障害による学習上又は生活上の困難を克服し自立を図るために必要な知識技能を授ける**ことを目的とする。

2　各学校段階の目標

各学校段階の目標は、教育基本法第２条の「教育の目標」および学校教育法第 21 条に示された学校の目標を受けて、次のように示されている。

【学校教育法第 30 条】

小学校における教育は、前条に規定する目的を実現するために必要な程度において第 21 条各号に掲げる目標を達成するよう行われるものとする。

2　前項の場合においては、生涯にわたり学習する基盤が培われるよう、基礎的な**知識**及び**技能**を習得させるとともに、これらを活用して課題を解決するために必要な**思考力**、**判断力**、**表現力**その他の能力をはぐくみ、**主体的に学習に取り組む態度**を養うことに、特に意を用いなければならない。（第２項は中学校にも準用）

【学校教育法第 46 条】

中学校における教育は、前条に規定する目的を実現するため、第 21 条各号に掲げる目標を達成するよう行われるものとする。

【学校教育法第 49 条の３】

義務教育学校における教育は、前条に規定する目的を実現するため、第 21 条各号に掲げる目標を達成するよう行われるものとする。

【学校教育法第 51 条】

高等学校における教育は、前条に規定する目的を実現するため、次に掲げる目標を達成するよう行われるものとする。

一　義務教育として行われる普通教育の成果を更に発展拡充させて、豊かな**人間性**、**創造性**及び**健やかな身体**を養い、**国家**及び**社会**の形成者として必要な資質を養うこと。

二　社会において果たさなければならない使命の自覚に基づき、個性に応じて将来の進路を決定させ、一般的な**教養**を高め、専門的な知識、**技術**及び**技能**を習得させること。

三　**個性**の確立に努めるとともに、社会について、広く深い理解と健全な**批判力**を養い、社会の発展に寄与する態度を養うこと。

【学校教育法第 63 条】

中等教育学校は、小学校における教育の基礎の上に、心身の発達及び進路に応じて、義務教育として行われる普通教育並びに高度な普通教育及び専門教育を**一貫**して施すことを目的とする。

keyword
08 学級編制

Basic Question 「入学児童があと１人増えれば４クラスで編制できるのに」といった会話が年度末の職員室でよく交わされます。子どもへのきめ細かな指導のためなら、学校の判断で学級数を増やすことが可能と思っていたので、「入学児童が増えなくても４クラスでいきましょう」と校長先生に話したところ、「学級編制には法律の規定があって、勝手に増やすことはできない」と教えていただきました。学級編制の具体的な法律・規定について教えてください。

Answer

新年度に学年の児童生徒が１名増えたことで、学級数が増えるケースがあります。学級数が増えれば、必然的に１学級の児童生徒数は少なくなり、きめ細かな指導が可能となります。また、教員も１名増員され、指導体制も充実します。一方で、行政的な視点で見れば、教員１名分の給与（予算）も必要となります。

1　学級編制

義務教育段階における１学級あたりの児童生徒数については、各種法令において、小学校第１学年は「35 人以下」、それ以外は「40 人以下」と規定されている。その詳細については、公立義務教育諸学校の学級編制及び教職員定数の標準に関する法律第３条に、表１の通り示されている。例えば、１学年の児童生徒が 40 人であれば１クラス、41 人であれば２クラスで編制することとなる。

原則として、学級は同学年の児童生徒と編制するものとされているが、児童生徒数が著しく少ない場合などは、複数学年の児童生徒を１学級に編制することができる（小学校設置基準第５条、中学校設置基準第５条）。これを一般的に「複式学級」という。

高等学校については、高等学校設置基準第７条及び公立高等学校の適正配置及び教職員定数の標準等に関する法律第６条において、原則「40 人以下」と規定されている。

表1　1学級あたりの児童生徒数

学級編制の区分	1学級の児童生徒数	
	小学校	中学校
同学年の児童生徒で編制する学級	40人（第1学年は35人）	40人
2の学年の児童生徒で編制する学級	16人（第1学年の児童を含む学級は8人）	8人
特別支援学級	8人	8人

2　学級編制の弾力化

上記の学級編制基準は、国が標準として示しているもので、各都道府県はこれを下回る形で学級編制基準を設定することが可能となっている。

【公立義務教育諸学校の学級編制及び教職員定数の標準に関する法律第3条第2項但し書き】
ただし、都道府県の教育委員会は、当該都道府県における児童又は生徒の実態を考慮して特に必要があると認める場合については、この項本文の規定により定める数を下回る数を、当該場合に係る1学級の児童又は生徒の数の基準として定めることができる。

3　今後の学級編制及び教職員定数の改善について

学級編制の基準については、2010年に文部科学省から「今後の学級編制及び教職員定数の改善について（回答）（全国都市教育長協議会）」が示されている。

1. 国の学級編制の標準の今後のあり方について

・少人数学級編制については、現在、学年を限定的ではあるが、大変多くの都道府県（市町村）で実施している。導入学年については、小学校1、2年生、中学校1年生が多く、生活習慣の定着や環境の変化への対応のために実施している。
・具体的には、1学級30名～35名程度の基準で少人数学級編制を実施しており、「小学校低学年に基本的生活習慣の定着に教育的効果が高い」「きめ細やかな指導が可能となり、学習指導が効果的に進められる」「小学校3年生以上に拡大できないか」等々、その効果は明確になっている。
・ただし、都道府県（市町村）の財源不足のためこれ以上の学年における実施拡大は見られず、国による30人程度学級編制の標準化を強く要望するところである。

keyword 09 学校の施設・設備

Basic Question 子どもたちが学習しやすいように、自由な発想で校舎を造ったり、設備を配置したりできたらよいと思いますが、学校には必ず設置しなくてはならない施設・設備などがあるのでしょうか。

どの学校にも、当たり前のように体育館や図書室、保健室などがありますが、いずれも法令に基づいて設置されています。学校に必要な設備については学校教育法施行規則、校舎に備える設備については各学校の設置基準に、具体的に規定されているので押さえておきましょう。

1 学校に必要な施設・設備

学校に必要な設備については、学校教育法において次のように規定されている。

> **【学校教育法第３条】**
> 学校を設置しようとする者は、学校の種類に応じ、文部科学大臣の定める**設備**、編制その他に関する設置基準に従い、これを設置しなければならない。

この規定を受けて、学校教育法施行規則に必要な施設・設備が挙げられている。

> **【学校教育法施行規則第１条第１項】**
> 学校には、その学校の目的を実現するために必要な**校地**、**校舎**、**校具**、**運動場**、**図書館**又は**図書室**、**保健室**その他の設備を設けなければならない。

この条文を受け、小学校設置基準、中学校設置基準、高等学校設置基準には校舎に備えるべき施設・設備が挙げられている。

> **【小学校・中学校設置基準第９条第１項、高等学校設置基準第 15 条第１項】**
> 校舎には、少なくとも次に掲げる施設を備えるものとする。
> 一 **教室**（**普通教室**、**特別教室**等とする。）
> 二 **図書室**、**保健室**
> 三 **職員室**

【小学校・中学校設置基準第 10 条、高等学校設置基準第 16 条】
小学校（中学校・高等学校）には、**校舎**及び**運動場**のほか、**体育館**を備えるものとする。ただし、地域の実態その他により特別の事情があり、かつ、教育上支障がない場合は、この限りでない。

【小学校・中学校設置基準第 11 条、高等学校設置基準第 17 条】
小学校（中学校、高等学校）には、学級数及び（学科の種類、）児童（生徒）数（等）に応じ、**指導上**、**保健衛生上**及び**安全上**必要な種類及び数の**校具**及び**教具**を備えなければならない。

2　保健室

保健室については、学校設置基準の他、学校保健安全法においても次のように設置義務が規定されている。

【学校保健安全法第７条】
学校には、**健康診断**、**健康相談**、**保健指導**、**救急処置**その他の保健に関する措置を行うため、**保健室**を設けるものとする。

3　学校図書館

学校図書館については、学校図書館法において次のように設置義務が規定されている。

【学校図書館法第３条】
学校には、学校図書館を設けなければならない。

また、学校図書館については、その定義も同法に規定されている。

【学校図書館法第２条】
この法律において「学校図書館」とは、小学校（略）、中学校（略）及び高等学校（略）において、**図書**、**視覚聴覚教育の資料**その他学校教育に必要な資料（略）を**収集**し、**整理**し、及び**保存**し、これを児童又は生徒及び教員の利用に供することによつて、学校の教育課程の展開に寄与するとともに、児童又は生徒の健全な教養を育成することを目的として設けられる学校の設備をいう。

また、12 学級以上の規模の学校には、司書教諭を置くことが義務付けられている。また、司書教諭については、講習の修了者であることを条件として定めている。

【学校図書館法第５条】
学校には、学校図書館の専門的職務を掌らせるため、**司書教諭**を置かなければならない。
2　前項の司書教諭は、**主幹教諭**（略）、**指導教諭**又は**教諭**（略）をもつて充てる。この場合において、当該主幹教諭等は、司書教諭の**講習**を修了した者でなければならない。

keyword 10

学校備付表簿

Basic Question ある子どもの指導をするために、２年前の健康状態や成績について知りたいと思いました。また、当時の学校の状況もあわせて知りたかったので教頭先生に聞いてみたところ、「学校備付表簿を見ればよいのでは」とアドバイスをもらいました。学校備付表簿とは、どのようなものなのでしょうか。

Answer

学校には、児童生徒の指導や健康状態などをはじめ、多くの記録が表簿として保管されています。記入方法や保存期間は、表簿の種類によって異なります。それら表簿の記録・保存等も教員の重要な業務であり、正しく理解する必要があると同時に、個人情報保護の観点などから慎重に取り扱う必要もあります。

1　学校備付表簿の具体的種類

学校備付表簿とは、学校が備え、保存しておくべき書類のことであり、学校教育法施行規則にその具体的内容が規定されている。

【学校教育法施行規則第 28 条第１項】

学校において備えなければならない表簿は、概ね次のとおりとする。

一　学校に関係のある**法令**

二　**学則**、**日課表**、**教科用図書配当表**、**学校医執務記録簿**、**学校歯科医執務記録簿**、**学校薬剤師執務記録簿**及び**学校日誌**

三　**職員の名簿**、**履歴書**、**出勤簿**並びに担任学級、担任の教科又は科目及び**時間表**

四　**指導要録**、その写し及び抄本並びに**出席簿**及び**健康診断に関する表簿**

五　**入学者の選抜及び成績考査に関する表簿**

六　**資産原簿**、**出納簿**及び経費の予算決算についての**帳簿**並びに図書機械器具、標本、模型等の**教具の目録**

七　**往復文書処理簿**

2　指導要録

指導要録は、大きく**学籍に関する記録**と**指導に関する記録**に分かれる。いずれも、外部に対する証明書類あるいは児童生徒の指導のための記録として活用されるもので、その具体的な作成・取扱いについて、法令には次のように規定されている。

【学校教育法施行規則第24条】
校長は、その学校に在学する児童等の**指導要録**（略）を作成しなければならない。
2　校長は、児童等が**進学**した場合においては、その作成に係る当該児童等の指導要録の**抄本**又は**写し**を作成し、これを**進学先の校長**に送付しなければならない。
3　校長は、児童等が**転学**した場合においては、その作成に係る当該児童等の指導要録の**写し**を作成し、その写し（略）及び前項の抄本又は写しを**転学先の校長**、保育所の長又は認定こども園の長に送付しなければならない。

ここにある「写し」とは、いわゆるコピー（複製したもの）のことである。また、「抄本」とは、指導要録の一部の「写し」のことである。

指導要録には保存期間が定められており、学籍に関する記録は**20年**、指導に関する記録は**5年**となっている。

3　出席簿、健康診断票

児童生徒の出席簿も、学校備付表簿の一つであり、学校教育法施行規則において次のように定められている。

【学校教育法施行規則第25条】
校長（学長を除く。）は、当該学校に在学する児童等について**出席簿**を作成しなければならない。

健康診断票（健康診断に関する表簿）も、学校備付表簿の一つであり、学校保健安全法施行規則において、次のように定められている。

【学校保健安全法施行規則第８条】
学校においては、法第13条第1項の**健康診断**を行つたときは、児童生徒等の**健康診断票**を作成しなければならない。
2　校長は、児童又は生徒が**進学**した場合においては、その作成に係る当該児童又は生徒の健康診断票を**進学先の校長**に送付しなければならない。
3　校長は、児童生徒等が**転学**した場合においては、その作成に係る当該児童生徒等の健康診断票を**転学先の校長**、保育所の長又は認定こども園の長に送付しなければならない。
4　児童生徒等の健康診断票は、**５年間**保存しなければならない。（略）

keyword 11

教育活動の日程

Basic Question クラスの子どもから、「学校はなぜ４月から始まるの？」と質問されました。学校の１年、１日の日程・時程などには、法的な根拠や決まりがあるのでしょうか。

Answer

学年の始まりは、学校教育法施行規則で定められており、学期の区切り方や長期休業の設定は、市町村や都道府県の教育委員会が定めることとなっています。教員として活動する上でも、その法的根拠等を整理しておくとよいでしょう。

1　学年

学年の始まりは全国共通の規定があり、学校教育法施行規則において次のように定められている。

> **【学校教育法施行規則第 59 条】**
> 小学校の学年は、**4月1日**に始まり、翌年**3月 31 日**に終わる。

この規定は、義務教育学校、中学校、高等学校、中等教育学校、特別支援学校にも適用される。ただし、高等学校と中等教育学校については、修業年限が３年を超える定時制の課程を置く場合は、その最終の学年は、４月１日に始まり、９月 30 日に終わることができることとされている。

2　学期・休業日

長期休業日と学期の設定については、地域の事情などを考慮した上で、各市町村または都道府県の教育委員会が行うこととなっている。

> **【学校教育法施行令第 29 条】**
> 公立の学校（略）の**学期**及び**夏季**、**冬季**、**学年末**、**農繁期等における休業日**は、市町村又は都道府県の設置する学校にあつては当該市町村又は都道府県の教育委員会が、公立大学法人の設置する学校にあつては当該公立大学法人の理事長が定める。

２学期制を敷いている公立学校があるのは、この規定を受けてのものである。一方で、休業日については、全国共通の部分と教育委員会（設置者）が定める部分とがある。

上記規定は、小学校以外の公立学校にも適用される。これら予め決められた休業日

【学校教育法施行規則第 61 条】

公立小学校における**休業日**は、次のとおりとする。ただし、第三号に掲げる日を除き、当該学校を設置する地方公共団体の教育委員会（略）が必要と認める場合は、この限りでない。

一　**国民の祝日**に関する法律（略）に規定する日

二　**日曜日**及び**土曜日**

三　学校教育法施行令第 29 条の規定により**教育委員会が定める日**

とは別に、非常時などは校長の判断により臨時休業日とすることができる。

【学校教育法施行規則第 63 条】

非常変災その他急迫の事情があるときは、校長は、**臨時**に授業を行わないことができる。この場合において、公立小学校についてはこの旨を当該学校を設置する地方公共団体の**教育委員会**（略）に報告しなければならない。

【学校保健安全法第 20 条】

学校の設置者は、**感染症の予防**上必要があるときは、臨時に、学校の全部又は一部の**休業**を行うことができる。

3　授業の開始

授業の開始時刻と終了時刻（1日の時程）は、学校教育法施行規則により、校長が定めることとなっている。

【学校教育法施行規則第 60 条】

授業終始の時刻は、校長が定める。

小学校と中学校の年間授業時数については、学校教育法施行規則別表第1において表1のように定められている。ここにある1単位時間は、小学校 45 分、中学校 50 分とされているが、各学校において、児童生徒の発達の段階及び各教科等や学習活動の特質を考慮して適切に定めることとされている。

表1　小・中学校の年間授業時数（2020 年３月まで）

学校・学年	年間授業時数
小学校１年生	850
小学校２年生	910
小学校３年生	945
小学校４～６年生	980
中学校１～３年生	1015

keyword 12

学校保健・学校安全

Basic Question 子どもたちの健やかな成長や安全な学校生活は、学校として責任をもって推進するべきことだと感じています。担任としても、学校保健や学校安全について日頃から留意していきたいと考えていますが、把握しておくべき規定・法的根拠などがあれば教えてください。

Answer

昨今、子どもたちの安全を脅かすような事件・事故などのニュースをよく耳にします。「備えあれば憂いなし」とのことわざもあります。子どもたちが安全に楽しく学校生活を送るために学校保健安全法が定められており、この法律に基づいて学校安全計画の策定と実施が義務付けられているので、押さえておきましょう。

1　学校保健計画

学校保健の基本原則は、学校教育法において次のように規定されている。

【学校教育法第 12 条】
学校においては、別に法律で定めるところにより、幼児、児童、生徒及び学生並びに職員の**健康の保持増進**を図るため、**健康診断**を行い、その他その**保健に必要な措置**を講じなければならない。

上記「別」の「法律」に該当するのが、学校保健安全法である。

【学校保健安全法第 1 条】
この法律は、学校における児童生徒等及び職員の**健康の保持増進**を図るため、学校における**保健管理**に関し必要な事項を定めるとともに、学校における教育活動が安全な環境において実施され、児童生徒等の安全の確保が図られるよう、学校における**安全管理**に関し必要な事項を定め、もつて学校教育の円滑な実施とその成果の確保に資することを目的とする。

学校教育法第 12 条にある「保健に必要な措置」の一つとして、学校保健計画の策定と実施が学校に義務付けられている。

【学校保健安全法第５条】
学校においては、児童生徒等及び職員の心身の健康の保持増進を図るため、児童生徒等及び職員の**健康診断**、**環境衛生検査**、児童生徒等に対する指導その他保健に関する事項について**計画**を策定し、これを**実施**しなければならない。

2　学校安全計画

学校保健安全法では、学校安全における学校の責務について、次のように規定している。

【学校保健安全法第 27 条】
学校においては、児童生徒等の**安全**の確保を図るため、当該学校の施設及び設備の**安全点検**、児童生徒等に対する通学を含めた学校生活その他の日常生活における**安全に関する指導**、**職員の研修**その他学校における安全に関する事項について**計画**を策定し、これを実施しなければならない。

この計画を「学校安全計画」と言い、これとは別に、子どもの安全が脅かされる事態が発生した際の対応を定めたものとして「**危険等発生時対処要領**」の作成を義務付けている。

【学校保健安全法第 29 条第１項】
学校においては、児童生徒等の安全の確保を図るため、当該学校の実情に応じて、危険等発生時において当該学校の職員がとるべき措置の具体的内容及び手順を定めた対処要領（略）を作成するものとする。

なお、「いつ」「どこで」起きた事故までを学校の責任範囲とするかについては、独立行政法人日本スポーツ振興センター法施行令に次のような規定がある。

【独立行政法人日本スポーツ振興センター法施行令第５条第２項】
前項第一号、第二号及び第四号において「**学校の管理下**」とは、次に掲げる場合をいう。
一　児童生徒等が、法令の規定により学校が編成した教育課程に基づく**授業を受けている場合**
二　児童生徒等が学校の教育計画に基づいて行われる**課外指導を受けている場合**
三　前二号に掲げる場合のほか、児童生徒等が**休憩時間中**に学校にある場合その他校長の指示又は承認に基づいて学校にある場合
四　児童生徒等が**通常の経路及び方法により通学する場合**
五　前各号に掲げる場合のほか、これらの場合に準ずる場合として文部科学省令で定める場合

keyword 13

教科書・補助教材

Basic Question 授業で使用している教科書は、市町村等で決まったものが児童生徒に無償配布されています。これはどのような法令に基づく措置なのでしょうか。また、教科書や副教材などを授業で使用するに当たり、留意しなければならない点などがあれば教えてください。

Answer

日々の授業で当たり前のように使用している教科書は、学校教育法に則って採択され、義務教育諸学校の教科用図書の無償に関する法律などによって無償配布されているものです。教科書は、正式には「教科用図書」と呼ばれ、使用義務がありますが、教科書以外の図書（副教材等）を使用することも可能です。

1　教科書と補助教材

教科書については、その定義が教科書の発行に関する臨時措置法に規定されている。

> **【教科書の発行に関する臨時措置法第２条第１項】**
> この法律において「**教科書**」とは、**小学校**、**中学校**、**義務教育学校**、**高等学校**、**中等教育学校**及びこれらに準ずる学校において、教育課程の構成に応じて組織排列された教科の主たる教材として、教授の用に供せられる児童又は生徒用図書であつて、文部科学大臣の**検定**を経たもの又は文部科学省が**著作**の名義を有するものをいう。

「教科用図書」の使用義務と、副教材の使用については、学校教育に次のように規定されている。

> **【学校教育法第 34 条第１項・第２項】**
> 小学校においては、文部科学大臣の検定を経た**教科用図書**又は文部科学省が著作の名義を有する教科用図書を**使用**しなければならない。
> 2　前項の**教科用図書以外の図書その他の教材**で、有益適切なものは、これを使用することができる。

この規定は、他の校種にも適用される。教科用図書以外の図書その他の教材は、「副教材」「補助教材」「補充教材」などと呼ばれる。副教材の使用に際しては、教育委員会への届け出義務が次のように規定されている。

【地方教育行政の組織及び運営に関する法律第33条第2項】
前項の場合において、教育委員会は、学校における教科書以外の教材の使用について、あらかじめ、教育委員会に**届け出**させ、又は教育委員会の**承認**を受けさせることとする定を設けるものとする。

教科書の使用義務には例外があり、学校教育法で次のように規定されている。

【学校教育法附則第9条】
高等学校、**中等教育学校**の後期課程及び**特別支援学校**並びに**特別支援学級**においては、当分の間、第34条第1項（略）の規定にかかわらず、文部科学大臣の定めるところにより、第34条第1項に規定する**教科用図書以外の教科用図書**を使用することができる。

義務教育段階における教科書の無償配布については、次の法律に規定されている。憲法が保障する義務教育の無償範囲は授業料であり、教科書の無償はこの法律により措置されているものである。

【義務教育諸学校の教科用図書の無償に関する法律第1条第1項】
義務教育諸学校の教科用図書は、**無償**とする。

教科書の採択については、公立学校は設置者（市町村もしくは都道府県の教育委員会）、私立学校や国立学校は校長の権限となっている（地方教育行政の組織及び運営に関する法律第21条第6項など）。

2　著作権

一般的に、他人の著作物を利用する場合は、著作権者の許諾を得る必要があるが、学校においては一定条件の下で、自由に使用することが認められている。

【著作権法第35条第1項】
学校その他の教育機関（営利を目的として設置されているものを除く。）において**教育を担任する者及び授業を受ける者**は、その**授業の過程**における使用に供することを目的とする場合には、**必要と認められる限度**において、公表された著作物を複製することができる。ただし、当該著作物の種類及び用途並びにその複製の部数及び態様に照らし著作権者の**利益を不当に害することとなる場合**は、この限りでない。

「授業の過程」における使用とあるように、例えば職員会議や保護者会での配布物用に複製することは認められない。また、市販のドリルをコピーして授業で使用することも、「利益を不当に害することとなる場合」に該当するため、認められない。

keyword 14 入学・卒業

Basic Question 今年もピカピカの１年生が入学してきて、学校は賑やかで活気があふれています。そういえば先日、ある幼稚園児の母親から、小学校に入学する際の手続きについて聞かれました。卒業する際の手続きなども含め、教員として理解しておきたいので教えてください。

Answer

義務教育諸学校に入学・卒業する際の手続きについては、法令で細かく定められています。教育委員会が行うべきこととしては、学齢簿の作成や就学時健康診断の実施などがあります。いつ、誰が、誰に対して、何を行うのか、きちんと押さえておくようにしましょう。

1　義務教育諸学校への入学

最初の手続きとして、市町村教育委員会が小学校などへの入学者について、学齢簿を編製することとなっている。

【学校教育法施行令第２条】
市町村の教育委員会は、毎学年の初めから**５月前**までに、文部科学省令で定める日現在において、当該市町村に住所を有する者で前学年の初めから終わりまでの間に**満６歳**に達する者について、あらかじめ、前条第１項の**学齢簿**を作成しなければならない。この場合においては、同条第２項から第４項までの規定を準用する。

【学校教育法施行規則第 31 条】
学校教育法施行令第２条の規定による学齢簿の作成は、**10 月１日現在**において行うものとする。

また、就学者に対して就学時健康診断が実施される。

【学校保健安全法第 11 条】
市（特別区を含む。以下同じ。）町村の教育委員会は、学校教育法第 17 条第１項の規定により翌学年の初めから同項に規定する学校に就学させるべき者で、当該市町村の区域内に住所を有するものの就学に当たつて、その**健康診断**を行わなければならない。

小学校・中学校の就学予定者の保護者に対しては、翌学年の初めから**２か月前**までに、市町村の教育委員会から**入学期日**と**就学する学校**が通知される（学校教育法施行令第５条第１項)。また、特別支援学校については、同じように都道府県教育委員会から入学期日と就学する学校が通知される（同法施行令第 14 条第１項)。

2　義務教育諸学校の卒業

一方で、義務教育諸学校の卒業については、次のように定められている。

【学校教育法施行規則第 57 条】
小学校において、各学年の課程の**修了**又は**卒業**を認めるに当たつては、児童の平素の**成績**を評価して、これを定めなければならない。

【学校教育法施行規則第 58 条】
校長は、小学校の全課程を修了したと認めた者には、**卒業証書**を授与しなければならない。

学校における課程の修了・卒業の認定は**校長**が行う。

なお、上記の規定は、中学校・義務教育学校にも適用される。なお、小学校等の課程を修了していない者の中学校への入学については、次の場合は認められることとなっている。

(1) 保護者による**虐待**や**無戸籍**といった複雑な家庭の事情や犯罪被害等により、学齢であるにもかかわらず**居所不明**となったり、未就学期間が生じたりした子供が、小学校未修了のまま中学校相当年齢に達してから中学校等への入学を希望する場合
(2) **不登校**等により**長期間学校を欠席**する間に、やむを得ない事情により小学校未修了のまま小学校相当年齢を超過した後、通学が可能となり、中学校等への入学を希望する場合
(3) **病弱**や**発育不完全**等の理由により、小学校相当年齢の間は就学義務の猶予又は免除の対象となっていた子供が、中学校相当年齢になってから就学が可能な状態となり、小学校未修了のまま中学校等への入学を希望する場合
(4) **海外から帰国した子供**が、**重国籍**や日本語能力の欠如といった理由により、就学義務の猶予又は免除の対象となって外国人学校の小学部等に通った場合で、その子供が中学校段階から中学校等への進学を希望する場合
(5) **日本国籍を有しない**子供がいったん**外国人学校**の小学部等に通った後、経済的な事情や居住地の変更等といった事情により、中学校段階から中学校等への転学を希望する場合
(6) **戦後の混乱**や複雑な家庭の事情などから義務教育未修了のまま学齢を超過した者の就学機会の確保に重要な役割を果たしている**中学校夜間学級**等に、小学校未修了者が入学を希望する場合

keyword 15

懲戒と体罰

Basic Question 担任するクラスに、教員の目を盗んでは掃除当番をサボる男子児童がいます。罰として次週も掃除当番を割り当てましたが、そのことを知った別の児童から「先生、それって体罰じゃないですか?」と言われました。児童生徒に対して認められる懲戒と認められない懲戒について教えてください。

Answer

児童生徒に対する懲戒は「事実行為としての懲戒」と「処分としての懲戒」に分けられます。指導に当たっては、懲戒と体罰の境界線を明確に理解しておくことが必要です。児童生徒への体罰は法律によって明確に禁止されている行為であることを日頃から十分に意識し、児童生徒とのコミュニケーションづくりに力を注ぎたいものです。

1 児童生徒に対する懲戒

懲戒と体罰については、学校教育法と同法施行規則において次のように規定されている。

【学校教育法第11条】

校長及び教員は、教育上必要があると認めるときは、文部科学大臣の定めるところにより、児童、生徒及び学生に**懲戒**を加えることができる。ただし、**体罰**を加えることはできない。

【学校教育法施行規則第26条第1項】

校長及び教員が児童等に懲戒を加えるに当つては、児童等の**心身の発達**に応ずる等教育上必要な**配慮**をしなければならない。

教員による叱責や罰当番などは、「事実行為としての懲戒」と言われる。一方で、「処分としての懲戒」として**退学・停学・訓告**などがあり、次のように規定されている。

【学校教育法施行規則第26条第2～4項】

2 懲戒のうち、**退学**、**停学**及び**訓告**の処分は、**校長**（大学にあつては、学長の委任を受けた学部長を含む。）が行う。

3　前項の退学は、**公立**の**小学校**、**中学校**（略）、**義務教育学校**又は**特別支援学校**に在学する学齢児童又は学齢生徒を除き、次の各号のいずれかに該当する児童等に対して行うことができる。
一　**性行不良**で改善の見込がないと認められる者
二　**学力劣等**で成業の見込がないと認められる者
三　正当の理由がなくて**出席常でない**者
四　学校の**秩序**を乱し、その他学生又は生徒としての**本分**に反した者
4　第二項の**停学**は、**学齢児童**又は**学齢生徒**に対しては、行うことができない。

「性行不良」とは、日頃の行いが良くないこと、問題をたびたび起こすことをいう。
上記規定を整理すると、表1のようになる。

表1　各学校における懲戒（退学・停学・訓告）の可否

校種／懲戒の種類	退学	停学	訓告
公立の小・中学校	×	×	○
国立・私立の小・中学校	○	×	○
高校・高専・大学	○	○	○

2　体罰

懲戒と体罰の境界線については、文部科学省より次のような方針が示されている。

文部科学省「体罰の禁止及び児童生徒理解に基づく指導の徹底について（通知）」
学校教育法第11条に規定する児童生徒の懲戒・体罰等に関する参考事例（一部抜粋）

(1) 体罰（通常、体罰と判断されると考えられる行為）
○身体に対する侵害を内容とするもの
○被罰者に肉体的苦痛を与えるようなもの
・放課後に児童を教室に残留させ、児童がトイレに行きたいと訴えたが、一切、室外に出ることを許さない。
・別室指導のため、給食の時間を含めて生徒を長く別室に留め置き、一切室外に出ることを許さない。

(2) 認められる懲戒
・放課後等に教室に残留させる。
・授業中、教室内に起立させる。
・学習課題や清掃活動を課す。
・学校当番を多く割り当てる。

(3) 正当な行為（通常、正当防衛、正当行為と判断されると考えられる行為）
○児童生徒から教員等に対する暴力行為に対して、教員等が防衛のためにやむを得ずした有形力の行使
○他の児童生徒に被害を及ぼすような暴力行為に対して、これを制止したり、目前の危険を回避するためにやむを得ずした有形力の行使

keyword 16 出席停止

Basic Question 同級生にたびたび暴力を振るう男子生徒がおり、保護者からも苦情が寄せられています。こうした生徒に対し、いわゆる「性行不良」による出席停止を命ずるにはどのような手続きを取ればよいのでしょうか。性行不良以外の出席停止措置とあわせて教えてください。

Answer

義務教育段階の児童生徒に対する出席停止には、性行不良（他の児童生徒の教育活動の妨げになるような行為等）によるものと、感染症予防のためのものの２種類があります。前者は学校教育法に、後者は学校保健安全法に、それぞれ規定されています。

1　性行不良による出席停止

性行不良による出席停止は、学校教育法において次のように規定されている。

【学校教育法第 35 条第１項】

市町村の教育委員会は、次に掲げる行為の一又は二以上を繰り返し行う等**性行不良**であつて他の児童の教育に妨げがあると認める児童があるときは、その**保護者**に対して、児童の**出席停止**を命ずることができる。

一　他の児童に**傷害**、**心身の苦痛**又は**財産上の損失**を与える行為
二　**職員**に傷害又は心身の苦痛を与える行為
三　**施設**又は**設備**を損壊する行為
四　授業その他の**教育活動**の実施を妨げる行為

命ずることができるのは「市町村の教育委員会」であり、児童生徒ではなく「保護者」に対して行われる措置である。懲戒としての停学とはその点で異なり、他の児童生徒の教育を受ける権利を保障するための措置である。そのため、出席停止となった児童生徒の学習の権利を次のように保障している。

【学校教育法第 35 条第４項】

4　市町村の教育委員会は、出席停止の命令に係る児童の出席停止の期間における**学習に対する支援**その他の**教育上必要な措置**を講ずるものとする。

また、出席停止に際しての手続きは、次のように規定されている。

【学校教育法第 35 条第２項】

2　市町村の教育委員会は、前項の規定により出席停止を命ずる場合には、あらかじめ**保護者の意見を聴取**するとともに、**理由及び期間を記載した文書を交付**しなければならない。

2　感染症予防のための出席停止

感染症予防のための出席停止については、学校保健安全法に規定されている。

【学校保健安全法第 19 条】

校長は、**感染症**にかかつており、かかつている疑いがあり、又はかかるおそれのある児童生徒等があるときは、政令で定めるところにより、出席を停止させることができる。

【学校保健安全法施行令第６条】

校長は、法第 19 条の規定により出席を停止させようとするときは、その**理由**及び**期間**を明らかにして、幼児、児童又は生徒（略）にあつてはその**保護者**に、高等学校の生徒又は学生にあつては当該**生徒又は学生**にこれを指示しなければならない。

出席停止の「期間」は、次のように規定されている（学校保健安全法施行規則第 19 条）。

■**第１種の感染症**……治癒するまで

■**第２種の感染症**（結核及び髄膜炎菌性髄膜炎を除く）

インフルエンザ……発症した後５日を経過し、かつ、解熱した後２日（幼児にあつては、３日）を経過するまで（特定鳥インフルエンザ及び新型インフルエンザ等感染症を除く）

百日咳……特有の咳せきが消失するまで又は５日間の適正な抗菌性物質製剤による治療が終了するまで

麻しん……解熱した後３日を経過するまで。

流行性耳下腺炎……耳下腺、顎下腺又は舌下腺の腫脹が発現した後５日を経過し、かつ、全身状態が良好になるまで

風しん……発しんが消失するまで

水痘……すべての発しんが痂皮化するまで

咽頭結膜熱……主要症状が消退した後２日を経過するまで

■**結核、髄膜炎菌性髄膜炎及び第３種の感染症**……病状により学校医その他の医師において感染のおそれがないと認めるまで

keyword 17 子どもの保護

Basic Question 担任するクラスに、明るく朗らかで友達からも慕われている一方、時折寂しそうな顔を見せる女子児童がいます。最近は、授業中に居眠りをしていたり、朝食を食べてこなかったりすることも多く、家庭での様子が気にかかります。本人は「大丈夫」と答えていますが、どのように対応したらよいでしょうか。

Answer

児童虐待の件数が増加の一途を辿っています。生命を脅かす事案も発生していることから、早期の発見と組織的対応、関係諸機関との連携などが重要となってきます。虐待が疑われる場合は、確証がなくとも管理職に報告・相談し、然るべき対応を取ることが求められます。

1 児童虐待について

児童虐待には、「**身体的虐待**」「**性的虐待**」「**ネグレクト**」「**心理的虐待**」の４種類があり、児童虐待の防止等に関する法律にその定義が規定されている。

> **【児童虐待の防止等に関する法律第２条】**
> この法律において、「児童虐待」とは、**保護者**（略）がその監護する児童（**18 歳に満たない者**をいう。以下同じ。）について行う次に掲げる行為をいう。
> 一　児童の**身体**に**外傷**が生じ、又は生じるおそれのある暴行を加えること。
> 二　児童に**わいせつな行為**をすること又は児童をしてわいせつな行為をさせること。
> 三　児童の心身の正常な発達を妨げるような**著しい減食**又は**長時間の放置**、保護者以外の同居人による前二号又は次号に掲げる行為と同様の行為の放置その他の保護者としての**監護を著しく怠る**こと。
> 四　児童に対する著しい**暴言**又は**著しく拒絶的な対応**、児童が同居する家庭における**配偶者に対する暴力**（略）その他の児童に著しい心理的外傷を与える言動を行うこと。

児童虐待に対する学校、教職員の役割については、次のように規定されている。

> **【児童虐待の防止等に関する法律第５条第１項】**
> **学校**、児童福祉施設、病院その他児童の福祉に業務上関係のある団体及び**学校の教職員**、

児童福祉施設の職員、医師、保健師、弁護士その他児童の福祉に職務上関係のある者は、児童虐待を**発見しやすい立場**にあることを自覚し、児童虐待の**早期発見**に努めなければならない。

また、児童虐待が疑われる児童生徒がいた場合の対応について、次のように規定している。

【児童虐待の防止等に関する法律第６条第１項】
児童虐待を**受けたと思われる児童**を発見した者は、速やかに、これを市町村、都道府県の設置する**福祉事務所**若しくは**児童相談所**又は児童委員を介して市町村、都道府県の設置する福祉事務所若しくは児童相談所に**通告**しなければならない。

児童虐待を「受けた児童」ではなく「受けたと思われる児童」と書かれている点、通告先が「福祉事務所」もしくは「児童相談所」である点に留意が必要である。なお、児童を虐待した父母の親権を、家庭裁判所が最長２年間停止できる制度が 2012 年４月から施行されている。

2　児童福祉について

子どもの保護について、根本規定となるのが児童福祉法である。

【児童福祉法第１条】
全て児童は、**児童の権利に関する条約**の精神にのっとり、適切に**養育**されること、その生活を保障されること、愛され、保護されること、その心身の**健やかな成長**及び**発達**並びにその**自立**が図られることその他の福祉を等しく保障される権利を有する。

「児童」とは、学校教育分野では小学校段階の子どもを指すが、福祉分野においては次のように定義されている（児童福祉法第４条第１項）。

児童…満 18 歳に満たない者
乳児…満１歳に満たない者
幼児…満１歳から、小学校就学の始期に達するまでの者
少年…小学校就学の始期から、満 18 歳に達するまでの者

児童福祉施設については、次のようなものがある（児童福祉法第７条）。

助産施設／乳児院／母子生活支援施設／保育所／幼保連携型認定こども園／児童厚生施設／児童養護施設／障害児入所施設／児童発達支援センター／児童心理治療施設／児童自立支援施設及び児童家庭支援センター

keyword 18 健康診断・感染症予防

Basic Question ５月の連休明け、ある保護者から「最近、子どもの体の調子が悪い。学校での様子はどうか」と聞かれ、先日実施した健康診断の結果などにも話題が及びました。子どもたちの健康の保持増進において、学校ではどのような役割を担っているのか、法的な規定を教えてください。

Answer

健康で安全な学校生活は、どの子ども、どの家庭にとっても重要な関心事です。子どもの健やかな成長を目的として、学校では法令等の定めに則り健康診断を実施したり、日頃の健康観察などを行っていくことが求められます。

1　健康診断

学校教育法第 12 条（P.142 参照）の規定を受け、学校では子どもと教職員の健康診断を行うことが義務付けられている。この規定を受け、子どもの健康診断について、学校保健安全法では次のように定められている。

> **【学校保健安全法第 13 条】**
> 学校においては、**毎学年定期**に、**児童生徒等（略）の健康診断**を行わなければならない。
> 2　学校においては、必要があるときは、**臨時**に、**児童生徒等の健康診断**を行うものとする。

なお、上記第１項の「毎学年定期」の具体的な時期については、学校保健安全法施行規則において、次のように定められている。

> **【学校保健安全法施行規則第５条第１項】**
> 法第 13 条第１項の健康診断は、毎学年、**6 月 30 日**までに行うものとする。（略）

また、学校保健安全法施行規則第９条において、健康診断から **21 日以内**に、その結果を保護者に**通知する義務**が課せられている。

健康診断の具体的項目については、学校保健安全法施行規則第６条により、次のように示されている。

①身長及び体重／②栄養状態／③脊柱及び胸郭の疾病及び異常の有無並びに四肢の状態／④視力及び聴力／⑤眼の疾病及び異常の有無／⑥耳鼻咽頭疾患及び皮膚疾患の有無／⑦歯及び口腔の疾病及び異常の有無／⑧結核の有無／⑨心臓の疾病及び異常の有無／⑩尿／⑪その他の疾病及び異常の有無
※上記の他、胸囲・肺活量、背筋力、握力等の機能を検査の項目に加えても可
※「⑧結核の有無」は、高校・大学では一部の学年のみ

健康診断を実施した際は、健康診断票を作成することが次のように規定されている。

【学校保健安全法施行規則第８条】
学校においては、法第13条第1項の健康診断を行つたときは、児童生徒等の健康診断票を作成しなければならない。

一方で、職員の健康診断については、学校保健安全法で次のように定められている。

【学校保健安全法第15条】
学校の設置者は、**毎学年定期**に、**学校の職員の健康診断**を行わなければならない。
2　学校の設置者は、必要があるときは、**臨時に、学校の職員の健康診断**を行うものとする。

職員の健康診断を行う時期については、学校保健安全法施行規則第12条において、「学校の設置者が定める適切な時期に」と定められている。

2　感染症の種類

学校保健安全法施行規則第18条では、学校において予防すべき感染症として、次のものを挙げている。

第１種	エボラ出血熱／クリミア・コンゴ出血熱／痘そう／南米出血熱／ペスト／マールブルグ病／ラッサ熱／急性灰白髄炎／ジフテリア／重症急性呼吸器症候群（病原体がベータコロナウイルス属ＳＡＲＳコロナウイルスであるものに限る）／中東呼吸器症候群（病原体がベータコロナウイルス属ＭＥＲＳコロナウイルスであるものに限る）／特定鳥インフルエンザ（感染症の予防及び感染症の患者に対する医療に関する法律第６条第３項第六号に規定する特定鳥インフルエンザ）
第２種	インフルエンザ（特定鳥インフルエンザを除く）／百日咳／麻しん／流行性耳下腺炎／風しん／水痘／咽頭結膜熱／結核及び髄膜炎菌性髄膜炎
第３種	コレラ／細菌性赤痢／腸管出血性大腸菌感染症／腸チフス／パラチフス／流行性角結膜炎／急性出血性結膜炎その他の感染症

keyword 19 教職員の配置と職務

Basic Question うちの学校には、校長、副校長（教頭）、主幹教諭、指導教諭、栄養教諭、教諭など、さまざまな教員がいます。ところが、先日他の地域の先生と話をしたところ、「うちの学校には主幹教諭、指導教諭、栄養教諭がいない」と話していました。学校の教職員の配置は、どのような法令・基準に基づいて行われているのでしょうか。

Answer

校長、副校長(教頭)、教諭などの配置は、学校教育法に基づいて行われており、置かねばならないものとそうでないものがあります。それぞれの職種の役割（職務）も学校教育法で規定されているので、理解しておきましょう。

1　教職員の種類と配置

学校に置くべき教職員については、学校教育法において次の規定がある。

【学校教育法第37条第1～3項】

小学校には、**校長**、**教頭**、**教諭**、**養護教諭**及び**事務職員**を**置かなければならない**。

2　小学校には、前項に規定するもののほか、**副校長**、**主幹教諭**、**指導教諭**、**栄養教諭**その他必要な職員を**置くことができる**。

3　第1項の規定にかかわらず、副校長を置くときその他特別の事情のあるときは**教頭**を、養護をつかさどる主幹教諭を置くときは**養護教諭**を、特別の事情のあるときは**事務職員**を、それぞれ**置かないことができる**。

この規定は、中学校と義務教育学校にも適用される。一方で、高等学校に置くべき教職員については、次のように規定されている。

【学校教育法第60条第1～3項】

高等学校には、**校長**、**教頭**、**教諭**及び**事務職員**を**置かなければならない**。

2　高等学校には、前項に規定するもののほか、**副校長**、**主幹教諭**、**指導教諭**、**養護教諭**、**栄養教諭**、**養護助教諭**、**実習助手**、**技術職員**その他必要な職員を**置くことができる**。

3　第1項の規定にかかわらず、副校長を置くときは、**教頭**を**置かないことができる**。

	小学校／中学校／義務教育学校	高等学校
校長	必置	必置
副校長	任意配置	任意配置
教頭	準必置	準必置
主幹教諭	任意配置	任意配置
指導教諭	任意配置	任意配置
教諭	必置	必置
養護教諭	（当分）準必置	任意配置
栄養教諭	任意配置	任意配置
事務職員	必置	必置

2　教職員の職務

各教職員の職務については、学校教育法において次のように規定されている。

【学校教育法第 37 条第４・５・７・９～14 項】

4　**校長**は、校務をつかさどり、所属職員を監督する。

5　**副校長**は、校長を助け、命を受けて校務をつかさどる。

7　**教頭**は、校長（副校長を置く小学校にあつては、校長及び副校長）を助け、校務を整理し、及び必要に応じ児童の教育をつかさどる。

9　**主幹教諭**は、校長（副校長を置く小学校にあつては、校長及び副校長）及び教頭を助け、命を受けて校務の一部を整理し、並びに児童の教育をつかさどる。

10　**指導教諭**は、児童の教育をつかさどり、並びに教諭その他の職員に対して、教育指導の改善及び充実のために必要な指導及び助言を行う。

11　**教諭**は、児童の教育をつかさどる。

12　**養護教諭**は、児童の養護をつかさどる。

13　**栄養教諭**は、児童の栄養の指導及び管理をつかさどる。

14　**事務職員**は、事務をつかさどる。

3　充当職（充て職）

上記とは別に、各学校には「主事」「主任」などの**充当職**がある。これは、上記「教諭」などが担う職務上の役割であり、次のようなものがある。

学年主任	当該学年の教育活動に関する事項の連絡調整・指導・助言
保健主事	保健に関する事項の管理
生徒指導主事	生徒指導に関する事項をつかさどり連絡調整・指導・助言
進路指導主事	生徒の職業選択の指導その他の進路の指導に関する事項をつかさどり、連絡調整・指導・助言
学科主任	当該学科の教育活動に関する事項の連絡調整・指導・助言

keyword 20 教員免許状

Basic Question 小学校から義務教育学校へ異動することになりました。長く算数の研究をしてきたので、異動先の校長先生に、異動したら後期課程（中学校に該当）で数学を教えたいと話をしたところ、すぐに返事をいただくことができませんでした。小学校全科の教員免許状では難しいのでしょうか。

Answer

教員は、該当する校種・教科の教員免許状を所持していなければ、授業を行うことができません。これを「相当免許状主義」と言い、教育職員免許法に規定されています。また、教員免許状には有効期間があり、有効期間を更新するためには免許状更新講習を受講する必要があります。教員免許状の種類と有効期間、更新手続きについて、理解しておきましょう。

1　免許の種類と効力

教員として教壇に立つには教員免許状が必要であることが、教育職員免許法に規定されている。

> **【教育職員免許法第３条第１項】**
> 教育職員は、この法律により授与する各相当の免許状を有する者でなければならない。

これにより、小学校の教員は「小学校教諭免許状」、中学校・高校の教員は該当する教科の「中学校教諭免許状」「高等学校教諭免許状」、特別支援学校の教員は「特別支援学校教諭免許状」をそれぞれ所持していなければならない。

義務教育学校については、「小学校教諭免許状」と「中学校教諭免許状」の両方を所持していることが原則となるが、当分の間は「小学校教諭免許状」で前期課程を、「中学校教諭免許状」で後期課程を教えることができる（「小学校教諭免許状」で、後期課程を教えることはできない）。

教員免許状には、「普通免許状」「特別免許状」「臨時免許状」の３種類があり、教育職員免許法において次のように規定されている。

【教育職員免許法第４条第１～４項】

免許状は、普通免許状、特別免許状及び臨時免許状とする。

2　**普通免許状**は、学校（義務教育学校、中等教育学校及び幼保連携型認定こども園を除く。）の種類ごとの教諭の免許状、養護教諭の免許状及び栄養教諭の免許状とし、それぞれ**専修免許状**、**一種免許状**及び**二種免許状**（高等学校教諭の免許状にあつては、専修免許状及び一種免許状）に区分する。

3　**特別免許状**は、学校（幼稚園、義務教育学校、中等教育学校及び幼保連携型認定こども園を除く。）の種類ごとの教諭の免許状とする。

4　**臨時免許状**は、学校（義務教育学校、中等教育学校及び幼保連携型認定こども園を除く。）の種類ごとの助教諭の免許状及び養護助教諭の免許状とする。

上記にあるように、普通免許状には、「専修免許状」「一種免許状」「二種免許状」の３種類（高等学校は「専修免許状」「一種免許状」の２種類）がある。「普通免許状」「特別免許状」「臨時免許状」には、それぞれ有効期間と効力などが定められており（教育職員免許法第９条第１～３項）、まとめると表１のようになる。

表１　免許状の有効な期間と範囲

免許状の種類	有効期間	有効範囲
普通免許状	授与の翌日から 10 年	全ての都道府県
特別免許状	授与の翌日から 10 年	授与された都道府県のみ
臨時免許状	授与されたときから３年	授与された都道府県のみ

2　教員免許更新制

2007 年に教育職員免許法が改正され、普通免許状と特別免許状に、それまでなかった有効期間（10 年）が設定された。これにより、教員は有効期間が切れるまでに、免許状の更新を行わねばならないこととなった。

免許状の更新を行う者は、自身の申請により、**免許状更新講習**を受講する必要がある。免許状更新講習の対象者は、現職の教員や教員採用内定者、教員経験者などで、大学等で **30 時間**の講習を受け、修了認定を受けることが条件となっている。

なお、校長や副校長、教頭、主幹教諭、指導教諭、優秀教員表彰者は、免許状更新講習を受講せずに、免許状を更新できる。

また、教員免許状を所持していて教職についていない者（いわゆる「ペーパーティーチャー」）は免許状更新講習の対象外で、有効期限に達した免許状は失効する。その後、教員採用試験に合格し、教壇に立つ場合は、免許状更新講習を受講・修了することによって、教員免許状の交付を受けることができる。

keyword 21 教職員の任用

Basic Question 「小さい頃から、学校の先生になりたいと思っていました。」そうした思いをもって教職を目指す大学生から、教師になるまでの道のりについて聞かれることがあります。教職員の任用については、具体的にどのような方法で行われているのでしょうか。公立学校教員の任用についての制度的枠組みを教えてください。

Answer

公立学校の教員の採用は「選考」によって行うこと、その選考は任命権者である教育委員会の教育長が行うことなどが法律に規定されています。誰がどのような形で選考・採用を行い、どのような任用形態があるのかを押さえておきましょう。

1　採用

公立学校教員の採用については、教育公務員特例法において次のように規定されている。

【教育公務員特例法第 11 条】
公立学校の校長の採用（略）並びに**教員の採用**（略）及び昇任（略）は、**選考**によるものとし、その選考は、大学附置の学校にあつては当該大学の学長が、大学附置の学校以外の公立学校（幼保連携型認定こども園を除く。）にあつてはその校長及び教員の**任命権者**である教育委員会の**教育長**が、大学附置の学校以外の公立学校（幼保連携型認定こども園に限る。）にあつてはその校長及び教員の任命権者である地方公共団体の長が行う。

ここでいう「選考」とは、一般公務員の「競争試験」（地方公務員法第 17 条の 2）とは異なり、**学力・人物・技能**などを総合的に判断することを指す。なお、公立学校の教員の給与は都道府県教育委員会が負担し（市町村立学校職員給与負担法第 1 条）、服務は市町村教育委員会が監督する（地方教育行政の組織及び運営に関する法律第 43 条第 1 項）。なお、都道府県が給与を負担する市町村立学校の教職員のことを**県費負担教職員**という。

2　条件付採用

選考を経て採用された教員は、一定期間「条件付」の採用となる。

【地方公務員法第22条第1項】
臨時的任用又は非常勤職員の任用の場合を除き、職員の採用は、**全て条件付**のものとし、その職員がその職において**6月**を勤務し、その間その職務を良好な成績で遂行したときに**正式採用**になるものとする。この場合において、人事委員会等は、条件付採用の期間を**1年に至るまで延長することができる**。

一般公務員の条件付採用の期間は6か月間だが、教育公務員については1年間の初任者研修があることから1年間とされている（教育公務員特例法第12条）。

3　欠格条項

学校教育法は「教員になれない者」を次のように規定している。

【学校教育法第9条】
次の各号のいずれかに該当する者は、校長又は教員となることができない。
一　成年被後見人又は被保佐人
二　禁錮以上の刑に処せられた者
三　教育職員免許法第10第1項第二号又は第三号に該当することにより**免許状**がその効力を失い、当該失効の日から3年を経過しない者
四　教育職員免許法第11条第1項から第3項までの規定により免許状取上げの処分を受け、**3年**を経過しない者
五　日本国憲法施行の日以後において、日本国憲法又はその下に成立した政府を暴力で破壊することを主張する政党その他の団体を結成し、又はこれに加入した者

また、地方公務員法においても、**欠格条項**を次のように規定している。

【地方公務員法第16条】
次の各号のいずれかに該当する者は、条例で定める場合を除くほか、職員となり、又は競争試験若しくは選考を受けることができない。
一　成年被後見人又は被保佐人
二　禁錮以上の刑に処せられ、その執行を終わるまで又はその執行を受けることがなくなるまでの者
三　当該地方公共団体において**懲戒免職**の処分を受け、当該処分の日から**2年**を経過しない者
四　人事委員会又は公平委員会の委員の職にあつて、第60条から第63条までに規定する罪を犯し刑に処せられた者
五　日本国憲法施行の日以後において、日本国憲法又はその下に成立した政府を暴力で破壊することを主張する政党その他の団体を結成し、又はこれに加入した者

keyword 22 教職員の服務規程

Basic Question 保護者面談で、他の児童の家庭のことを話してしまい、後にその噂が広まってしまいました。校長先生から「教員には守秘義務をはじめ、多くの服務規程があるのでよく勉強しておきなさい」と注意されましたが、教員として知っておくべき服務規程について教えてください。

Answer

教員は、教育公務員であると同時に地方公務員でもあり、地方公務員法が定める服務規程を守らねばなりません。近年、教職員の不祥事が大きく報道されるケースが多く、教職員として具体的な服務規程や禁止行為を確実に理解しておく必要があります。

1 全体の奉仕者

教員が守るべき服務は、教員が「全体の奉仕者」であることを前提として規定されている。

【日本国憲法第15条第2項】
すべて公務員は、**全体の奉仕者**であつて、一部の奉仕者ではない。

【地方公務員法第30条】
すべて職員は、**全体の奉仕者**として**公共の利益**のために勤務し、且つ、職務の遂行に当つては、全力を挙げてこれに**専念**しなければならない。

2 職務上の義務

教員の服務は、大きく「職務上の義務」と「身分上の義務」に分けられる。「職務上の義務」とは、職員が職務を遂行するに当たって守るべき義務のことで、地方公務員法において次の3つが規定されている。

表１　職務上の義務

種類	根拠法令	条文内容
服務の宣誓	地方公務員法第 31 条	職員は、条例の定めるところにより、服務の宣誓をしなければならない。
法令等及び上司の職務上の命令に従う義務	地方公務員法第 32 条	職員は、その職務を遂行するに当つて、法令、条例、地方公共団体の規則及び地方公共団体の機関の定める規程に従い、且つ、上司の職務上の命令に忠実に従わなければならない。
職務に専念する義務	地方公務員法第 35条	職員は、法律又は条例に特別の定がある場合を除く外、その勤務時間及び職務上の注意力のすべてをその職責遂行のために用い、当該地方公共団体がなすべき責を有する職務にのみ従事しなければならない。

3　身分上の義務

「身分上の義務」とは、職務の遂行の有無にかかわらず、職員たる身分を有する限り守るべき義務のことで、地方公務員法において次の５つが規定されている。

表２　身分上の義務

種類	根拠法令	条文内容（一部抜粋）
信用失墜行為の禁止	地方公務員法第 33 条	職員は、その職の信用を傷つけ、又は職員の職全体の**不名誉**となるような行為をしてはならない。
秘密を守る義務	地方公務員法第 34 条	職員は、**職務上知り得た秘密**を漏らしてはならない。その職を退いた後も、また、同様とする。
政治的行為の制限	地方公務員法第 36 条	職員は、**政党**その他の**政治的団体**の**結成に関与**し、若しくはこれらの団体の**役員**となつてはならず、又はこれらの団体の**構成員**となるように、若しくはならないように**勧誘運動**をしてはならない。
争議行為等の禁止	地方公務員法第 37 条	職員は、地方公共団体の機関が代表する使用者としての住民に対して**同盟罷業**、**怠業**その他の**争議行為**をし、又は地方公共団体の機関の活動能率を低下させる怠業的行為をしてはならない。
営利企業等への従事制限	地方公務員法第 38 条	職員は、任命権者の許可を受けなければ、（略）**営利を目的とする私企業**（略）を営むことを目的とする会社その他の団体の**役員**その他人事委員会規則（略）で定める地位を兼ね、若しくは自ら営利企業を営み、又は**報酬**を得ていかなる事業若しくは事務にも従事してはならない。

※上記「同盟罷業」とはストライキのことを、「怠業」とはサボタージュのことを指す。

keyword 23

教職員の研修①

Basic Question 「学級での事務がたまっているので、校内研修を欠席したい」と校長先生に申し出たところ、「教師としての力量を向上させる上で、研修は大変重要です」と研修への参加を勧められました。教員は、研修をどのようなものだと考えておく必要があるのでしょうか。

Answer

教員には、子どもたちの成長を支援する重要な責任があり、その役割を果たすために絶えず力量向上に努めなくてはいけません。そのために、「研究と修養に努める」ことが、法律等でも謳われています。国や自治体、学校など、あらゆる段階で研修が行われており、各教員はそれぞれの内容・趣旨などを踏まえて参加することが大切です。

1　研修の義務と機会

教員の研修については、教育基本法と教育公務員特例法において、次のように規定されている。

【教育基本法第９条】

法律に定める学校の教員は、自己の崇高な使命を深く自覚し、絶えず**研究**と**修養**に励み、その職責の遂行に努めなければならない。

2　前項の教員については、その使命と職責の重要性にかんがみ、その身分は尊重され、待遇の適正が期せられるとともに、養成と**研修**の充実が図られなければならない。

【教育公務員特例法第 21 条】

教育公務員は、その職責を遂行するために、絶えず**研究**と**修養**に努めなければならない。

2　教育公務員の**任命権者**は、教育公務員（略）の研修について、それに要する施設、**研修**を奨励するための方途その他研修に関する**計画**を樹立し、その実施に努めなければならない。

「研修」とは、上記「研究」と「修養」を掛け合わせた言葉である。これらの規定を受けて、教育公務員特例法には次のような規定がある。

【教育公務員特例法第 22 条】
教育公務員には、研修を受ける**機会**が与えられなければならない。
2　教員は、**授業**に支障のない限り、**本属長**の承認を受けて、**勤務場所を離れて**研修を行うことができる。
3　教育公務員は、**任命権者**の定めるところにより、**現職**のままで、**長期**にわたる研修を受けることができる。

教員には研修に参加する機会が保障される一方で、勤務場所を離れて参加する場合は、授業に支障がないこと、本属長（学校であれば校長）の承認を受けることなどが条件となってくる。

なお、研修は服務上の観点から、職務として行う「職務研修」、職務専念義務を免除された上で参加する「職専免研修」、勤務時間外に自主的に行う「自主研修」とに分けることができる。

2　初任者研修・中堅教諭等資質向上研修

全国共通で行われる「法定研修」としては、採用1年目に行われる「初任者研修」があり、教育公務員特例法において次のように規定されている。

【教育公務員特例法第 23 条第１・２項】
公立の小学校等の教諭等の任命権者は、当該教諭等（略）に対して、その採用（略）の日から**1年間**の教諭又は保育教諭の職務の遂行に必要な事項に関する実践的な研修（以下「**初任者研修**」という。）を実施しなければならない。
2　任命権者は､初任者研修を受ける者（略）の所属する学校の副校長､教頭､主幹教諭（略）､指導教諭、教諭、主幹保育教諭、指導保育教諭、保育教諭又は講師のうちから、**指導教員**を命じるものとする。

初任者研修は、校内で行われるものと校外で行われるものがあり、校内は「週10時間以上、年間300時間以上」、校外は年間25日以上と定められている。

その他の法定研修としては、「中堅教諭等資質向上研修」があり、教育公務員特例法において次のように定められている。

【教育公務員特例法第 24 条第１項】
公立の小学校等の教諭等（略）の任命権者は、当該教諭等に対して、個々の**能力**、**適性**等に応じて、公立の小学校等における教育に関し相当の経験を有し、その教育活動その他の学校運営の円滑かつ効果的な実施において**中核的**な役割を果たすことが期待される中堅教諭等としての職務を遂行する上で必要とされる資質の向上を図るために必要な事項に関する研修（以下「**中堅教諭等資質向上研修**」という。）を実施しなければならない。

keyword 24 教職員の研修②

Basic Question 息子の担任は授業が上手でなく、息子はいつも「勉強がよく分からない」と言って不機嫌な顔をしています。校長先生に相談したところ、「さまざまな研修制度を利用して指導力の向上を図っているところです」との返事をいただきました。教員の資質能力向上のための施策や教育制度は、どのようになっているのでしょうか。

Answer

教員には、資質能力の向上を図るための研修が義務付けられており、指導力不足の教員に対しても、指導改善研修への参加などが課せられています。それでも指導を適切に行えない教員には、他の常勤職員として採用される制度があります。

1 指導力不足教員

授業や指導が適切にできない教員を**指導力不足教員**といい、その定義は各教育委員会が示している。また、大まかな指針として、文部科学省が「指導が不適切な教員に対する人事管理システムのガイドライン」(2008年2月)を示しており、「指導が不適切である」教諭を次のように定義している。

> **知識**、**技術**、**指導方法**その他教員として求められる**資質**、**能力**に課題があるため、日常的に児童等への指導を行わせることが適当ではない教諭等のうち、研修によって指導の改善が見込まれる者であって、直ちに後述する分限処分等の対象とはならない者

2 指導改善研修

指導力不足教員かどうかの認定は、都道府県・政令指定都市の教育委員会の判定委員会(専門家などで構成)によって行われる。ここで認定された教員に対しては、指導改善研修への参加が義務付けられる。

> **【教育公務員特例法第25条第1項・第2項】**
> 公立の小学校等の教諭等の**任命権者**は、児童、生徒又は幼児(以下「児童等」という。)に対する指導が**不適切**であると**認定**した教諭等に対して、その能力、適性等に応じて、当該指

導の改善を図るために必要な事項に関する研修（以下「**指導改善研修**」という。）を実施しなければならない。
2　指導改善研修の期間は、**1年**を超えてはならない。ただし、特に必要があると認めるときは、任命権者は、指導改善研修を開始した日から引き続き**2年**を超えない範囲内で、これを延長することができる。

それでも指導力不足が改善されない教員に対しては、次の措置が講じられる。

【教育公務員特例法第25条の2】
任命権者は、前条第4項の認定において指導の改善が不十分でなお児童等に対する指導を適切に行うことができないと認める教諭等に対して、**免職**その他の必要な措置を講ずるものとする。

「免職」とは、教員としての職を辞めさせることである。ただし、地方教育行政の組織及び運営に関する法律において、教員以外の常勤職として採用できることが規定されている。

【地方教育行政の組織及び運営に関する法律第47条の2第1項】
都道府県委員会は、（略）その任命に係る市町村の県費負担教職員（略）で次の各号の**いずれにも**該当するもの（略）を免職し、引き続いて当該都道府県の常時勤務を要する職（指導主事並びに校長、園長及び教員の職を除く。）に採用することができる。
一　児童又は生徒に対する指導が**不適切**であること。
二　**研修**等必要な措置が講じられたとしてもなお児童又は生徒に対する指導を適切に行うことができないと認められること。

3　大学院修学休業

教員が自身の資質能力を高め、専修免許状の取得機会を広げることなどを目的として、大学院修学休業という制度が設けられている。

【教育公務員特例法第26条第1項】
公立の小学校等の主幹教諭、指導教諭、教諭、養護教諭、栄養教諭、主幹保育教諭、指導保育教諭、保育教諭又は講師（略）で次の各号のいずれにも該当するものは、任命権者の許可を受けて、**3年**を超えない範囲内で年を単位として定める期間、大学（短期大学を除く。）の**大学院の課程**若しくは**専攻科の課程**又はこれらの課程に相当する**外国の大学の課程**（略）に在学してその課程を履修するための休業（以下「**大学院修学休業**」という。）をすることができる。

なお、大学院修学休業を取得している間は、期末・勤勉手当等の諸手当を含め、給与は支給されない（教育公務員特例法第27条第2項）。

keyword 25 分限処分と懲戒処分

Basic Question 友人によく「教員は身分が保障されていていいね」と言われます。確かに社会的身分は安定していますが、不祥事等を起こせば厳しく処分され、クビになることもあると聞きます。実際、不祥事を起こした教員に対しては、どのような処分があるのでしょうか。

Answer

教職員は「全体の奉仕者」として、世間から常に厳しい眼差しを向けられており、不祥事等を起こした場合、大きなニュースとして扱われるケースが少なくありません。教職員の法的処分には、「分限処分」と「懲戒処分」があり、それぞれの意味や内容をしっかりと理解しておくことが大切です。

1 分限処分

「分限」とは「身分保障の限界」の意味で、「分限処分」は職務の能率の維持向上や適正な運営を目的として行使される措置である。飲酒運転やわいせつ行為など道義的責任が問われる懲戒処分とは性格を異にする。

処分には**免職**（職をやめさせること）、**休職**、**降任**、**降給**の４種類があり、どのような場合に「分限処分」となるかについては、地方公務員法において次のように規定されている。

【地方公務員法第 28 条】

職員が、次の各号に掲げる場合のいずれかに該当するときは、その意に反して、これを**降任**し、又は**免職**することができる。

一　人事評価又は勤務の状況を示す事実に照らして、**勤務実績がよくない場合**

二　**心身の故障**のため、職務の遂行に支障があり、又はこれに堪えない場合

三　前二号に規定する場合のほか、その職に必要な**適格性を欠く場合**

四　**職制若しくは定数の改廃**又は**予算の減少**により廃職又は過員を生じた場合

2　職員が、左の各号の一に該当する場合においては、その意に反してこれを**休職**することができる。

一　**心身の故障**のため、長期の休養を要する場合

二　**刑事事件**に関し起訴された場合

2　懲戒処分

「懲戒」とは「懲らしめ、戒める」ことで、本人の道義的責任を問い、義務違反に対する制裁として行使される措置である。具体的に、**交通違反･交通事故**、**わいせつ行為**、**個人情報の不適切な取扱い**などがあり、処分には**免職**、**停職**、**減給**、**戒告**の４種類がある。具体的な内容は、地方公務員法において次のように規定されている。

> **【地方公務員法第 29 条第１項】**
> 　職員が次の各号の一に該当する場合においては、これに対し**懲戒処分**として**戒告**、**減給**、**停職**又は**免職**の処分をすることができる。
> 　一　この法律若しくは第 57 条に規定する特例を定めた法律又はこれに基く条例、地方公共団体の規則若しくは地方公共団体の機関の定める規程に**違反**した場合
> 　二　職務上の**義務**に違反し、又は**職務**を怠つた場合
> 　三　全体の奉仕者たるにふさわしくない**非行**のあつた場合

3　分限と懲戒の基準

分限処分と懲戒処分は、教員のキャリアに関わることだけに、公正に行われなければならないことが、地方公務員法には規定されている。

> **【地方公務員法第 27 条】**
> 　すべて職員の分限及び懲戒については、**公正**でなければならない。
> 2　職員は、この法律で定める事由による場合でなければ、その意に反して、降任され、若しくは免職されず、この法律又は条例で定める事由による場合でなければ、その意に反して、休職されず、又、条例で定める事由による場合でなければ、その意に反して降給されることがない。
> 3　職員は、この法律で定める事由による場合でなければ、懲戒処分を受けることがない。

教員の分限処分と懲戒処分が実際にどのくらい行われているかについては、文部科学省が毎年度「**公立学校教職員の人事行政状況調査**」の結果を公表している。2016 年度の調査結果を見ると、懲戒処分については「交通違反・交通事故」が 266 件と最も多く、次いで「わいせつ行為」の 197 件、「体罰」の 162 件、「個人情報の不適切な取扱い」の 23 件と続いている。

なお、条件付採用期間中の教員、臨時的に任用された教員については、分限処分を受けることはないが、懲戒処分を受けることはある（地方公務員法第 29 条の２）。

keyword 26

校務分掌と職員会議

Basic Question 念願がかなって教員採用試験に合格し、教員生活が始まりました。仕事の大半は授業だと思っていましたが、実際に着任すると授業以外にもたくさんの仕事があることを知りました。そのうち校務分掌と職員会議について、その内容や法的位置づけなどを教えてください。

Answer

学校には、授業や生活指導の他にも、行事への取り組み、調査への回答、環境整備、地域との連携、PTA活動など、さまざまな業務があります。これらを効率良く運営するために校務分掌が行われ、重要事項を協議するために職員会議が開催されています。いずれも学校教育法の規定があるので理解しておきましょう。

1　校務分掌

校務分掌の法的根拠は、学校教育法の次の条文である。

> **【学校教育法第37条第4項】**
> 校長は、**校務**をつかさどり、所属職員を**監督**する。

この「校務をつかさどり」を受けて、同法施行規則では校務分掌について次のように規定している。

> **【学校教育法施行規則第43条】**
> 小学校においては、調和のとれた学校運営が行われるためにふさわしい**校務分掌**の仕組みを整えるものとする。

校務分掌とは具体的に、学校を運営していく上で必要な業務（校務）を教職員が分担して処理することである。一般的に、次ページの表1のような「部」や「委員会」などの組織が編成され、各教員はそのいずれかに所属して業務を遂行する。また、これら校務分掌組織のとりまとめ役として、主任や主事を置くことが学校教育法施行規則において規定されている。

【学校教育法施行規則第44条第1項】
小学校には、**教務主任**及び**学年主任**を置くものとする。

【学校教育法施行規則第45条第1項】
小学校においては、**保健主事**を置くものとする。

【学校教育法施行規則第46条第1項】
小学校には、**事務長**又は**事務主任**を置くことができる。

【学校教育法施行規則第47条】
学校においては、前3条に規定する教務主任、学年主任、保健主事及び事務主任のほか、必要に応じ、校務を分担する主任等を置くことができる。

上記は、他の校種においても適用される。また、中学校には次の規定がある。

【学校教育法施行規則第70条第1項】
中学校には、**生徒指導主事**を置くものとする。

【学校教育法施行規則第71条第1項】
中学校には、**進路指導主事**を置くものとする。

表1　校務分掌組織の例

総務部	年間の日程調整、式典の企画、保護者団体との連絡調整など
教務部	教育課程の編成、成績評価に関わる管理調整など
生徒指導部	生徒指導上の諸問題への対応、校則の管理など
進路指導部	進路指導計画の作成、進路指導関係行事の企画運営
保健部	保健室の管理、健康診断関連業務、学校医との連絡など
研究部	校内研究に関わる各種業務、研究発表会の運営など

2　職員会議

職員会議については、学校教育法施行規則において、次のように規定されている。

【学校教育法施行規則第48条】
小学校には、設置者の定めるところにより、校長の職務の円滑な執行に資するため、**職員会議**を置くことができる。
2　職員会議は、**校長**が主宰する。

この規定は、他の校種においても適用される。職員会議は、「校長が主宰」とあるように、校長の**補助機関**としての位置付けが明確化されている。

keyword 27

教育行政の原則

Basic Question 教育の根本理念は国が法律で定めています。一方、学校現場では、自治体の教育委員会の方針に従って教育行政が進められています。国と自治体との関係性など、教育行政の法的な枠組みについて教えてください。

Answer

教育行政は、教育基本法をはじめとする法令の規定に則り、文部科学省、各自治体（教育委員会）がそれぞれの役割を果たしながら運営されています。そのため、教員の個人的な思いだけで、子どもたちを指導することはできません。法令に基づき、教育行政が適正に運営されているからこそ、公教育としての質を保っているのです。

1　教育行政の根本規定

教育行政の根本規定は、教育基本法において次のように規定されている。

【教育基本法第16条】

教育は、**不当な支配**に服することなく、この法律及び他の法律の定めるところにより行われるべきものであり、教育行政は、**国と地方公共団体**との適切な役割分担及び相互の協力の下、**公正**かつ**適正**に行われなければならない。

2　**国**は、全国的な教育の**機会均等**と**教育水準の維持向上**を図るため、教育に関する施策を総合的に策定し、実施しなければならない。

3　**地方公共団体**は、その地域における教育の**振興**を図るため、その実情に応じた教育に関する施策を策定し、実施しなければならない。

4　国及び地方公共団体は、教育が円滑かつ継続的に実施されるよう、**必要な財政上の措置**を講じなければならない。

この法律に基づき、地方公共団体が行う教育行政の組織・運営についての規定・手続きなどを定めているのが、地方教育行政の組織及び運営に関する法律で、略して「**地方教育行政法**」「**地教行法**」などと呼ばれる。

2　文部科学省

国の教育行政を中心となって担うのが文部科学省で、文部科学省設置法において次のように規定されている。

【文部科学省設置法第１条】
この法律は、文部科学省の**設置**並びに**任務**及びこれを達成するため必要となる明確な範囲の**所掌事務**を定めるとともに、その所掌する行政事務を**能率的**に遂行するため必要な**組織**を定めることを目的とする。

【文部科学省設置法第３条】
文部科学省は、**教育の振興**及び**生涯学習の推進**を中核とした豊かな人間性を備えた創造的な**人材の育成、学術及び文化の振興、科学技術の総合的な振興**並びに**スポーツに関する施策の総合的な推進**を図るとともに、宗教に関する行政事務を適切に行うことを任務とする。

教育以外にも、学術や文化の振興、科学技術の振興、スポーツ関連施策なども所管している。これらの施策は、外部の専門家等で構成される**中央教育審議会（中教審）**において、その方向性が審議・検討された後、法令・施策化される。中央教育審議会の中には、教育制度分科会、生涯学習分科会、初等中等教育分科会、大学分科会などが置かれている。また、文部科学省の外局として、**スポーツ庁**と**文化庁**がある。

3　教育委員会との関係

戦後、日本の教育行政は地方分権を基本原則として、各都道府県・市区町村の教育委員会によって行われるものとされた。その原則は現在も継続しており、教育委員会は文部科学省の下部組織という位置付けではない。

文部科学省の所握事務は、文部科学省設置法第４条において、計 93 項目にわたって規定されている。そのうち、地方教育行政に関するものは、次のように示されている。

【文部科学省設置法第４条第１項第三～六号】
文部科学省は、前条第１項の任務を達成するため、次に掲げる事務をつかさどる。
三　地方教育行政に関する**制度**の企画及び立案並びに地方教育行政の組織及び一般的運営に関する**指導**、**助言**及び**勧告**に関すること。
四　**地方教育費**に関する企画に関すること。
五　地方公務員である教育関係職員の**任免**、**給与**その他の**身分取扱い**に関する制度の企画及び立案並びにこれらの制度の運営に関する指導、助言及び勧告に関すること。
六　地方公務員である教育関係職員の**福利厚生**に関すること。

keyword 28 教育委員会

Basic Question 辞令交付式で教育委員会の教育長から採用辞令をいただき、教師としての生活が始まりました。辞令をくださった教育委員会とは、具体的にどのような組織なのでしょうか。また、教育長とは、その中でどのような役割を果たす方なのでしょうか。

Answer

「教育委員会」という言葉は、大きく二つの意味で使われます。一つ目は、3～5名程度の委員でその自治体の教育方針・施策等を審議する行政委員会としての組織。二つ目は、その組織で決めた方針を基に、実際に教育行政を執行する事務局組織です。前者の代表を教育長と言い、後者は別に「教育委員会事務局」などと呼ばれます。それぞれの構成と役割をきちんと理解しておきましょう。

1　教育委員会の組織

行政委員会としての教育委員会の組織については、地方教育行政の組織及び運営に関する法律において、次のように規定されている。

【地方教育行政の組織及び運営に関する法律第３条】
教育委員会は、**教育長及び４人の委員**をもつて組織する。ただし、条例で定めるところにより、都道府県若しくは市又は地方公共団体の組合のうち都道府県若しくは市が加入するものの教育委員会にあつては教育長及び**５人以上**の委員、町村又は地方公共団体の組合のうち町村のみが加入するものの教育委員会にあつては教育長及び**２人以上**の委員をもつて組織することができる。

教育長と教育委員の任命については、次のように規定されている。

【地方教育行政の組織及び運営に関する法律第４条第１・２項】
教育長は、当該地方公共団体の長の被選挙権を有する者で、**人格**が高潔で、教育行政に関し**識見**を有するもののうちから、**地方公共団体の長**が、**議会**の同意を得て、任命する。
2　委員は、当該地方公共団体の長の被選挙権を有する者で、**人格**が高潔で、**教育**、**学術**及び**文化**（略）に関し**識見**を有するもののうちから、**地方公共団体の長**が、**議会**の同意を得て、任命する。

教育長と教育委員の任期については、次のように規定されている。

【地方教育行政の組織及び運営に関する法律第５条】
教育長の任期は**３年**とし、委員の任期は**４年**とする。ただし、補欠の教育長又は委員の任期は、前任者の残任期間とする。
2　教育長及び委員は、**再任**されることができる。

2　教育委員会の職務

教育委員会（事務局を含む）の職務権限は、地方教育行政の組織及び運営に関する法律第21条において、計19項目にわたり規定されている。具体的に、学校の管理、教職員の任免、児童生徒の入学・退学、学校の教育課程や生徒指導、教科書の取扱い、研修、学校給食などに関わることが示されている。

また、教育委員会の事務局には、学校の教育課程、学習指導などを指導する事務に従事する**指導主事**を置くことが同法に規定されている（地方教育行政の組織及び運営に関する法律第18条）。

3　教育委員会制度の見直し

教育委員会制度は、2014年の法改正を経て、2015年４月から新しい制度が施行された。改正の主な内容は、次の通りである。

①新教育長

改正前は教育長と教育委員長がおり、責任の所在が曖昧だったが、これを**新教育長**として一本化した。その役割は「教育委員会の会務を**総理**し、教育委員会を**代表**する」と示されている（地方教育行政の組織及び運営に関する法律第13条第1項）。

②総合教育会議の設置と教育の振興に関する施策の大綱の策定

教育委員会とは別に、**総合教育会議**が設けられることとなった。総合教育会議は首長と教育委員とで構成され、招集は首長が行う。総合教育会議で具体的に行うこととしては、**教育の振興に関する施策の大綱**の策定がある。これは、教育基本法第17条に基づき国が定める**教育振興基本計画**を参酌し、各自治体が定める教育行政の基本計画である。

【教育基本法第17条第２項】
2　地方公共団体は、前項の計画を参酌し、その地域の実情に応じ、当該地方公共団体における教育の**振興**のための施策に関する基本的な**計画**を定めるよう努めなければならない。

keyword 29

社会教育

Basic Question 先日、生活科の授業の一環として、公民館を訪れる機会がありました。そこで多くの高齢者が多様な活動をされている姿を見て、改めて生涯にわたって学び続ける環境を整えること、社会教育の充実が大切だと再認識しました。現状、社会教育がどのような仕組みの下で行われているのか教えてください。

Answer

医療・保健の充実などにより、日本は高齢化が進んでいます。平均寿命が延びる中で、一層の充実が叫ばれているのが社会教育です。教育基本法には、学校教育だけでなく、社会教育の奨励や振興についても規定されていますので、しっかりと理解しておきましょう。

1　社会教育の定義

社会教育に関する教育基本法の規定は、次の通りである。

【教育基本法第12条】
個人の要望や社会の要請にこたえ、**社会**において行われる教育は、国及び地方公共団体によって**奨励**されなければならない。
2　国及び地方公共団体は、**図書館**、**博物館**、**公民館**その他の**社会教育施設**の設置、学校の施設の利用、学習の機会及び情報の提供その他の適当な方法によって社会教育の**振興**に努めなければならない。

「その他の社会教育施設」としては、青少年教育施設（青少年交流の家、少年自然の家など）や女性教育施設（女性教育会館、女性センター、男女共同参画センターなど）がある。

社会教育の定義については、社会教育法において次のように規定されている。

【社会教育法第２条】
この法律において「**社会教育**」とは、学校教育法（略）又は就学前の子どもに関する教育、保育等の総合的な提供の推進に関する法律（略）に基づき、学校の教育課程として行われる教育活動を除き、主として**青少年**及び**成人**に対して行われる**組織的**な教育活動（体育及びレクリエーションの活動を含む。）をいう。

これを受けて、国と地方公共団体の任務が次のように規定されている。

【社会教育法第３条第１項】
国及び**地方公共団体**は、この法律及び他の法令の定めるところにより、社会教育の奨励に必要な**施設の設置**及び**運営**、**集会の開催**、**資料の作製**、**頒布**その他の方法により、すべての国民があらゆる機会、あらゆる場所を利用して、自ら実際生活に即する**文化的教養**を高め得るような環境を醸成するように努めなければならない。

2　社会教育を担当する行政組織

社会教育に関する施策は、学校教育と同じく法令等の規定に則り、各自治体の教育委員会によって実施される。都道府県の教育委員会は、具体的に次のような事務を行うものと規定されている。

【社会教育法第６条】
都道府県の教育委員会は、社会教育に関し、当該地方の必要に応じ、予算の範囲内において、前条第１項各号の事務（同項第三号の事務を除く。）を行うほか、次の事務を行う。
一　**公民館**及び図書館の設置及び管理に関し、必要な指導及び調査を行うこと。
二　社会教育を行う者の研修に必要な施設の設置及び運営、**講習会**の開催、資料の配布等に関すること。
三　社会教育施設の設置及び運営に必要な**物資**の提供及びそのあつせんに関すること。
四　市町村の教育委員会との連絡に関すること。
五　その他法令によりその職務権限に属する事項

一方で、市町村の教育委員会には、公民館の設置・管理、図書館の設置・管理、講座の開設や奨励、芸術発表会の奨励などが、行うべき事務として示されている（社会教育法第５条）。

また、都道府県と市町村の教育委員会に、**社会教育主事**と**社会教育主事補**を置くことが規定されている（社会教育法第９条の２）。それぞれの役割は、次のように規定されている。

【社会教育法第９条の３】
社会教育主事は、社会教育を行う者に専門的技術的な**助言**と**指導**を与える。ただし、**命令**及び**監督**をしてはならない。
2　社会教育主事は、学校が社会教育関係団体、地域住民その他の関係者の協力を得て教育活動を行う場合には、その求めに応じて、必要な**助言**を行うことができる。
3　**社会教育主事補**は、社会教育主事の職務を助ける。

keyword 30 生涯学習

Basic Question 生涯学習は、子どもから大人まで、学びたいときに学びたいことを、自分の好きな方法で学ぶことであると考えています。基本的に、学校教育とは無関係のことだと考えていましたが、先日ある先輩教員から「そんなことはない」と言われました。学校や教師には、どのような役割があるのでしょうか。

Answer

「生涯学習は、学校教育とは無関係」だという考えは誤りで、生涯にわたって学び続ける人を育てるのも、学校教育の大切な役目です。生涯学習の充実に向けては、学校教育、家庭教育、社会教育等あらゆる教育機能を相互連携させ、充実していかなければなりません。学校と教師には「日々の授業の充実」と「開かれた学校の推進」などが求められます。

1　生涯学習の理念

生涯学習の理念は、教育基本法において次のように示されている。

【教育基本法第３条】
国民一人一人が、自己の人格を磨き、豊かな人生を送ることができるよう、その**生涯**にわたって、あらゆる**機会**に、あらゆる**場所**において学習することができ、その成果を適切に生かすことのできる社会の実現が図られなければならない。

生涯学習・教育の理念を初めて提唱したのは、フランスの教育思想家である**ポール・ラングラン**（1910-2003）で、1965年にユネスコ成人教育推進国際委員会において初めて提唱したものである。

2　生涯学習振興法

生涯学習の振興と推進を目的として、日本では1990年に生涯学習の振興のための施策の推進体制等の整備に関する法律（生涯学習振興法）が制定された。この法律では、生涯学習振興の目的を次のように示している。

【生涯学習振興法第１条】

この法律は、国民が**生涯**にわたって学習する機会があまねく求められている状況にかんがみ、生涯学習の**振興**に資するための都道府県の事業に関しその推進体制の整備その他の必要な事項を定め、及び特定の地区において生涯学習に係る機会の総合的な提供を促進するための措置について定めるとともに、都道府県**生涯学習審議会**の事務について定める等の措置を講ずることにより、生涯学習の振興のための施策の推進体制及び地域における生涯学習に係る**機会**の整備を図り、もって生涯学習の振興に寄与することを目的とする。

3　生涯学習における学校の役割

生涯学習における学校の役割は、生涯学習振興法の基となった中央教育審議会の答申「生涯学習の基盤整備について」（1990年1月）において、次のように示されている。

これらの中で最も組織的・体系的に学習の機会を提供しているものは学校である。生涯学習における学校の役割としては、次の二つのことが重要である。

第一は、人々の**生涯学習の基礎を培う**ことである。このことはとりわけ**小学校**、**中学校**や**幼稚園**の段階で重要である。

生涯学習の基礎を培うためには、基礎的・基本的な内容に精選するとともに**自ら学ぶ意欲**と態度を養うことが肝要である。平成元年３月に行われた学習指導要領の改訂においても、これらの観点が特に重視されている。

第二は、地域の人々に対して様々な**学習機会を提供**することである。このことはとりわけ大学・短期大学、高等専門学校、高等学校や専修学校（以下、「大学・短大等」という。）に対して要請されている。

今後の社会教育行政の再構築のイメージ図

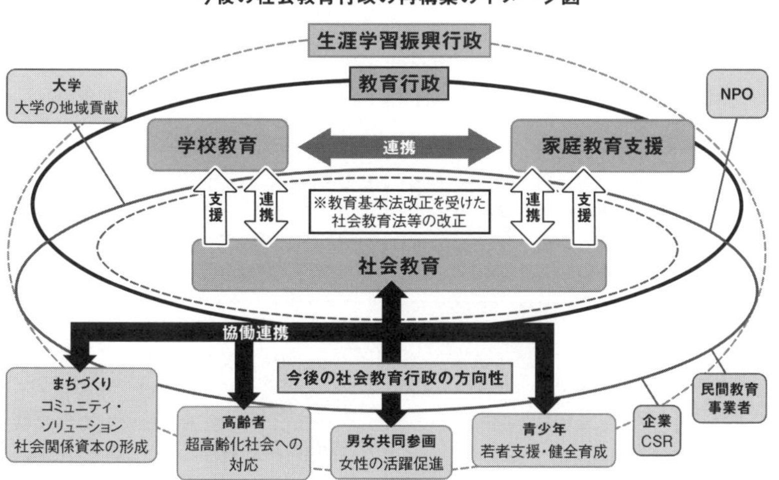

教員採用試験でよく問われる教育法規

この章の最後に、教員採用試験でよく問われる教育法規をまとめておきました。QR コードをスマートフォン等にかざせば、法規の条文を閲覧できます。

日本国憲法

諸法令の基となる最高法規。教員採用試験では、教育の機会均等などを定めた第 26 条がよく出題される。

教育基本法

教員採用試験で最もよく問われる法規。2006 年に初めて改正された。全 18 条から成り、教育の根本規定を定めている。

学校教育法

教育のうち学校教育に関わる事柄を定めた法律。幼稚園～大学までの各学校について、仕組み等を規定している。

学校教育法施行令

学校教育法の規定について、より細かな事柄を規定した政令。

学校教育法施行規則

学校教育法の規定について、より細かな事柄を規定した省令。懲戒について定めた第 26 条などがよく出題される。

学校保健安全法

児童生徒・教職員の「健康保持」や「安全確保」について定めた法律。感染症関連、学校保健安全計画などが要チェック。

地方教育行政の組織及び運営に関する法律

別名「地教行法」。2015 年に改正されたばかりで、教育委員会制度やコミュニティ・スクールについて定めている。

地方公務員法

地方公務員全般について定めた法律。公立学校教員にも適用され、第 30 ～ 38 条から出題されることが多い。

教育公務員特例法

地方公務員のうち、教育に関わる者の身分や服務を定めた法律。「研修」に関わる第 21・22 条からの出題が多い。

いじめ防止対策推進法

いじめ防止における学校の役割などを規定。2013 年に制定されたばかりだが、教員採用試験では頻繁に問われる。

児童虐待の防止等に関する法律

虐待の防止について定めた法律。学校の役割について規定した第5・6条がよく問われる。

教育機会確保法（略称）

2016 年 12 月に制定された新しい法律。外国籍・不登校児童生徒などの教育機会確保について規定している。

第5章

教育時事

学校教育に関連する時事的な動向や話題、中央教育審議会の答申・報告書、文部科学省の通知などのことを「教育時事」と言います。教育の最新事情は、教員を目指す者として知っておくべきこととして、教員採用試験でもよく問われます。

keyword 01 学力調査（学力テスト）

Basic Question 新聞やテレビ等のニュースを通して学力テストの結果が報じられ、児童生徒の学力について論議が交わされることがあります。種々の学力調査は、何を目的として、誰を対象に、どのような内容で行われているのでしょうか。

Answer

種々の学力調査は、児童生徒の学力・学習状況を把握・分析し、教育施策の成果と課題を検証して、継続的に改善を図っていくために行われています。また、一部の調査は調査結果が各学校に開示され、児童生徒の学力や生活の状況を把握し、指導を改善するために活用されています。

1　全国学力・学習状況調査

(1) 調査の目的

調査の目的については、文部科学省が次のように示している。

> ① 義務教育の機会均等とその水準の維持向上の観点から、全国的な児童生徒の学力や学習状況を把握・分析し、教育施策の成果と課題を検証し、その改善を図る。
> ② そのような取組を通じて、教育に関する継続的な検証改善サイクルを確立する。
> ③ 学校における児童生徒への教育指導の充実や学習状況の改善等に役立てる。

(2) 調査対象（日本国内での悉皆調査）

・**小学校６年生**、義務教育学校前期課程６年生、特別支援学校小学部６年生

・**中学校３年生**、義務教育学校後期課程３年生、中等教育学校前期課程３年生、特別支援学校中学部３年生

(3) 調査内容

①教科に関する調査（**国語／算数・数学＝毎年度**）

・主として「知識」に関する問題（Ａ問題）

・主として「活用」に関する問題（Ｂ問題）

※理科は３年に１回、「知識」と「活用」を一体的に出題して実施。

②生活習慣や学校環境に関する**質問紙調査**

・児童生徒に対する調査
・学校に対する調査

2　OECD生徒の学習到達度調査（PISA）

(1) 調査の目的

調査の目的は、「義務教育修了段階（15歳）において、これまでに身に付けてきた知識や技能を、実生活の様々な場面で直面する課題にどの程度活用できるかを測る」と示されている。

(2) 調査対象・主体

対象は、調査段階で15歳3か月以上16歳2か月以下の学校に通う生徒（**日本では高等学校1年生**）。調査主体は**OECD（経済協力開発機構）**

(3) 調査内容・サイクル

「**科学的リテラシー**」「**読解力**」「**数学的リテラシー**」の3分野を調査。調査サイクルは**3年ごと**。実施年によって、中心分野を設定して重点的に調査。2015年調査より、筆記型調査から**コンピュータ使用型調査**に移行。

(4) 調査結果

2003年調査で順位の低下が見られたが、2009年調査以降は、どのリテラシーも平均得点が高いグループに位置している。2015年調査では、読解力の低下が見られたが、これはコンピュータ使用型調査への移行が影響しているものと考えられている。

3　国際数学・理科教育動向調査（TIMSS）

(1) 調査の目的

調査の目的は、「初等中等教育段階における児童生徒の算数・数学及び理科の教育到達度を国際的な尺度によって測定し、児童生徒の学習環境条件等の諸要因との関係を分析する」と示されている。

(2) 調査対象・主体

対象は、日本では**小学校4年生**と**中学校2年生**。調査主体は**IEA（国際教育到達度評価学会）**。

(3) 調査内容・サイクル

「**算数・数学**」と「**理科**」を調査。調査サイクルは**4年ごと**。

(4) 調査結果

2015年調査では、小学校、中学校ともに、全ての教科において引き続き上位を維持しており、2011年年調査に比べて平均得点が有意に上昇している。2003年以降の経年での変化を見ると、550点未満の児童生徒の割合が減少し、550点以上の児童生徒の割合が増加している。

keyword 02 チームとしての学校

Basic Question 子どもたちを取り巻く環境が大きく変化し、これまでの支援方法では解決できない課題も増えてきています。そうした状況がある中で、最近「チームとしての学校」という概念をよく耳にするようになりました。これはどのようなもので、「チーム」にはどのような意味が込められているのでしょうか。

Answer

今の学校は、いじめ、不登校、特別支援教育、貧困問題など、実に多様で複雑な課題を抱えています。こうした課題を解決していく上では、学校のマネジメントを強化し、組織として指導していくことが求められます。また、教育活動の充実を図っていく上でも、「チームとしての学校」は必要です。なお、ここで言う「チーム」とは、そうした組織体のことで、教員間の連携はもちろん、スクールカウンセラー等の外部スタッフとの連携も含めた組織体のことを指します。

1 「チームとしての学校」とは

「チームとしての学校」は、2015年12月に中央教育審議会から出された「**チームとしての学校の在り方と今後の改善方策について（答申）**」において示された概念である。

上記答申において、「チームとしての学校」像が次のように示されている。

> 校長のリーダーシップの下、カリキュラム、日々の教育活動、学校の資源が一体的にマネジメントされ、教職員や学校内の多様な人材が、それぞれの専門性を生かして能力を発揮し、子どもたちに必要な資質・能力を確実に身に付けさせることができる学校。

2 「チームとしての学校」を実現するための３つの視点

「チームとしての学校」を実現するために必要なことについて、上記答申では次の3つの視点を示している。

(1) 専門性に基づくチーム体制の構築

○教員が教育に関する専門性を共通の基盤として持ちつつ、それぞれ独自の得意分野を生かし、学校の中で、学習指導や生徒指導などさまざまな教育活動を「チームとして」担い、子どもに必要な資質・能力を育むことができるよう指導体制を充実していくこと

○心理や福祉等の専門スタッフを学校の教育活動の中に位置付け、教員との間での連携・分担のあり方を整備するなど専門スタッフが専門性や経験を発揮できる環境を充実していくこと

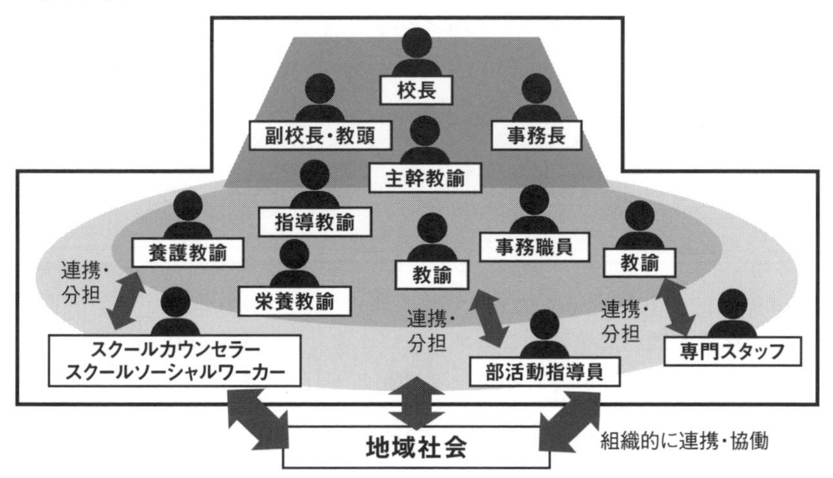

(2) 学校のマネジメント機能の強化

○教職員や専門スタッフ等の多職種で組織される学校がチームとして機能するよう、管理職の処遇の改善など、管理職に優れた人材を確保するための取り組みを国、教育委員会が一体となって推進すること

○学校のマネジメントのあり方等について検討を行い、校長がリーダーシップを発揮できるような体制の整備や、学校内の分掌や委員会等の活動を調整して、学校の教育目標の下に学校全体を動かしていく機能の強化等を進めること

○**主幹教諭の配置を促進**し、その活用を進めるとともに、事務職員の資質・能力の向上や事務体制の整備等の方策を講じることにより、学校の事務機能を強化すること

(3) 教職員一人一人が力を発揮できる環境の整備

○教職員や専門スタッフ等の多職種で組織される学校において、教職員一人一人が力を発揮し、さらに伸ばしていけるよう、教育委員会や校長等が、「学び続ける教員像」の考え方も踏まえ、学校の組織文化も含めて、見直しを検討し、人材育成や業務改善等の取り組みを進めること

○教育委員会が、教職員が安心して教育活動に取り組むことができるよう、学校事故や訴訟への対応について、教職員を支援する体制を強化していくこと

keyword 03 教員の資質能力の向上

Basic Question 数年間の教師経験に基づき、今年度の授業も、今までと同様の形態と方法で行ってきました。しかし、子どもたちの学習の様子を見ていると、学習意欲があまり感じられず、表面的な浅い学習にとどまっているように見えます。その責任を感じており、教師としてのあり方から考え直す必要性を感じています。良い授業ができ、子どもたちや保護者から信頼される教師になるために、これからどのようなことを学べばよいのでしょうか。

社会の進歩や変化のスピードが速まる中、教員の資質能力の向上は我が国の最重要課題とされています。これからの時代の教員に求められる資質能力は多岐にわたりますが、ここでは中央教育審議会「これからの学校教育を担う教員の資質能力の向上について～学び合い、高め合う教員育成コミュニティの構築に向けて～（答申）」（2015年12月）に基づき、解説していきます。

1　検討の背景

上記答申では「検討の背景」として、次のようなことが示されている。

(1) 学校を取り巻く環境変化

近年の教員の大量退職、大量採用の影響等により、教員の**経験年数の均衡**が顕著に崩れ始め、かつてのように先輩教員から若手教員への**知識・技能の伝承**をうまく図ることのできない状況があり、継続的な研修を充実させていくための環境整備を図るなど、早急な対策が必要である。

(2) 学び続ける教員

学ぶ意欲の高さなど、我が国の教員の強みを最大限に生かしつつ、子どもに慕われ、保護者に敬われ、地域に信頼される存在として更なる飛躍が図られる仕組みの構築が必要である。

(3) 社会に開かれた教育課程とチーム学校

◆教育課程の改善に向けた検討と歩調を合わせながら、各教科等の指導に関する専門知識を備えた教えの専門家としての側面や、教科等を越えた**カリキュラム・マネジメント**のために必要な力、**アクティブ・ラーニング**の視点から学習・指導方法を改善していくために必要な力、**学習評価の改善**に必要な力などを備えた学びの専門家としての側面も備えることが必要である。
◆教員が多様な**専門性**を持つ人材等と連携・分担してチームとして職務を担うことにより、学校の教育力・組織力を向上させることが必要であり、その中心的役割を担う教員一人一人がスキルアップを図り、その役割に応じて活躍できるようにすることとそのための環境整備を図ることが重要である。

2　これからの時代の教員に求められる資質能力

上記答申では、「これからの時代の教員に求められる資質能力」として、具体的に次のようなことが示されている。

◆これまで教員として**不易**とされてきた資質能力に加え、**自律的に学ぶ姿勢**を持ち、時代の変化や自らの**キャリアステージ**に応じて求められる資質能力を生涯にわたって高めていくことのできる力や、**情報を適切に収集し、選択し、活用する能力や知識を有機的に結びつけ構造化する力**などが必要である。
◆**アクティブ・ラーニングの視点からの授業改善、道徳教育の充実、小学校における外国語教育の早期化・教科化、ICTの活用、発達障害を含む特別な支援を必要とする児童生徒等への対応**などの新たな課題に対応できる力量を高めることが必要である。
◆「**チーム学校**」の考えの下、多様な専門性を持つ人材と効果的に連携・分担し、組織的・協働的に諸課題の解決に取り組む力の醸成が必要である。

3　実現に向けた具体的方策

上記答申では、これからの時代の教員に求められる資質能力の育成を図っていくための具体的方策として、次のようなことが示されている。

- 校内の研修リーダーを中心とした体制づくりなど**校内研修**推進のための支援等の充実
- **メンター方式**の研修（チーム研修）の推進
- （独）教員研修センターの機能強化（研修ネットワークの構築、調査・分析・研究開発を担う全国的な拠点の整備）
- 教職大学院等における履修証明制度の活用等による教員の資質能力の高度化
- 研修機会の確保等に必要な教職員定数の拡充
- 研修リーダーの養成、**指導教諭**や**指導主事**の配置の充実
- 教育委員会と大学等との協議・調整のための体制（**教員育成協議会**）の構築
- 教育委員会と大学等の協働による**教員育成指標**、研修計画の全国的な整備

keyword 04 キャリア教育

Basic Question 中学校で「職場体験」を実施しました。「これで今年度のキャリア教育は全て終了ですね」と言ったところ、学年主任から「これからが始まりだ」と厳しく指摘されました。キャリア教育をどのように考えていけばよいのでしょうか。

Answer

キャリア教育については、主に中学校や高校で実施されている「職場体験」などをイメージする人が少なくありません。しかし、中央教育審議会の「今後の学校におけるキャリア教育・職業教育の在り方について（答申）」（2011年1月）では、キャリア教育を幼児期から高等教育に至るまでの長い期間における「体系的な教育活動」として実践するように求めています。近年では、子どもたちの社会的自立を促すキャリア教育の必要性が、これまで以上に叫ばれるようになってきています。

1　キャリア教育と職業教育

上記答申では、「**キャリア教育**」と「**職業教育**」をそれぞれ次のように定義している。

キャリア教育… 一人一人の社会的・職業的自立に向け、必要な基盤となる能力や態度を育てることを通して、**キャリア発達**を促す教育
職業教育… 一定又は特定の職業に従事するために必要な知識、技能、能力や態度を育てる教育

また、それぞれの具体的な教育活動としては、次のようなことを示している。

キャリア教育… 普通教育、専門教育を問わず様々な教育活動の中で実施される。職業教育も含まれる。
職業教育… 具体の職業に関する教育を通して行われる。この教育は、社会的・職業的自立に向けて必要な基盤となる能力や態度を育成する上でも、極めて有効である。

また、キャリア教育において育成すべき「**基礎的・汎用的能力**」として、次の４つ

を挙げている。

①**人間関係形成・社会形成能力** ②**自己理解・自己管理能力** ③**課題対応能力** ④**キャリアプランニング能力**

2　キャリア教育が必要とされる背景

キャリア教育の必要性が指摘される背景としては、次のようなことが挙げられる。

① 社会環境の変化

・新規学卒者に対する求人状況の変化（「即戦力」を求める傾向など）
・求職希望者と求人希望との不適合の拡大
・雇用システムの変化（非正規雇用の増加、実力主義の賃金体系）

② 若者自身の資質等をめぐる課題

・勤労観、職業観の未熟さと確立の遅れ
・社会人、職業人としての基礎的資質・能力の発達の遅れ
・社会の一員としての経験不足と社会人としての意識の未発達傾向

3　発達の段階に応じたキャリア教育

キャリア教育は、発達段階を考慮して指導することが求められている。上記答申が示す、各学校段階別のキャリア教育推進のポイントをまとめると表1のようになる。

表1　学校段階別のキャリア教育推進のポイント

幼児期	自発的・主体的な活動を促す
小学校	社会性、自主性・自立性、関心・意欲等を養う
中学校	自らの役割や将来の生き方・働き方等を考えさせ、目標を立てて計画的に取り組む態度を育成し、進路の選択・決定に導く
後期中等教育	生涯にわたる多様なキャリア形成に共通して必要な能力や態度を育成し、これを通じて勤労観・職業観等の価値観を自ら形成・確立する
特別支援教育	個々の障害の状態に応じたきめ細かい指導・支援の下で行う
高等教育	後期中等教育修了までを基礎に、学校から社会・職業への移行を見据え、教育課程の内外での学習や活動を通じ、高等教育全般で充実する

keyword 05 教育振興基本計画

Basic Question これからの教育のあり方を示す総合計画として「教育振興基本計画」というものがあると聞きました。今後の教育改革が、どのように進むかという点で関心があります。具体的に、どのようなものなのかを教えてください。

Answer

「教育振興基本計画」は、教育基本法第17条に基づき政府が策定する教育の振興に関する総合計画です。2008年7月に「第1期教育振興基本計画」が示され、2013年6月には第2期の計画が閣議決定されました。2018年度には、第3期計画が示される予定です。この計画から、今日の社会背景と教育方針を理解することができます。

1 根拠法令

教育振興基本計画は、教育基本法において次のように規定されている。

【教育基本法第17条】

政府は、教育の振興に関する施策の総合的かつ計画的な推進を図るため、教育の振興に関する施策についての基本的な方針及び講ずべき施策その他必要な事項について、基本的な計画を定め、これを国会に報告するとともに、公表しなければならない。

2 **地方公共団体**は、前項の計画を**参酌**し、その地域の実情に応じ、当該地方公共団体における教育の振興のための施策に関する基本的な計画を定めるよう努めなければならない。

第1項にある「基本的な計画」が、国が示す「教育振興基本計画」のことである。

2008年に示された第1期計画が「2008～2012年度」、2013年に示された第2期計画が「2013～2017年度」の計画である。

また、第2項にあるように、地方公共団体はこの計画を参酌（他と比べ合わせて参考にすること）した上で、地域の実情に応じた教育の振興計画を立案する努力義務が規定されている。2017年9月現在、都道府県の策定率は100%、市区町村の策定率は76.1%となっている。

2　第２期教育振興基本計画

2013 年６月に閣議決定された第２期計画では、４つの「基本的方向性」、８つの「成果目標」、30 の「基本施策」が示されている（表１参照）。

表１　４つの「基本的方向性」、８つの「成果目標」、30 の「基本施策」

基本的方向性	成果目標	基本施策
①社会を生き抜く力の養成	①「生きる力」の確実な育成	①確かな学力を身に付けるための教育内容・方法の充実／②豊かな心の育成／③健やかな体の育成／④教員の資質能力の総合的な向上／⑤幼児教育の充実／⑥特別なニーズに対応した教育の推進／⑦各学校段階における継続的な検証改善サイクルの確立
	②課題探求能力の修得	⑧学生の主体的な学びの確立に向けた大学教育の質的転換／⑨大学等の質の保証／⑩子どもの成長に応じた柔軟な教育システム等の構築
	③生涯を通じた自立・協働・創造に向けた力の修得	⑪現代的・社会的な課題に対応した学習等の推進／⑫学習の質の保証と学習成果の評価・活用の推進
	④社会的・職業的自立に向けた能力・態度の育成等	⑬キャリア教育の充実、職業教育の充実、社会への接続支援、産学官連携による中核的専門人材、高度職業人の育成の充実・強化
②未来への飛躍を実現する人材の養成	⑤社会全体の変化や新たな価値を主導・創造する人材等の養成	⑭優れた才能や個性を伸ばす多様で高度な学習機会等の提供／⑮大学院の機能強化等による卓越した教育研究拠点の形成、大学等の研究力強化の促進／⑯外国語教育、双方向の留学生交流・国際交流、大学等の国際化など、グローバル人材育成に向けた取組の強化
③学びのセーフティネットの構築	⑥意欲ある全ての者への学習機会の確保	⑰教育費負担の軽減に向けた経済的支援／⑱学習や社会生活に困難を有する者への学習機会の提供など教育支援
	⑦安全・安心な教育研究環境の確保	⑲教育研究環境の整備や安全に関する教育の充実など学校における児童生徒等の安全の確保
④絆づくりと活力あるコミュニティの形成	⑧互助・共助による活力あるコミュニティの形成	⑳絆づくりと活力あるコミュニティの形成に向けた学習環境・協働体制の整備推進／㉑地域社会の中核となる高等教育機関（ＣＯＣ構想）の推進／㉒豊かなつながりの中での家庭教育支援の充実
四つの基本的方向性を支える環境整備		㉓現場重視の学校運営・地方教育行政の改革／㉔きめ細かで質の高い教育に対応するための教職員等の指導体制の整備／㉕良好で質の高い学びを実現する教育環境の整備／㉖大学におけるガバナンス機能の強化／㉗大学等の個性・特色の明確化とそれに基づく機能の強化（機能別分化）の推進／㉘大学等の財政基盤の確立と個性・特色に応じた施設整備／㉙私立学校の振興／㉚社会教育推進体制の強化

3　第３期教育振興基本計画

2018 年度から５年間の計画を定めた「第３期教育振興基本計画」が、2018 年内に示される予定。

keyword 06

人権教育の指導方法等の在り方について

Basic Question 自分の担当する学級において、自分のことだけを考え、人の悪口を言うなどしてけんかをする子どもが多くなってきました。互いを認め合える楽しい学級を作るために、「人権感覚」を育成するよう指導していきたいと考えています。どのようにしたらよいでしょうか。

Answer

「人権感覚」は、子どもたちに繰り返し言葉で説明するだけで身に付くものではありません。児童生徒自身が学校生活全体を通じて、自分の大切さや他人の大切さを実感できるような環境を作り出していくことが重要です。子どもに一人の人間として「大切にされている」との実感を持たせるためには、さまざまな配慮と工夫が求められます。人権教育は教育の根幹であり、その指針として「人権教育の指導方法等の在り方について（第三次とりまとめ）」が示されているので、ここから要点を理解し、実践に生かすようにしましょう。

1　学校における人権教育の目標

上記とりまとめにおいて、学校における人権教育の目標は次のように示されている。

> 一人一人の児童生徒がその発達段階に応じ、人権の意義・内容や重要性について理解し、[自分の大切さとともに他の人の大切さを認めること］ができるようになり、それが様々な場面や状況下での具体的な態度や行動に現れるとともに、人権が尊重される社会づくりに向けた行動につながるようにすること。

2　人権教育を通じて育てたい資質・能力

上記とりまとめにおいて、人権教育を通じて子どもたちに育てたい資質・能力は次のように示されている（一部略）。

1. 知識的側面

人権教育により身に付けるべき知識は、自他の人権を尊重したり人権問題を解決したりする上で具体的に役立つ知識でもなければならない。例えば、**自由**、**責任**、**正義**、**個人の尊厳**、**権利**、**義務**などの諸概念についての知識、人権の歴史や現状についての知識、国内法や国際法等々に関する知識、自他の人権を擁護し人権侵害を予防したり解決したりするために必要な実践的知識等が含まれるであろう。

2. 価値的・態度的側面

人権教育が育成を目指す価値や態度には、**人間の尊厳の尊重**、**自他の人権の尊重**、**多様性に対する肯定的評価**、**責任感**、**正義や自由の実現のために活動しようとする意欲**などが含まれる。

3. 技能的側面

人権に関わる事柄を認知的に捉えるだけではなく、その内容を直感的に感受し、共感的に受けとめ、それを内面化することが求められる。そのような受容や内面化のためには、様々な技能の助けが必要である。人権教育が育成を目指す技能には、**コミュニケーション技能**、**合理的・分析的に思考する技能や偏見や差別を見きわめる技能**、**その他相違を認めて受容できるための諸技能**、**協力的･建設的に問題解決に取り組む技能**、**責任を負う技能**などが含まれる。

3 人権教育における指導方法の基本原理

人権教育の具体的な進め方については、「人権教育における指導方法の基本原理」として、次のような方法が示されている（一部略)。

1.「協力的な学習」

児童生徒が自分自身と学級集団の全員にとって有益となるような結果を求めて、**協力しつつ共同で進める学習**である。こうした協力的な学習は、生産的・建設的に活動する能力を促進させ、結果として学力の向上にも影響を与える。

2.「参加的な学習」

学習の課題の発見や学習の内容の選択等も含む領域に、児童生徒が主体的に参加することを基本的要素とする。児童生徒は参加を通して、**他者の意見を傾聴**し、**他者の痛みや苦しみを共感**し、**他者を尊重**し、**自分自身の決断と行為に対して責任を負う**ことなどの諸能力を発展させることができる。

3.「体験的な学習」

具体的な活動や体験を通して、**問題を発見**したり、その**解決法を探究**したりするなど、生活上必要な習慣や技能を身に付ける学習である。自らの心と頭脳と体とを働かせて、試行錯誤しつつ、身をもって学ぶことで、生きた知識や技能を身に付けることができる。

keyword 07

学校安全の推進に関する計画

Basic Question 今日は安全指導日です。指導について、以前は担任に任され、自分で資料を用意して各学級で指導を行っていましたが、ここ最近は学校の担当者から資料やプリントが配布され、全校で同じ指導を行うようになりました。学校安全に対する考え方が変わったのでしょうか。

Answer

東日本大震災をはじめとする災害の教訓等を踏まえ、学校では「生活安全」「交通安全」「災害安全」などを含めた学校安全への取り組みが進められています。2017年３月には、「第２次学校安全の推進に関する計画」が閣議決定され、現在はこの方針を踏まえ、各学校で学校安全に向けた取り組みが展開されています。学校で重大事故が起きた際に、よく聞かれるのが「想定外」という言葉です。この「想定外」がなくなるよう、各学校で取り組んでいくことが求められます。

1 目指すべき姿

上記計画では、学校安全の目指すべき姿として、次の事項が示されている。

①全ての児童生徒等が、**安全に関する資質・能力を身に付ける**ことを目指す。
②学校管理下における児童生徒等の事故に関し、**死亡事故の発生件数については限りなくゼロとする**ことを目指すとともに、負傷・疾病の発生率については**障害や重度の負傷を伴う事故を中心に減少**傾向にすることを目指す。

2 施策目標

上記計画において、具体的な施策目標として次の事項が示されている（一部抜粋）。

(1) 学校安全に関する組織的取組の推進

全ての学校において、**管理職のリーダーシップ**の下、学校安全の中核となる教職員を中心として、組織的な取組を的確に行えるような体制を構築するとともに、全ての教職員が、各キャリアステージにおいて必要に応じた学校安全に関する資質・能力を身に付ける。

【施策目標】
○学校安全の中核となる教職員を中心とした組織的な学校安全体制の構築
○全ての学校における学校安全計画、危機管理マニュアルの策定
○学校安全に係る取組の評価・検証

(2) 安全に関する教育の充実方策

全ての学校において、学校安全計画に安全教育の目標を位置付け、これに基づいて、カリキュラム・マネジメントの確立と**主体的・対話的で深い学び（アクティブ・ラーニング）の視点からの授業改善**により、系統的・体系的で実践的な安全教育を実施する。

【施策目標】
○全ての学校において、学校教育活動全体を通じた安全教育を実施
○全ての学校において、自校の安全教育の充実の観点から、その取組を評価・検証し、学校安全計画（安全管理、研修等の組織活動を含む）を改善

(3) 学校の施設及び設備の整備充実

安全対策の観点からの**老朽化対策を推進**するとともに、私立学校における構造体の耐震化の完了に向けて、早急に対策を実施する。

【施策目標】
○全ての学校における耐震化の早期完了
○非常時の安全に関わる設備の整備を含めた安全管理体制の充実

(4) 学校安全に関する PDCA サイクルの確立を通じた事故等の防止

全ての学校において、外部の専門家や関係機関と連携した安全点検を徹底するとともに、事故等の未然防止や発生後の調査・検証、再発防止のための取組の改善・充実を一連のサイクル（**PDCA サイクル**）として実施する。

【施策目標】
○三領域（生活安全・災害安全・交通安全）全ての観点から通学・通園路の安全点検の実施
○学校管理下における事故等が発生した場合の「学校事故対応に関する指針」に基づく調査の実施

(5) 家庭、地域、関係機関等との連携・協働による学校安全の推進

全ての学校において、**保護者や地域住民、関係機関との連携・協働**に係る体制を構築し、それぞれの責任と役割を分担しつつ、学校安全に取り組む。

【施策目標】
○児童生徒等の安全に関する保護者・地域住民との連携体制の構築
○児童生徒等の安全に関する外部専門家や関係機関との連携体制の構築

教員採用試験でよく問われる教育時事

この章の最後に、教員採用試験でよく問われる教育時事をまとめておきました。QR コードをスマートフォン等にかざせば、答申・資料の本文を閲覧できます。

中央教育審議会「チームとしての学校の在り方と今後の改善方策について（答申）」（2015 年 12 月）

中央教育審議会「これからの学校教育を担う教員の資質能力の向上について ～学び合い、高め合う教員育成コミュニティの構築に向けて～（答申）」（2015 年 12 月）

中央教育審議会「新しい時代の教育や地方創生の実現に向けた学校と地域の連携・協働の在り方と今後の推進方策について（答申）」（2015 年 12 月）

中央教育審議会「共生社会の形成に向けたインクルーシブ教育システム構築のための特別支援教育の推進（報告）」（2012 年７月）

中央教育審議会「今後の学校におけるキャリア教育・職業教育の在り方について」（答申）」（2011 年１月）

文部科学省「いじめの防止等のための基本的な方針」（2013 年 10 月、2017 年 3 月改定）

文部科学省「全国的な学力調査（全国学力・学習状況調査等）」

文部科学省「教育振興基本計画（第２期）」（2013 年６月）

人権教育の指導方法等に関する調査研究会議「人権教育の指導方法等の在り方について［第三次とりまとめ］」（2008 年３月）

文部科学省「第２次学校安全の推進に関する計画」（2017 年３月）

文部科学省「平成 28 年度児童生徒の問題行動・不登校等生徒指導上の諸課題に関する調査結果（確定値）」（2018 年２月）

不登校に関する調査研究協力者会議「不登校児童生徒への支援に関する最終報告」（2016 年７月）

第6章

教育心理

「教育心理」とは「心理学」のうち、子どもの「学習」や「発達」などに関する領域のことを指します。この分野に対する深い知識と理解は、日々の学習指導や生徒指導に生かせることから、教員採用試験でもよく問われます。主な人名やその実績などを、押さえておきましょう。

keyword 01 教育心理学の成り立ち

Basic Question 教職課程を履修すると、その中の必修科目に「教育心理学」があります。教養科目で学ぶ「心理学」とどのような関係にあるのでしょうか。また、なぜ教師を目指す人間が、教育心理学を学ぶことが必要なのでしょうか。

Answer

教育心理学は、「心理学という学問」と「実践としての教育」とを橋渡しする学問、すなわち「教育という事象を理論的・実証的に明らかにし、教育の改善に資するための学問」（日本教育心理学会）です。教育心理学を勉強し、活用することで、教育実践がより科学的なものになるはずです。

1　心理学の中の教育心理学

①科学としての心理学の誕生と発展

ギリシャ語の「心」を意味する「psyche」と「学問」を意味する「logy」を組み合わせたのが「心理学（psychology）」である。心理学の源にギリシャ哲学があり、意識や霊魂を研究することの重要性が認識されていた。

さらに、生理学や脳科学が急速に発達し、実験的な研究が活発になされるようになっていた。このような多くの学問の発展を踏まえて、心理学が一つの学問として成立する背景が整った。

そして1879年、ドイツのライプチッヒ大学に勤めていた哲学科の**ヴント**が、世界で初の独立した心理学実験室を創設した。したがって、この年が心理学の誕生の年とされ、ヴントは「心理学の父」と称されるようになった。

彼は、心理学は意識を**内観法**によって研究することで、心的現象も細かな要素に分解することが可能で、さらにその要素を組み立て直すと心的現象を再現できるとした。そのために**構成主義心理学**と呼ばれている。

②教育心理学とは

心理学が一般的な法則を成人を対象にした研究から見いだそうとしたのに対し、教育心理学は子どもを研究対象とした点、さらには個人差そのものを明らかにしようとした点で大きく異なる。児童研究はドイツのプライヤー、個人差研究はゴールトンがその始めとされる。

加えて、19世紀初頭に**ヘルバルト**が、教育の方法を心理学に求めたことも、教育心理学の成立に大きく貢献した。『教育心理学』という題目の書物が**ソーンダイク**によって初めて著されたのは1903年で、これにより教育心理学が心理学の一分野として確固たる地位を築いたと考えられる。

2　心理学のその後の発展

①ゲシュタルト心理学

ヴントの主張が主流をなしていた時代、警報機の点滅する赤い光が交互に移動して見える現象は、構成主義心理学では科学的に解明できないことを**ウェルトハイマー**が指摘した。これは仮現運動と呼ばれ、要素に分けて考えるのではなく、時間的・空間的・全体的な視点で捉える必要性があると考え、彼は**ゲシュタルト心理学**を創始した。

②行動主義心理学

ヴントを批判したもう一人が**ワトソン**で、心理学が研究対象とすべきは主観的な意識ではなく、客観的で測定可能な行動であると述べ、刺激と反応の結び付きを明らかにすれば、行動の予測が可能になると考えた。これが**行動主義心理学**で、積極的に動物実験が行われるようになった。

ただし、ワトソンの主張があまりにも極端過ぎたため、意識なき行動主義という批判が、**スキナー**や**トールマン**らによってなされ、**新行動主義心理学**が生まれた。

③精神分析学

心理学の誕生と発展の陰で、無意識の存在を仮定して深層心理学の研究を行っていたのが**フロイト**である。彼が唱えたのが**精神分析学**で、心理学のみならず、他の社会科学や人文科学など周辺学問にも大きな影響を及ぼした。

また、フロイトは、**ユング**や**アドラー**、**エリクソン**ら、多くの弟子を育てたことも重要な功績と言える。

④人間性心理学

ワトソンによる動物実験やフロイトによる神経症患者の研究が注目を浴びたが、このような研究は健康な人間の心理を明らかにするという視点に欠けていると批判したのが**マズロー**である。人間らしさを心理学的に研究することを説いた**人間性心理学**は、「心理学の第三勢力」として、新しい潮流へと発展することとなった。

keyword 02 発達① 人間の発達

Basic Question 1年生のときに担任した子どもたちを6年生になって再び担任することになりましたが、体も心も大変成長したことに驚きました。子どもたちはどのように発達してきたのか、またこれからどのように発達していくのか、学問的な視点から教えてください。

Answer

子どもたちは日々大きく変化しています。身長も伸び、体重も増していきますし、高学年になれば性的な機能も充実していきます。前者が「成長」、後者が「成熟」で、この両者を併せて「発達」と言います。身体面の発達は自己概念にも影響を及ぼしますから、目の前の子どもがどのような発達状況にいるかを的確に把握することが重要です。なお、このような上昇傾向の発達は成人する頃まで続き、その後は多くの機能が下降傾向に変わります。そのため生涯全体を捉えた変化として、近年は「生涯発達」という言葉がよく用いられています。子どもたちの発達状況も、彼らの生涯を見通した上で理解しましょう。

1 人間の特異性

動物は進化に従い、産む子どもの数を減らし、発達した状態で産むように変化してきた。ところが人間の場合、数は減ったものの未熟な状態で生まれている。このような特徴を**ポルトマン**は**生理的早産**と呼んだ。また、人間は本来、母体内にいて成長する必要があるが、産んでから育てるという方略をとったと考えられ、生後1年間を**子宮外胎児期**と言う。

2 発達の原理

発達には、次のような原理がある。

①個人差がある

発達の速さも到達水準も、人によって異なる。それが個性につながる。

②順序がある

「首が座る」「お座りができる」「ハイハイする」というように、誰もが同じ経過をたどって発達する。順序が異なったり、ある段階を飛び越したりはしない。

③方向性がある

頭部から尾部、中心部から周辺部へと発達する。ウェルナーが指摘した。

④速さが部位によって違う

発達曲線を描くと、速さが異なるリンパ型（リンパ腺、胸腺、扁桃腺など）、神経型（脳や脊髄など）、一般型（骨格や内臓など）、生殖型（睾丸や卵巣など）の４つのパターンに分けられる。**スキャモン**が指摘した。

図１　スキャモンの発達曲線

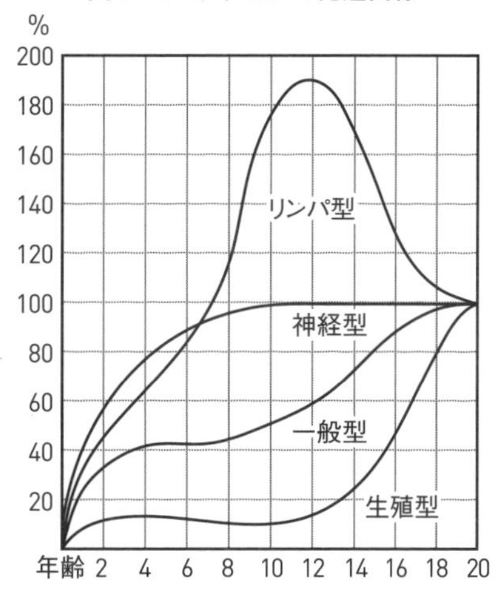

3　発達課題

人が健全な発達を遂げるためには、各発達段階でその後の発達に必要な資質や能力、言い換えれば**発達課題**を獲得することが必要だと指摘したのが**ハヴィガースト**である。青年期までの発達課題を列挙したのが表１である。

表１　青年期までの発達課題

発達段階	発達課題
乳幼児期	歩行の学習／固形物をとることの学習／話すことの学習／排泄を統御することの学習／性の相違および性の慎みの学習／生理的安定の獲得／社会や事物についての単純な概念形成／両親やきょうだいおよび他人に自己を情緒的に結びつけることの学習／正・不正を区別することの学習／良心を発達させること
児童期	ボール遊び／水泳などに必要な身体的技能の学習／成長する生活体としての自己に対する健全な態度の養成／同年齢の友達と仲良くすることの学習／男子または女子としての性役割の学習／読み・書き・計算の基礎的技能を発達させること／日常生活に必要な概念を発達させること／良心・道徳性・価値の尺度を発達させること／人格の独立性を達成すること／社会的で民主的な態度を発達させること
青年期	同年齢の男女との洗練された新しい関係を作ること／自己の身体構造を理解し男性または女性としての役割を理解すること／両親や他の大人からの情緒的独立／経済的独立に関する自信の確立／職業の選択および準備／結婚と家庭生活の準備／市民的資質に必要な知的技能と概念を発達させること／社会的に責任のある行動を求め、かつ成し遂げること／行動の指針としての価値や論理の体系の学習／世界観を作り、調和した価値体系を確立すること

keyword 03 発達② 遺伝と環境の影響

Basic Question 家庭訪問で子どもたちの家を訪問すると、保護者の方とよく似ていて、しぐさやしゃべり方まで似ていることもあります。また、家の様子の違いで子どもたちそれぞれの態度や言動が違うことも感じます。子どもの発達は遺伝だけではなく環境も影響しているのだと思うことがよくありますが、実際にはどうなのでしょうか。

Answer

かつては、発達は「遺伝で決まる」あるいは「環境で決まる」と主張する人がいましたが、現在では「遺伝・環境の両方が関係する」と考えるのが一般的です。双生児を比較すると遺伝の影響の強さを、野生児の事例を考えると環境の重要性を、それぞれ理解できます。教育に携わる者として、環境の影響を無視することはできません。創意工夫の下で豊かな環境を提供し、子どもたちの資質を最大限に伸ばしていきたいものです。

1 単一要因説

遺伝のみ、環境のみが発達に関与するという考え方が**単一要因説**である。

①遺伝や成熟が重要

一卵性双生児の片方にのみ階段昇りを練習させ、その数週間後、２人がどの程度の時間で昇れるか調べたところ、両者に明らかな差はなかった。そこで**ゲゼル**は、時期が来れば自ずとできるようになると考え、**遺伝説**を唱えた。

②環境や経験が重要

ワトソンは、どのような経験をさせるかによってどのような人物にでもすることが可能だと主張し、環境の重要性を指摘した。これが**環境説**である。

2 折衷案

遺伝説と環境説の折衷案として生まれたものに、次の２つがある。

①輻輳（ふくそう）説

遺伝と環境の影響を単純加算した結果が発達となって現れるという考えで、量的な面で２つの要因の関与を示したのが**シュテルン**の**輻輳説**である。

②環境閾値説

遺伝的な可能性を持っていても、その特性が発現するのに必要な環境の質が用意されていなければならないというのが**ジェンセン**の**環境閾値説**である。

図１　ジェンセンの環境閾値説

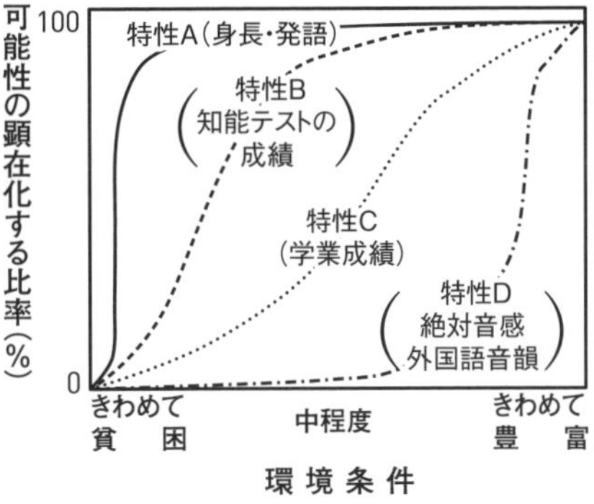

3　レディネス

①レディネス

新しいことを学ぶ上では、必要な知的、身体的、あるいは心理的な準備が整っていることが必要である。この整った状態を**レディネス**があると言う。レディネスができるのを待つのが**ゲゼル**の発達観である。

②発達の最近接領域

子どもの知的発達には、自力で解決できる現在の発達水準と、他者からの援助などがあれば解決できる水準があり、この差を**発達の最近接領域**と呼んだのが**ヴィゴツキー**である。教育は、この最近接領域に働きかけることが必要である。

4　遺伝と環境の影響を示す具体的な事例

①家系研究の結果

カリカックという名の兵士が戦場でもうけた子の子孫と、彼が帰国して正式に結婚してできた子の子孫を比較した研究がある。ここでは、母親が違っただけで知能の高さも職業も全く異なる子孫が作られたことから、遺伝の重要性が指摘されている。

②野生児の事例

生後早期に人間社会を離れ、動物によって育てられた子どもが**野生児**である。有名な事例にアヴェロンの野生児がいる。フランスの森林で発見された11歳ほどの少年で、医師の**イタール**によって教育が施された。野生児は、感情面では一定の改善は認められたものの、人の言語を獲得することはできなかった。人として生まれるだけではなく、人間社会で育つという環境の重要性を示す。

③発達加速現象

発達が時代とともに速まっているのが**発達加速現象**で、環境の変化が身体発達に影響を及ぼしていることを示す。具体的には、身長や体重の増加が著しい**成長加速現象**と、性的成熟が速まっている**成熟加速（成熟前傾）現象**の２つの側面がある。

keyword 04 発達③ 乳児期の発達

Basic Question 家庭科の時間に、幼児とのふれあいを行おうと思います。しかし、私はまだ子どもを育てた経験がなく、赤ちゃんのことがよく分かりません。事前にある程度のことは理解しておきたいので、乳児の発達について基本的なことを教えてください。

Answer

核家族化や少子化などにより、子どもたちが乳児と接する機会が非常に少なくなってしまいました。子どもたちが命の大切さを考え、自分自身の発達を振り返る上でも、乳児に意図的に接することが必要です。赤ちゃんは可愛いだけでなく、私たちが想像する以上の能力をもっています。自分の子どもが生まれたら、ここに書いてあることが本当かどうか確かめてみてください。

1　新生児の感覚機能の発達

①視覚機能

視力は30cmほど離れた所にピントが合っており、授乳時の親の顔はしっかりと見えている。ほぼ無色で上下左右が逆に見える。生後半年ほどで基本的な色が付いてきて、大人と同じように見えるようになる。

②聴覚機能

聴力は胎児期からかなり発達して、胎内からでも外界で発する音を聞き分けることができる。ただし、生後早期は「abuna」と「abna」の発音を聞き分けられるものの、数か月するとどちらも同じ発音と判断してしまう。

③奥行きの知覚

視覚的断崖という装置で、床が大きく下がっているように見える側から母親に呼ばれると、最初はすぐに寄って行ってしまう。しかし、生後半年ほどが経つと、呼ばれると行きたくなるものの、断崖の前で躊躇して行かなくなる。したがって、生後半年ほどで奥行き知覚の能力が備わると考えられる。

④選好注視という研究方法

乳児の視覚能力を研究する際に用いられるのが**選好注視**である。これは、２種類の視覚刺激を乳児に見せ、どちらの刺激をどの程度の時間、注視していたかを調べるもので、ファンツによって開発された。人の顔の絵、顔のパーツはそろっているものの位置がばらばらな絵、新聞の文字、白紙などを見せると、乳児は好んで人の顔の絵を見る。乳児の興味や関心なども調べられる。

2　新生児反射

生後初期にのみ起こるのが**新生児反射**あるいは**原始反射**で、健常な発達が遂げられているかどうかの目安にもなる。具体的に、**バビンスキー反射**（足の裏側をかかとからつま先に向かって軽く刺激すると、指が扇状に広がる）、**モロー反射**あるいは抱きつき反射（バランスを失ったり突然大きな音がすると、両手を広げてから自分を抱きしめるような動作をする）、**把握反射**（手のひらに触れた物を握る）、**原始歩行**（直立させ少し前屈みの姿勢で足を床につけると、交互に足を出して歩くような動作をする）などがある。

3　微笑反応

誕生した時点で既に微笑みの表情を自発的にするが、これは理由のない微笑みであることから**生理的微笑**と呼ばれる。周囲の大人を自分に引き寄せ、生存の可能性を高めることにつながるものである。一方、生後3か月が経つ頃からは、名前を呼ばれたなど理由があっての微笑み、すなわち**社会的微笑**に変化する。その後、声を出して笑うようになるなど、感情表現が豊かになっていく。

4　人見知り

知らない人が寄ってきて声をかけられただけで乳児が泣くのは、**人見知り**という現象である。多くの場合、生後6か月頃から起こり、8か月頃がピークになることから、スピッツが**8か月不安**と呼んだ。人見知りが起こるのは、毎日保育を受ける中で乳児が主たる養育者の顔を認識できたことを意味する。さらに、その人物に対して全幅の信頼が形づくられたことを意味する。したがって、子どもが人見知りを起こすようになったら、自分のことを覚え、信頼してくれた証拠だと考えることができる。

5　身体運動の発達

発達の原理の方向性に従い、生後3～4か月で首がすわり、6～7か月頃に寝返りが打てるようになり、9～10か月ではいはいをして移動ができるようになる。また、12か月頃につかまり立ち、14か月頃までに一人歩きが可能になり、移動できる空間が爆発的に広がる。

keyword 05 発達④ 自己概念の形成

Basic Question 6年生の担任です。このところ、子どもたちが何かに付けて反抗的になります。今後このようなことが続くと学級が壊れてしまいそうです。子どもたちはなぜ反抗するのでしょうか。中学生になったらもっと反抗が強くならないかも心配です。指導において、どのような点に配慮すべきかも含めて教えてください。

Answer

思春期の頃、親や大人の言うことを批判したり無視したりという経験は、誰にでもあると思います。いわゆる「第2反抗期」で、先の人生での自分自身の生き方を考える中で起こる一時的な現象です。大切なのは、反抗期の子どもの言葉にしっかりと耳を傾け、頭ごなしの対応にならないことです。子どもの自尊心を傷つけないような対応を心掛けてほしいと思います。

1　自己とは何か

私たちは、自分で自分のことを考える。そうすると考えている自分と考えられている自分がいることに気付く。考えている主体としての自分を**自我**、考えられている客体としての自分を**自己**、自我が考えた自己の内容を**自己概念**という。

2　自己概念の形成過程

①ハンドリガード

生後3か月の頃、乳児は自分の拳を目の前にかざして繰り返し眺めたり動かしたりする。これは**ハンドリガード**という行為で、身体的な自己の発見のきっかけであると考えられている。

②鏡映像

最初、子どもは鏡に映った自分の姿が自分とは分からない。最初に識別できるのは母親が多い。日常見ている姿と同じ姿が映っているので、容易にそれが母親だと分かる。しかし、自分の顔を実際に見ることはできないため、鏡に映った自分を自分として認識できるのは生後1歳半の頃になる。

③自己の名前

人には名前が付けられていることが分かることで、1歳頃には名前を呼ばれると返事ができるようになる。2歳になると、さらに自分という存在が明確になり、日々の出来事を自分の行為として語ることができる。

3　エリクソンの考え

エリクソンは、人生を8つの段階に分け、それぞれの段階に**心理・社会的危機**が存在し、それを克服することで人生を豊かにしていくための資質を獲得できるとした。表1はこれをまとめたものである。

表1　エリクソンの心理・社会的危機

発達段階	心理・社会的危機	特徴
乳児期	信頼 対 不信	母親との関係を基礎として他者を信頼することを学ぶ
幼児前期	自律性 対 恥と疑惑	排泄訓練などを通して自分の体を律することを学ぶ
幼児後期	自発性（積極性） 対 罪悪感	環境に自発的・積極的に働きかけていくことを学ぶ
児童期	勤勉性 対 劣等感	積み重ねていくことの重要性を学ぶ
青年期	同一性 対 同一性拡散	自分は誰なのかを認識し、これからどのように生きるかを考える
成人前期	親密性 対 孤独	周囲の者と親密な関係を築く
成人後期	世代性（生殖性） 対 停滞	子どもを育てるとともに、次世代への中継ぎをする
老年期	統合性 対 絶望感	人生を全体的に捉えて肯定的に捉える

4　2つの反抗期

①第1反抗期の特徴と対応

2歳頃に起こるのが**第1反抗期**で、**自我の芽生え**による。頑なに自己を主張する姿が反抗的に見えるが、意図的な反抗ではない。主張を常に否定するのではなく、時には子どもの思いを満たさせることで満足感が得られる。

②第2反抗期の特徴と対応

思春期に起こる意図的な反抗が**第2反抗期**で、**自我の確立**に伴うものとされる。「社会とは」「生きていくとは」など、自分と社会とのあり方を考えさせることが重要である。

keyword 06 発達⑤ 親子関係の発達

Basic Question 生徒の母親から「小学生の頃はいろいろなことを話してくれたりしたのに、中学生になって以降は会話もなく、そっけない態度をされます。年齢が上がれば元の関係に戻れますか?」と質問されました。親子関係の変化や発達について教えてください。

Answer

親子は切っても切れない絶対的な関係です。街中では手をつなぐ親子もいれば、近くにいても全く会話をしない親子もいます。この時期に会話が少なくても、親が高齢になれば、再び会話が増えたり、手を引いて歩いたりするようになります。

1 動物実験から見た親子関係

①インプリンティング

生まれてすぐに歩くことが可能な離巣性の鳥類のヒナに起こる現象で、生後初めて見た動く物に追従する生得的な行動を、**ローレンツ**は**インプリンティング**(**刻印づけ**、**刷り込み**)と呼んだ。この現象は、生後のある特定の時期に起こりやすいという特徴があり、その期間を**臨界期**と呼ぶ。

②代理母実験

サルは、誕生後すぐに自分で親にしがみつくことができる。その子ザルを、布製と針金製の2つの人形が置かれた小部屋に1匹だけで隔離して行動を観察したのが**ハーロー**である。その結果、子ザルは多くの時間を布製の**代理母**にしがみつき、それは餌となるミルクの有無とは関係がなかった。この実験により、養育してくれることよりも、安心感や安全感を抱けることの方が、親子関係にとって重要な要素になることが示唆された。

2 親子の絆

①アタッチメント

親と子どもの間で形成される情愛的な結び付きを**アタッチメント**と呼んだのが**ボウルビィ**である。いわゆる絆である。この関係が出来上がることにより、子どもは親を安全の基地として捉え、周囲を探索したり働きかけたりすることが可能になる。

②アタッチメントの形成状況を調べる

親子関係がどのような状況になっているかを実験的に捉える方法が**ストレインジ・シチュエーション法**で、**エインスワース**が開発した。この実験では、親子が遊んでいる小部屋に初対面の人（ストレインジャー）が入室し、しばらくすると親だけが退出する。そして、一定の時間が経過した後、その親が戻ってくる。この別離と再会の場面で、子どもがどのような反応をしたかを分析するものである。多くの子どもは、別離で悲しみの表情や動作を示すものの、再会までの時間をストレインジャーと遊んで過ごせる。しかし、中には再会時に喜びと怒りの反応を示す子や、別離にも再会にも喜びを示さない子もいる。

③アタッチメントに欠ける環境に置かれた場合

温かい養育を受けられないと、心身の発達が阻害されてしまう。そうした指摘の一つが**ボウルビィ**による**マターナル・デプリベーション**で、親が親らしい温かい養育をしなかった場合である。もう一つは、病気による入院などによって親元を離れて生活しなければならない場合で、これは**スピッツ**により**ホスピタリズム**と命名されている。いずれの場合も、体格面のみならず、言葉や社会性などの心理面でも遅れが生じるとされている。

3　親の養育方針

子どもの性格は、養育の仕方で変わると指摘したのが**サイモンズ**である。サイモンズは、右に示した２次元で養育を捉え、その組み合わせによって４つの型があることを指摘した。ただ、このような養育の仕方の背景には、子どもの出生順位や性別なども影響していると考えられる。

図１　サイモンズの養育態度

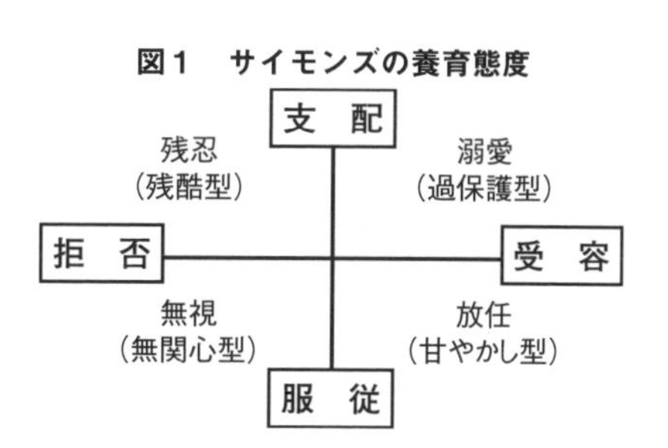

4　親子関係の変化

発達段階により親の捉え方が変わる。それをまとめたのが表１である。

表１　発達段階による親の捉え方

発達段階	関係	特徴
乳幼児期	依存	親に完璧に依存し、親を絶対的な存在とみなす
児童期	尊敬	安定した親子関係をもとに尊敬の念を抱く
青年前期	反発	第２反抗期に入り、親に強い反発をする
青年中・後期	接近	親の考えにも耳を貸し、親も子どもに相談する
成人期以降	受容	親の存在をすべて認め、理想的な親子関係になる

keyword 07

発達⑥ 認知能力の発達

Basic Question 先日、小学校と中学校で行われた夏休みの自由研究の発表会に行きました。小学校低学年の子どもの研究は、現象の面白さを示したものが多いと感じました。一方で、中学生の研究は、自分で仮説を立てて実験などをしていました。認知能力の発達を実感しましたが、具体的にどのような過程を経て発達していくのでしょうか。

Answer

外界を客観的に捉え、そこに目を向け、関心や疑問を抱いていくことの基礎に「認知」の発達があります。小学校低学年にもなれば、自己中心的な思考からは脱却していますが、まだ客観的な見方は難しいものがあります。しかし、高学年となると、自分の考えを簡単な実験で証明しようとすることもできるようになります。心理学で認知発達研究というと、ピアジェが思い出されます。ピアジェの研究成果には批判もありますが、その研究をよく理解してください。

1 認知発達の基礎

外界の捉え方は年齢とともに変化・発達する。**ピアジェ**は、認知の枠組みとして**シェマ**を想定した。我々はさまざまな体験をする中で、学んだこと、感じたことなどをシェマの中に書き込んでいくことになる。体験して分かったことを微調整して書き込みを行う作業が**同化**、分かったことを優先させてシェマを微調整する作業が**調節**であり、この2つの作業を通してシェマが現実的なものになっていく。これを**均衡化**という。

2 認知発達過程

①環境への働きかけの源

生後2歳頃までの時期に相当するのが**感覚運動期**で、欲求をもとに単一の行動を繰り返す**循環反応**が起こることが特徴である。自分の指を繰り返し吸ったり、ガラガラというおもちゃの紐を繰り返し引っ張ったりと、目的的な行動である。また、物は見えなくなってもそこに存在し続けるという**物の永続性**を理解するのもこの時期である。

②自己中心性

自己中心性が強い幼児期に相当するのが**前操作期**である。3つの山からなる模型の前に立たせ、自分が見ている風景と同じ絵を正しく選べる子どもに、別の場所から同じ模型を見ている人形にはどのように見えているかを尋ねる。人形が向こうにいることは分かるものの、人形も同じ風景を見ていると考えてしまう。これが**三つ山実験**である。しかし、小学生の頃の**具体的操作期**になると、向こう側からはどのように見えるかを正しく推測でき、**脱中心化**が図られる。

図1　保存の概念を調べる実験図

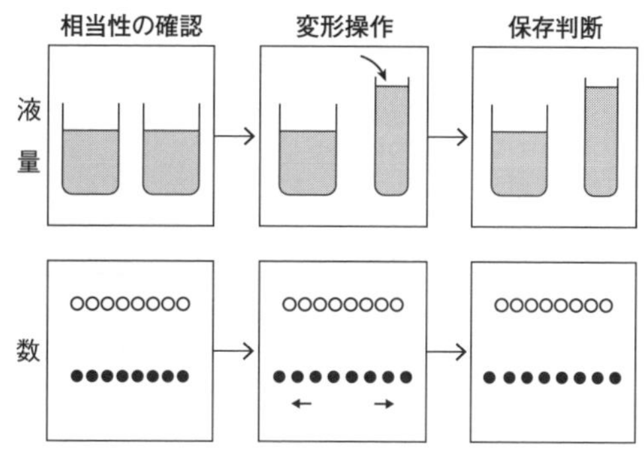

脱中心化が図られて可能になるのが**保存概念**の獲得である。これは、2つの同じ大きさで同じ形のカップに同じ高さまで水を入れ、両者が同じ量であることを確かめた後、一方を異なる形の容器に移し替えて、量の異同を尋ねる。その結果、前操作期では量が変わったと捉えるものの、具体的操作期になると量は変わらないことが分かるなど、見かけにとらわれなくなる。

③幼児特有の世界観

前操作期には特有の世界観を有している。すべての物に命が宿り感情があると考えるのが**アニミズム**、夢に出て来た物やキャラクターも実在すると考えるのが**実念論**、すべてのものが人間のために作られていると考えるのが**人工論**である。いずれも具体的操作期になると消失する。

④形式的操作期の特徴

中学生以降の**形式的操作期**になると、具体物から離れて数量的なイメージを駆使して頭の中だけで考えられるようになる。加えて仮説演繹など高等な思考様式を駆使して、自分の考えの正しさを立証しようとすることもできるようになる。

3　ピアジェとヴィゴツキーの違い

ピアジェの理論は、幼少期の子どもの能力を過小評価し、一方で青年以降の能力は過大評価しているとの批判がある。ピアジェは生物学を学んだ後に心理学を修めたことから理科系的な視点が強く、発達とともに認知構造が変化すると考えている。これに対して**ヴィゴツキー**は、他者とどのように関わるか、社会の中でどのように学んでいくかに重点を置いた理論で、社会構成主義とも呼ばれる。

keyword
08 発達⑦ 道徳性の発達

Basic Question 災害の募金活動が学校で行われました。1人100円ということで家庭に手紙を配りました。ただ、多くの家庭では親が子どもに100円玉を預けて募金をしましたが、本当は子どもが自分のお小遣いの中から100円を持って来てほしかったのです。子どもの道徳性は、どのように発達するのでしょうか。

Answer

道徳は人の生き方そのものです。先生は、子どもたち自身が100円という多少の犠牲を払っても、「災害に遭った方々のために募金をしよう」と考えてほしかったのでしょう。これは、道徳的行動の中でも愛他的行動と呼ばれるかなり高等な行為です。自己中心的で周囲を客観的に見ることができない子どもでは難しいですが、発達とともに他者の立場を考えて利他的な行動がとれるようになります。ピアジェやコールバーグの理論を中心に紹介するので、どのような指導をすると効果的かを考えてください。

1　道徳性とは

①道徳性の2つの要素

道徳性を定義するのは容易でないが、道徳的意識あるいは判断と、それを踏まえた道徳的行動の2つの要素があって、初めて個人の道徳性の有無が顕在化する。このうちの道徳的意識や判断の発達過程を明らかにしたのが**ピアジェ**や**コールバーグ**である。

②道徳的行動

道徳的行動には、**向社会的行動**と**愛他的行動**がある。向社会的行動は、他者に利益をもたらそうとする行為全般を指すものであるのに対して、愛他的行動は、自らの利益よりも他者の福祉や正義を優先させる行動である。したがって愛他的行動では、行為による報酬を期待せずに行われる点が向社会的行動とは異なる。

2　道徳性の発達

①ピアジェの研究

ピアジェは、子どもたちに紙芝居を使って２つの状況を考えさせた。一方は親の手伝いをしている途中で手が滑って皿を10枚割った子、もう一方は親の留守中に室内を走ったら手にした棒がぶつかり皿を１枚割った子である。どちらが悪いか、それはなぜかを尋ねた結果、前操作期までの子どもは「10枚割った子」が悪いと考えた。しかし、具体的操作期になると、「室内を走った子」の方が悪いと考えるように変化した。これは、**結果論的道徳判断**から**動機論的道徳判断**へ移行したと解釈されている。

②コールバーグの研究

ピアジェの理論は子ども時代しか説明できないとして、生涯にわたる変化を捉えることの重要性を指摘したのが**コールバーグ**である。コールバーグは、慣習というものを中心に据えて考え、慣習に従えない**前慣習的水準**、慣習を絶対的なものとみなす**慣習的水準**、さらには慣習を踏まえた上で自分の判断を加味できる**後慣習的水準**という段階を想定した。さらに各水準には２つの段階があることから、３水準６段階の道徳性発達理論と言える。

表１　コールバーグの３水準６段階の道徳性発達理論

水準	段階	行動様式
前慣習的水準	他律的な段階	叱られないように行動する
	個人主義的な段階	褒めてもらえるように行動する
慣習的水準	対人的規範重視の段階	良い子と思ってもらえるように、世間の目を気にしながら行動する
	社会システム重視の段階	社会秩序を維持することが重要だと考えて行動する
後慣習的水準	人権と社会福祉重視の段階	最大多数の最大幸福こそが重要だと考えて行動する
	普遍的な倫理原則の段階	社会的な取り決めを踏まえて、倫理原則を重視した行動をする

③フロイトの研究

精神分析学を創始した**フロイト**は、心の中に**イド**（エス）、**エゴ**（自我）、**スーパーエゴ**（超自我）という３つの存在を仮定した。イドは自らの欲求充足を優先させるのに対し、エゴは現実を見るように主張する。これに対してスーパーエゴはいわゆる道徳性に相当するもので、イドが前面に出れば道徳的行動は起こらない。しかしスーパーエゴが前面に出ると、道徳的行動となって現れるという。

keyword 09 発達⑧ 仲間関係を知る

Basic Question 子どもたちからよく「席替えをしよう！」と言われます。席替えをするにあたっては、私語が増えず、クラスの全員が仲良く学習できる環境を作っていきたいと考えていますが、どのような点に留意すればよいのでしょうか。

Answer

子どもたちにとって席替えは、学校生活における一大イベント。誰の隣になるかは、最大の関心事なのです。子どもたちの生活時間のかなりの割合を占めるのが学校の教室、そしてその座席ですから、居心地が悪ければ学習活動にも身が入りません。一方で、居心地が良過ぎて私語が増えるのも問題です。まずは、子どもたちの仲間関係がどのようになっているかを把握するようにしましょう。その上で、子どもたちと一緒に、望ましい席替えの方法を考えてみてください。

1　仲間のなり方

友達になったきっかけや理由を尋ねると、主に３種類の理由が挙げられる。１つは**近接性**で、「オリエンテーションで偶然隣に座った」「出席番号が近い」「自宅が近い」などである。２つ目は**類同性**で、「興味や関心が似ている」「同じサークルに入っている」などである。３つ目は**相補性**で、「自分にはない特徴を持っているから」などの場合である。

2　仲間集団の変化

①小学生の仲間集団

小学校低学年の頃の友達は近接性のみで、クラス替えがあると疎遠になってしまうような関係である。しかし、中学年頃からは相手の好みや趣味などを知り、似た者同士が仲間になることが多くなり、類同性に基づく関係が作られる。その後高学年になる頃から、同性の少数者で遊ぶことが多くなる。これが**ギャング・グループ**あるいは**徒党集団**と呼ばれる仲間関係で、このような集団を形成する時期を**ギャング・エイジ**と言い、特に男子に多く見られる。この集団を経験することが、自己主張や自己抑制という**社会的スキル**を獲得する助けになっている。

②中学生の仲間集団

　中学生になると、とりわけ女子では結束力や排他性の強い同性集団が作られる。これが**チャム・グループ**である。類同性が前面に出たもので、少しでも異なる面を持つと排除されることが多い。些細なことからいじめにつながる場合もあり、集団の状況を周囲の大人が注意深く観察していくことが必要である。また、子どもたちに何かの判断や選択を求めた場合、個人の判断ではなく所属している集団の判断を優先させることがある。これは、その集団が判断基準を提供する**準拠集団**の役割を果たしていると言える。

③大人の仲間集団

　青年期、そして大人になると、類同性に加えて相補性も仲間になる理由となる。これが**ピア・グループ**である。類同性という同質集団から、相補性という異質集団への転換で、大人としての価値観や世界観などを形作っていくのに必要な他者と言える。

3　仲間関係を視覚化する

①ソシオメトリック・テストとは

「今度の席替えで隣になりたいのは誰ですか、なりたくないのは誰ですか、それぞれ３人以内で名前を書いてください」という指示のもと、仲間関係の状況を調べる心理検査が、**モレノ**によって考案された**ソシオメトリック・テスト**である。これにより、子どもたち同士の選択（好き）と排斥（嫌い）の関係を調べることができる。※このテストは、さまざまな問題があるとして現在はほとんど行われない。

②ソシオグラムとソシオマトリックス

　ソシオメトリック・テストの結果を実線（選択の場合）と点線（排斥の場合）の矢印で示した図が**ソシオグラム**である。集団構造を視覚的に理解できる。多くの仲間から選択されるとスター（人気者）、逆に多くから拒否されると排斥児、選択も拒否もされない孤立児が誰であるかが容易に分かる。

　また、子どもの名前を縦（選択者）と横（被選択者）の欄に書いて集計したものが**ソシオマトリックス**で、仲間関係の状況を数量的に把握できるという特徴がある。

図1　ソシオグラム

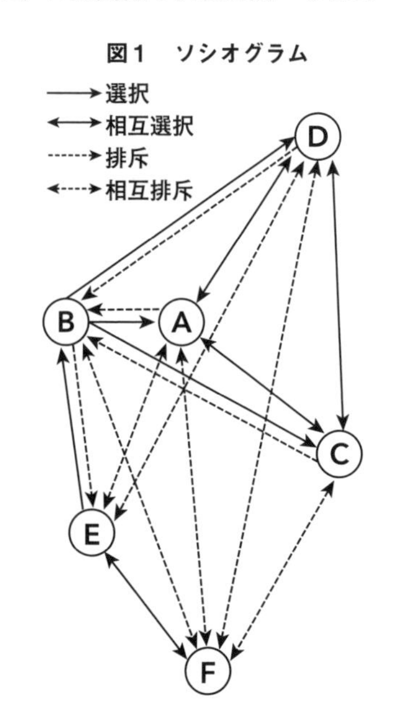

第6章 教育心理

keyword 10 発達⑨ 理想的なクラスを作る

Basic Question 初めてクラス担任を持つことになり、責任を痛感しています。子どもたちがお互いの存在を尊重し、活発に意見を交換し合いながら学べるクラスを作りたいと考えていますが、どのような点に注意すればよいでしょうか。

Answer

かつて学級崩壊という言葉がマスコミを賑わせました。嫌な言葉ですが、現実問題として健全な学級経営が難しい場合もあります。どのような理由でクラスのまとまりが欠けたかを調べると、教師が民主的な対応をしなかったというのが一番の理由として挙げられています。教師からの一方的な指導にならず、子どもたちの考えを尊重しながら、豊かなコミュニケーションが行われるクラスを目指してください。

1　内集団と外集団

クラスを編制してからある程度の時間が経つと、子どもたちは「うちのクラス」「うちの先生」という言葉を発する。これは、クラスへの所属感が高まった証拠で、その所属していると感じている集団を**内集団**という。逆に、所属しているとは感じていない集団を**外集団**という。

2　リーダーシップ

①リーダーシップの型

学校のクラスで考えれば、教師はリーダーに違いない。したがってリーダーがどのように振る舞うか、学級運営を行っていくかにより、作られるクラスの雰囲気も変わってくる。子どもたちの意見を聞きながら運営する**民主型**、一方的で強権的に指導・運営する**専制型**、子どもにすべてを任せ何の助言もしない**放任型**に分けた研究により、民主型の場合に子どもたちの満足度も高く、まとまりのあるクラスができるとされる。

② PM 理論

三隅二不二(みすみじゅうじ)は、リーダーの演じ方を集団の生産性を高めることを重視するＰ機能と、成員の満足を優先させて集団維持を図ろうとするＭ機能の２つを基に、リーダーシップを４つに類型化した。これを**PM 理論**という。両者とも強い**PM 型**、生産性のみを重視する**Pm 型**、集団維持のみを重視する**pM 型**、どちらも重視しない**pm 型**があり、PM 型という理想的な演じ方が求められている。

3　まとまりのあるクラスの形成過程

入学当初あるいはクラスを編制した当初は、子ども同士の関係が作られていない。これが**孤立探索期**である。しかし、時間が経過するうちに隣同士で親しくなり、水平方向に関係が作られ、**水平的分化期**に移行する。

その後、担任と子どもとのしっかりした関係が生まれて**垂直的分化期**に変わり、クラス内に小さな仲間集団が作られる**部分集団形成期**になる。そして、それら集団同士にまとまりが生まれて**集団統合期**に発展することで、クラス全体が一つの集団として機能するようになる。

4　個人と集団の相違

①社会的抑制と社会的促進

一人で行う時と比較して、他者と一緒に行うと作業量が減る場合が**社会的抑制**、逆にそれが増える場合が**社会的促進**である。一般的には、一緒に作業する他者が親しい人でなく緊張感を抱くような時には抑制方向に、その他者が親しく融和的な雰囲気が作られていると促進方向の変化が生じる。

②ホーソン効果

工場での生産性に及ぼす環境要因の影響を調べた研究で、照明や温度などの物理的環境が改善されると、生産性が高まることが明らかになった。しかし、環境条件を元に戻しても高い生産性が維持されたことから、職場のインフォーマルな人間関係、さらには科学的な研究に参加すべく自分は選ばれた人間なのだという自負心が大きく影響したことが分かった。このような人間関係や意識が重要だとするのが**ホーソン効果**である。

③ブーメラン効果とスリーパー効果

態度を変えるように他者から意図的な情報を流された事態を**説得的コミュニケーション**という。このような説得が常に効を成すとは限らず、むしろ逆効果になってしまうことがあり、**ブーメラン効果**と呼ばれる。ただし、時間が経過した後になってから、説得の効果が顕在化することもあり、**スリーパー効果**と呼ばれる。

keyword 11 発達⑩ 発達障害の特徴と対応

Basic Question 担任するクラスの中に、授業中じっと座っているのが不得意な子がいます。以前、大学の授業でADHDという障害を学びましたが、忘れ物が多いなど、不注意的な特徴はあまりありません。この子をどのように捉えたらよいのでしょうか。

Answer

ADHDは「注意多動性症候群」などと呼ばれてきましたが、最近は「注意欠陥多動性障害」という名称に変わりつつあります。この障害の特徴は不注意、衝動性、多動性の３つですが、これら３つが必ずしも全て現れるとは限りません。不注意だけが前面に出るタイプもあれば、衝動性と多動性だけが顕著なタイプもあります。さらに、大学の授業等で学ぶのは典型的な症例ですが、大半の子は障害の特徴が弱く出ています。教師としては、すぐに診断名をつけるのではなく、その子の特徴をよく見極め、満足のいく学校生活を送れるためにどのような工夫が必要かを考えてみてください。

1　発達障害の定義と診断名

発達障害を抱えているかどうかの診断には、世界保健機関（WHO）が刊行する『ICD（国際疾病分類）』と、アメリカ精神医学会が発行している『DSM（精神障害の診断と統計マニュアル）』が用いられている。この２つでは診断名が異なり、さらに改訂を繰り返す中でも変化している。なお、文部科学省や発達障害者支援法などの法規は、ICDの基準と診断名を元にしている。（以下、最新の『ICD-10』と『DSM-V』の診断名を併記する。）

2　注意欠陥多動性障害／注意欠如・多動症

ADHDと呼ばれる障害で、「忘れ物が多い」「順序立てて課題ができない」などの不注意、「じっとしていられない」「しゃべりすぎる」などの多動性、「我慢ができない」「人の話に割り込む」などの衝動性を主症状とする。この３つが現れる**混合型**、不注意が主な**不注意優勢型**、多動性と衝動性が主な**多動性 - 衝動性優勢型**に分けられる。

こうした特徴の子は頭ごなしに叱っても無意味であり、どうすればよいのかを明示した指導、端的で明快な指示を出すことが効果的である。

3　学習能力の特異的発達障害／限局性学習症

学習障害（LD）と呼ばれる障害で、全般的な知的発達に遅れはないが、「聞く」「話す」「読む」「書く」「計算する」または「推論する」など、特定の機能の習得と使用に著しい困難を示す。文字は知っているのにまとまった文章として読めない**読字障害（ディスレクシア）**、極端に字が下手であったり独特の書き順をするなどの**書字障害**、数の概念の理解が非常に劣る**算数障害**などがある。

4　広汎性発達障害／自閉症スペクトラム症

社会性の問題、コミュニケーションの困難さ、強いこだわりを示すのが**広汎性発達障害（PDD）**である。この3つの症状に加え、知的な遅れがあれば典型的な**自閉症**、知的な遅れがなければ**高機能自閉症**、その中でコミュニケーションの問題が軽ければ**アスペルガー症候群**とされる。一方、DSM-Vでは細かな分類をやめて**自閉症スペクトラム症**（ASD）と定義しており、その中に軽度、中度、重度という段階を設けている。

この障害の原因として、近年考えられているのが**心の理論**の欠如である。心の理論とは、目に見えない他者の意図や欲求などを推測できる能力である。心の理論が十分に形成できていないため、周囲の人と歩調を合わせた行動が取れなかったり、暗黙の了解というものが分からなかったりすることにより、他者と軋轢が生じ、孤立していってしまうと考えられている。

5　最近の特徴

文部科学省が2012年に全国の公立小・中学校の児童生徒約5万人を対象に、発達障害のある可能性の割合を調べた結果、約6.5%という数字になった。これは約40人ののクラスに2～3人は在籍する計算になる。ただし、この調査では特別支援学校は対象とされていないことから、実際に発達障害の疑いがある児童生徒は、さらに多いものと推測できる。また、複数の障害のある重複障害の割合も、増加傾向にあると言われている。

keyword 12

学習理論① 学習の基礎概念

Basic Question 算数の授業のことで相談です。教えたことがスムーズに理解してもらえる時と、途中で一向に成果が上がらなくなる時があります。この状況をどのように捉えたらよいのでしょうか。また、どのように指導すればよいのかについても教えてください。

Answer

新しい領域の勉強をしながら、練習問題で繰り返し理解度を調べた時、それまでは順調に成果が上がっていたものの、一時的にスランプに陥ってしまうことがあります。そうした時は、いくら練習問題をやっても、テキストを読み直しても、なかなか成績に結び付きません。心理学で「プラトー」と呼ばれる現象です。たとえプラトーに直面しても、諦めない限り、その後必ず成果が上向きになるはずです。

1　学習の定義

心理学では、学習という用語を「経験による比較的永続的な行動の変容」と定義している。ただし、疲労や薬物による行動の変容は除く。したがって、単なる勉強に限らず、例えば

○学校に通勤する時に乗る電車の車両やドアなどの位置がいつも同じである

○学期の中頃になると時間割を見なくても間違わずに特別教室に行くことができる

○名簿を見なくても担任するクラスの子どもの名前をすべて順番通りに言える

など、教師の日常行動を振り返っただけでも、学習が非常に広い範囲を指す概念であることが分かる。

2　学習の過程

何らかの課題を学び、練習回数や時間を横軸に、その成果や誤りの数などを縦軸にとって学習の経過を図で示したものが**学習曲線**である。縦軸に成果をとれば右上がりの曲線、誤りの数をとれば右下がりの曲線が得られる。

多くの場合、学習曲線は単調に上昇あるいは下降する。しかし、課題が適度に難しいと、学習曲線は最初は滑らかに上昇するものの、途中で一時的な停滞を示すことが

ある。このような現象を**プラトー**あるいは**高原現象**と呼ぶ。

3　強化の重要性

①強化

行動の生起頻度を高める手続きを**強化**と言う。強化には、望ましい結果が起こるように積極的に行動するようにさせる**正の強化**と、望ましくない結果が起こらないように積極的に行動するようにさせる**負の強化**がある。強化をするために与えられる物を**強化子**と言い、餌であったり電気ショックであったりする。

これと似た概念に**罰**があり、望ましくない結果が起こらないように行動を抑制する手続きを指す。なお、適切な行動をしても強化を与えない手続きは**消去**と呼ばれる。

②連続強化と部分強化

適切な行動が起きたら必ず強化をする事態が**連続強化**であり、適切な行動に対して時々強化する事態が**部分強化**である。日常生活における連続強化事態は非常に少なく、「ポイントをためるために、繰り返しお店に通う」「宝くじを買う」「釣りをする」など、大半は部分強化事態である。部分強化において、強化の与え方を予め定めたプログラムを強化スケジュールと呼ぶ。店のポイントカードであれば、20個のスタンプを集めたら必ずプレゼントがもらえるという条件は常に同じで、強化は20回ごとに与えられる。

③部分強化の特徴

連続強化から消去に移行すると、比較的速く行動が起こらなくなる。これに対して、部分強化から消去に移行しても、行動がなくならないことが多い。つまり部分強化の方が消去されにくく、消去抵抗が高いという。これを**部分強化効果**あるいは**ハンフリーズ効果**と呼ぶ。

4　学習の転移

カリキュラムは、適切と思われる順序で学習課題が積み重ねられている。したがって、先行する課題を学ぶことで、次の課題の習得にプラスに作用することが望まれる。これを**正の転移**と言い、例えば硬筆で見本を見ながら模写することを繰り返すと、その後毛筆になっても見本の見方が分かっているので、上達が速いとされることなどが挙げられる。これに対して、先行学習が後の学習を阻害するのが**負の転移**である。例えば、バドミントンをしっかり練習すると、バドミントンに適したグリップの使い方になり、その後にテニスを学ぼうとするとうまくいかないなどの例が挙げられる。

keyword 13

学習理論② 学習の理論

Basic Question よく授業中に「先生、分かった」と子どもたちが言います。それぞれの子どもの「分かった」は違うように思います。やり方が分かった子、答えが分かった子、ひらめいた子などさまざまです。それぞれの「分かる」の違いについて教えてください。（例：鉄棒で腕の使い方が「分かる」。理科の実験結果から突然ひらめくように「分かる」。）

Answer

「分かる」には「感覚的に分かる」「問題が解ける」「他者に説明できる」など、さまざまなレベルがあります。さらには、繰り返し練習をして体に染みつくような「分かり」もあれば、「あっ！」と瞬間的にひらめいて「分かる」こともあります。ご質問についてですが、体育の「分かる」は連合理論、理科の「分かる」は認知理論で説明します。

1　連合理論

刺激（Stimulus）と反応（Response）が結び付くことで安定した行動の変容が起こる状況を説明するのが**連合理論**で、**S-R 理論**とも呼ばれる。

①古典的条件づけ

パブロフは、イヌにブザー音を聞かせながら餌を提示する手続きを反復し、その後、ブザー音だけを聞かせた。その結果、餌が出なくともイヌは唾液を分泌させた。この結果から、ブザー音という特定の条件刺激によって唾液分泌という条件反応が生じるような学習を**古典的条件づけ**あるいは**レスポンデント条件づけ**と呼んだ。「梅干しを見ただけで唾液が出る」「人前に立っただけで顔が赤くなる」など、当事者の意思とは無関係に反応が誘発される現象である。

②オペラント条件づけ

レバーを押すと餌が出る仕掛けの**オペラント箱**に空腹のラットを入れる。偶然、レバーに体が触れて餌が得られた経験を何回か繰り返すと、ラットは積極的にレバーを押すようになった。この実験結果から、**スキナー**は環境に積極的に関わることで事態に対処するような学習を**オペラント条件づけ**と呼んだ。

③試行錯誤説

ソーンダイクは、複雑な仕掛けのある問題箱にネコを閉じ込め、そこから脱出するまでの行動を繰り返し調べた。その結果、練習回数が増えるにしたがって脱出時間が短くなることが分かり、**試行錯誤説**を唱えた。最初は脱出に無関係なこともしていたが、徐々に反応の選別が行われたと考えられ、望ましい結果をもたらす反応は強められて残り、望ましい結果をもたらさない反応は弱められて忘れられる**効果の法則**が基礎になっていることが分かった。

2　認知理論

学習成立に反復経験は必要ではなく、認知構造の変化こそが重要だとするのが**認知理論**で、記号（Sign）とその意味（Significate）の理解を意味する**S-S 理論**とも言う。

①洞察説

天井からぶら下がったバナナを取るため、チンパンジーが箱の上に箱を乗せたことを観察した**ケーラー**は、「こうすればこうなるはずだ」という見通しを得ることが重要だと考えて、**洞察説**を唱えた。解決策が突然ひらめいて「あっ！」と声を上げるような状況で、これはアハー体験と呼ばれている。

②サイン・ゲシュタルト説

通路の先端まで行くと餌が得られる装置で、ラットを繰り返し練習させた。その後、練習した通路を塞ぎ、それ以外の複数の通路を選べるようにしたところ、ラットは目標地点に最も近い方向の通路を選択した。これは**認知地図**という全体像がイメージできたからこそ可能になったと考えた**トールマン**は、これらの結果から**サイン・ゲシュタルト説**を唱えた。

③場理論

行動は人と環境の関数で決まるというのが**レヴィン**の**場理論**で、同じ刺激でも人によって解釈は異なり、学習などの行動は環境からの影響を強く受けた結果だと考える。これを示すのが B=f（P・E）という式である。B は行動、P は人、E は環境を意味している。

3　社会的学習理論

連合理論も認知理論も、学習する人や動物が直接強化を受けることが前提にある。しかし、高等な動物になれば、間接強化のみでも学習が可能だとするのが**バンデューラ**の**社会的学習理論**である。すなわち、誰かがあることをしたら褒められたのを見たり聞いたりなどすれば、自分が強化されなくても学習は可能になる。道徳性の多くは、この社会的学習理論の学びの結果と言える。

keyword 14

学習理論③ 記憶のメカニズム

Basic Question 子どもたちは授業の中で、たくさんのことを考えたり、覚えたりする必要があります。しかし、多くの子どもは授業で覚えていたことを、翌日には忘れていたりします。子どもたちが覚えたことを忘れないようにするためには、どのようにしたらよいでしょうか。

Answer

時間が経過すると忘れてしまうのは、大人にとって日常茶飯事です。こうした忘却の過程を科学的に示したのが「忘却曲線」です。忘却は、覚え方を伝えることで多少は防げます。ただし、誰もが同じ経過をたどりません。また、同じ人でも、すぐに忘れる事柄もあれば、なかなか忘れない事柄もあります。その違いは学習者自身にとって、それが何を意味するかによります。

1　保持時間から見た記憶

①感覚記憶

感覚器官が受容して脳に伝えられる情報を**感覚記憶**と言う。視覚的な情報はアイコニック・メモリとなる数ミリ秒、聴覚的な情報はエコイック・メモリとなって数百ミリ秒、それぞれ保持される。しかし、ほとんどの情報は記憶されたことすら意識されずに消失する。

②短期記憶

感覚記憶のうち、注意を向けられた一部の情報が**短期記憶**になる。数秒から数分程度保持されるが、容量は**7±2チャンク**に限られる。チャンクとは情報量の単位で、記憶する時のまとまりを指す。例えば、15個の言葉を覚える場合、ばらばらに覚えれば15チャンクとなってしまうが、1枚の白紙の画用紙に書き込みながら完成度の高い絵にすることができれば、最初は単なる無関連の15個であってもそれが1チャンクになり、すべて再生することも可能になる。

③長期記憶

半永久的に忘れることのない情報が**長期記憶**である。短期記憶の情報を頭の中や口に出して繰り返すリハーサル、語呂合わせ、自分の過去の学びとの関連づけなど、深い心的処理により形成される。こうした**処理水準**の深さが重要だと指摘したのがクレイクとロックハートである。なお、覚えるべき事柄を単純に繰り返す**維持リハーサル**をするより、意味づけやカテゴリー分けをして覚える**精緻化リハーサル**の方がより効果的である。

2　保持内容から見た長期記憶

タルヴィングは、長期記憶として保持されている情報を内容によって分類した。記憶内容を容易に言葉で表現できる**宣言的記憶**（陳述的記憶）と、体が覚えたような記憶であり言葉で表しにくい**非宣言的記憶**（非陳述的記憶）である。非宣言的記憶とは、自動車の運転やピアノの演奏などの技能の記憶で、**手続的記憶**とも呼ばれる。

さらに宣言的記憶は、個人的な体験に基づき、「いつ」「どこで」「誰と」経験し、「どのような気持ち」であったかなどの情報が付加された**エピソード記憶**と、言葉の意味や誰もが知っている普遍的な知識などの**意味記憶**に分けられる。

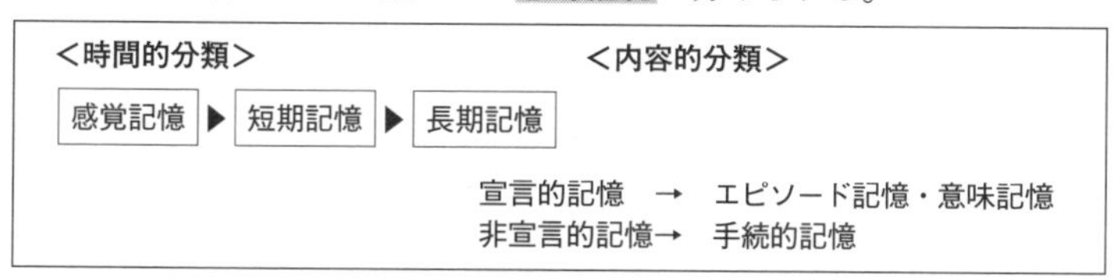

3　記憶が忘却されるまでの過程

①記憶の過程

提示された情報を脳内に留める**記銘**、それを覚え続ける**保持**、保持している情報を探し出す**検索**、思い出す再生や**再認**という過程から成る。

②忘却

エビングハウスは、数多くの無意味綴りを作成し、それを記憶し、さまざまな時点で覚えているかをテストした。その結果を図で示したのが**忘却曲線**である。忘却曲線は、時間経過とともに単調に下降していく。しかし、場合によっては記憶した直後よりも少し時間が経過した後の方が再生が高まることがある。このような現象を**レミニセンス**という。なお、近年の研究では、思い出せないのは適切に検索できなかったからだという検索失敗説が主流となってきている。

図1　エビングハウスの忘却曲線

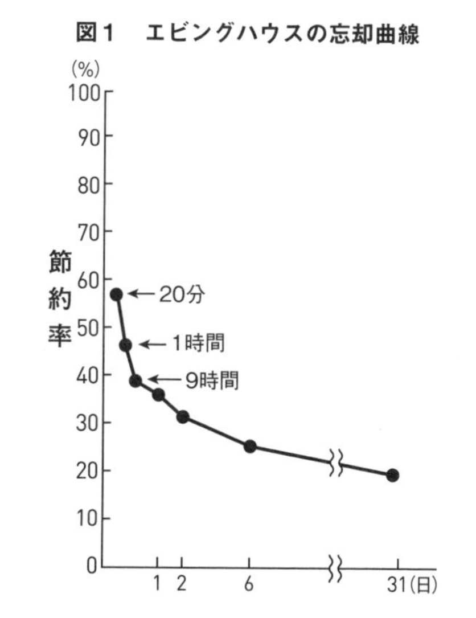

keyword 15

学習理論④ 日常の記憶

Basic Question 運動会が終わって半年近く経つのに、子どもたちはその時の面白かった出来事を、昨日のことのように鮮明に語り合い、笑い転げています。記憶は時間が経つと忘却されると聞きますが、忘れにくい記憶というものもあるのでしょうか。

Answer

前項目で、記憶は時間経過とともに衰退する「忘却曲線」を学びました。しかし、すべてがこれに当てはまるわけではありません。例えば、悲惨な事故が発生した日のこと、兄弟姉妹の結婚式で起こったさまざまな出来事、友人が大きな賞を受賞した時のことなど、自分自身が強い感情を抱いたような出来事の記憶は、時間が経っても鮮明に残っています。子どもたちにとっての運動会は、そうした記憶だったのでしょう。学校生活は楽しいことばかりではありませんが、少しでも多く、楽しい記憶を子どもたちに残してあげたいものです。

1　系列位置効果

①直後再生をした場合

数多くの事柄を覚え、覚え終わった直後に再生テストを課すと、最初の方に覚えたこととテスト直前に覚えたことは比較的よく思い出せるのに、中間部分のことはほとんど記憶されていないことが多い。前者が**初頭効果**、後者が**新近性効果**、両者を併せて**系列位置効果**と呼ぶ。さらに、図1のようなU字型の曲線を**系列位置曲線**と呼ぶ。

図1　系列位置曲線

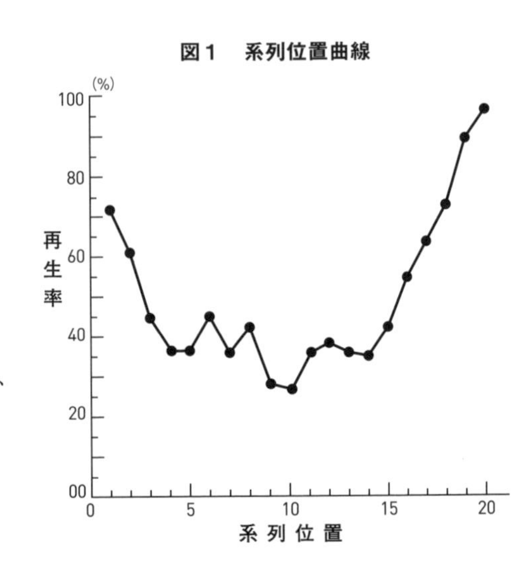

②遅延再生をした場合

記憶し終わってから別の課題を与

え、時間が経過した後になってテストする遅延再生では、初頭効果のみが現れて新近性効果は現れにくい。これは、最初の方の事柄は何回もリハーサルを受けて長期記憶となっているものの、終わりの方で覚えたことはリハーサルの回数も少なく、別の課題に意識が集中したためと考えられる。

2　日常生活に密着した記憶

①ワーキングメモリ

ワーキングメモリあるいは**作業記憶**は、小説を読んだり、暗算をしたりする時に必要な記憶で、保持時間は一般的に短い。ただし、短期記憶のように時間経過で受け身的に消失するのではなく、意図的かつ積極的に書き換えられていくという特徴がある。

②閃光記憶

自分自身が強い衝撃を受けたこと、強く感情を揺り動かされたことなどの記憶は**閃光記憶**あるいは**フラッシュバルブ記憶**と呼ばれ、時間が経過しても忘れにくい。

③自伝的記憶

自伝を書こうとした時に題材になるような、人生を振り返った時に思い出される出来事の記憶を**自伝的記憶**と呼ぶ。入学、就職、結婚といった人生の節目になるような事柄から成る。

④展望的記憶

過去に学んだこと、体験したことの記憶は**回想的記憶**というのに対して、今から先の予定や将来構想などのプランは**展望的記憶**と呼ぶ。小学生は忘れ物をしないように手に書いたりするが、高校生の頃から手帳を使い出す。そこには将来自分がやらなければならない事柄が記入されており、展望的記憶を確実に実行するための重要な外部記憶補助となっている。

3　記憶の障害

①幼児期健忘症

人の多くは生後３年間の記憶を再生することが困難である。この現象を**幼児期健忘症**と言う。映像としては脳内に残っているが、言葉に置き換えて保持していないために思い出しにくいなどと説明されている。

②２つの健忘

ある出来事から以前のことが思い出せない**逆向性健忘**、逆にある出来事以降のことが思い出せない**順向性健忘**がある。すべての記憶が思い出せないと記憶喪失とされる。

keyword 16 学習理論⑤ 動機づけ

Basic Question 小学校で高学年の担任をしています。地理の学習を始めましたが、地図や地名をなかなか覚えようとしない子どもがいます。地図を読めたら楽しいと思いますが、全く興味を示しません。どのようにしたら、興味や関心を持ってもらえる楽しい授業ができるのでしょうか。

Answer

見知らぬ国の地名や農産物などに、全く興味を示さない子どもは少なくありません。でも、地理の勉強は私たちの社会そのものを理解する上で不可欠です。今後、社会のグローバル化が進めば、地理的な知識はますます重要になってくるでしょう。とはいえ、そんな建前論を並べ立てても子どもは地理好きになってくれません。ならば、インドの勉強をする日は「ナマステ」とお互いに声を掛け合ってから授業を開始する、ロシアのことを学ぶ日は最初にチャイコフスキーの音楽を聴いてみる、などの工夫をしてみてはどうでしょうか。こうした動機づけがあるだけで、興味を持てる子どもは多いと思います。

1 動機づける

①動機づけ

報酬や罰を与えたり、競争させたりすることで動機づけする方法を**外発的動機づけ**と言う。これに対し、興味や関心、知的好奇心に訴える方法を**内発的動機づけ**と言う。外発的動機づけが外からの圧力によるのに対し、内発的動機づけは内面から湧き起こってくるエネルギーによる。一般的に、低学年では外発的動機づけの比重が高く、学年が進むに連れて内発的な面も強まっていく。そのため、内発的動機づけを高めるように授業を工夫することが重要となる。

②褒め方と叱り方

褒めることで子どもたちの意欲を高めることができるが、むやみに褒めても子どもは見抜いてしまう。そのため、どこが良かったかを明示した褒め方が効果的である。一方で、叱り方は、なぜ叱られるのか、どうしたら叱られなくなるのかを明示するとともに、感情的に「怒る」にならないようにし、理性的に「叱る」ようにすることが肝要である。

③動機づけの変化

外発的動機づけで始まった行動は最後まで外発的動機づけで維持され、内発的動機づけで始まった行動は最後まで内発的動機づけで維持されるかというと、必ずしもそうではない。動機づけの主体が変化することがある。外発的から内発的に移行する場合を**機能的自律**、逆に内発的から外発的に変化する場合を**アンダーマイニング現象**という。

2　やる気を高める

①達成動機

課題を速やかに高い水準で成し遂げようとする気持ちを**達成動機**と言う。子どもたちには全ての教科に全力を注いでほしいが、実際は「この教科はAがほしい」というように、意欲の注ぎ方に濃淡があることが多い。このように「Aがほしいから頑張る」というのが達成動機の一例である。

②学習性無力感

容易に解決可能な学習課題をイヌに行わせる。ただし、その前に、自分では解決不能な状況に置いてから同じ課題を課すと、イヌは自ら対処しようとせず、学習ができない。この実験をした**セリグマン**は、無力感を学習してしまったために解決可能な場面でも積極的に対処しようとしなくなったと考え、この現象を**学習性無力感**と呼んだ。

3　原因を考える

①原因の帰属

自分が行った行為の結果がどのような背景によるかを考え、何かに原因を求めることを**原因帰属**と言う。原因を自分で解決できる要因に求めれば**内的統制型**、自分ではどうにもならない要因に求めれば**外的統制型**というように、ロッターは統制の位置(ローカス・オブ・コントロール) の相違を指摘した。

②日頃の努力

ワイナーは、表1のように3つの次元で原因帰属の仕方を整理した。日頃の努力に帰属させると、うまくできなかった時には「努力が不足していたから、また日頃から努力をして次は頑張ろう」となる。

表1　ワイナーによる原因帰属の仕方

原因の所在	自分で統制可能な要因		自分では統制不可能な要因	
	安定	不安定	安定	不安定
内的	日頃からの努力	一時的な努力	持って生まれた能力	その日の気分や体調
外的	先生の熱心さ	誰かの手助け	課題の困難度	運

keyword 17

学習理論⑥ 学力と知能

Basic Question 担任するクラスに、算数や国語が非常によくできるのに、体育はさっぱりできない子がいます。一方で、音楽は抜群にできるのに理科が不得意の子がいます。全てをできるようにしたいと思っていますが、なかなか難しいことです。学校では、他の教科は不得意で音楽だけ得意な子どもを「勉強ができない子ども」と考えてしまう傾向があります。しかし、私は音楽が抜群にできる子どもは、本質的な知能は高いのではないかと思います。このような考えは誤りでしょうか。

Answer

頭の良さを表す言葉が知能です。これまでは、国語や英語や算数の成績が優れている子が「頭が良い」というイメージが強かったと思います。実際、知能検査で測定できるのもそのような能力です。子どもの成績を見ると、どの教科もすべてできる子は多くありません。大半は教科によって得意・不得意があり、それが個性にもなっていると思います。近年、ガードナーが「多重知能理論」を唱え、知能には8つの要素があると述べています。この理論を知れば、音楽が抜群にできる子も「頭が良い」と考えられます。

1 学力

「知識があるか」や「概念を理解しているか」は、テストをすることで容易に把握できることから「見える学力」と呼ばれる。これに対して、学習者に「関心があるか」や「興味を持っているか」などは、テストでは測定できないことから「見えにくい学力」と呼ばれる。

なお、見える学力は高いと思われるのにそれに見合った成果がテストで発揮できていない場合、**学業不振児**(アンダー・アチーバー)とされる。このような学力が努力によって伸ばすことができる反面、知能は一般的に生まれつきの能力とされる。

2 知能の理論

①2因子説

知能は、一般因子と特殊因子から成るというのが、**スピアマン**の**2因子説**である。因子分析法を駆使して2つの因子を抽出した結果にもとづく。

②多因子説

知能は、言語理解、語の流暢性、数、空間、記憶、知覚速度、推理という7つの因子から成るというのが、**サーストン**の**多因子説**である。

③知能の立体構造モデル

知能は、操作、所産、内容という3次元で捉えるべきだと考えた**ギルフォード**が提唱したのが**知能の立体構造モデル**である。ここでは、合計120個の因子が想定されているが、具体的なものとしてすべてが明示されてはいない。

④知能の鼎立（ていりつ）モデル

スタンバーグが提唱したのが**知能の鼎立モデル**で、鼎立とは3つの主要な柱で成り立つという意味である。ここでは、コンポーネント理論（流動性知能と結晶性知能）、経験理論（課題対処能力と無意識的対処能力）、文脈理論（実用的知能と社会的知能）という3つが該当する。

⑤流動性知能と結晶性知能

知能の中で、青年期をピークとして若い頃に急速に発達するのが**流動性知能**で、課題を速く大量に処理するのに関わる。一方、青年期以降も緩やかに向上するのが**結晶性知能**で、匠の技などに関わる。**キャッテル**が区分した。

⑥社会的知能と実用的知能

社会の中で他者と適切な関係を維持しながら生きて行くのに必要なのが**社会的知能**で、実際の生活を過ごしていくのに具体的に必要となるものが**実用的知能**である。

⑦多重知能理論

ガードナーは、知能には8つの要素があると主張し、**多重知能理論**を唱えた。

○**言語的知能**………言葉を適切に使って話したり文章を書くための知能
○**論理数学的知能**…課題を論理的に考え、数量的に把握するための知能
○**空間的知能**………状況を3次元的に捉えて移動したり、彫刻作品を作るための知能
○**音楽的知能**………楽器を弾いたり作曲するための知能
○**身体運動的知能**…体を器用に使って難度の高い技を演じたり、脳外科手術で求められる手先の器用さのような知能
○**対人的知能**………他者に共感し、カウンセラー的に振る舞えるための知能
○**個人的知能**………自分がどのような存在であるかを明確に意識できる知能
○**博物的知能**………動植物など自然に関する深い造詣に関わる知能

keyword 18

学習理論⑦ 知能の測定

Basic Question 職員室で特別支援学級の先生と話をしていたところ、その先生の口から「タナカビネー」とか「ウィスク」という言葉が繰り返し出てきました。知的障害の話題でしたから知能にまつわる言葉だと思います。何のことか教えてください。

Answer

「タナカビネー」は田中ビネー式知能検査、「ウィスク」はウェクスラー式児童用知能検査の略称のWISCのことで、いずれも日本で多く使われている個別式知能検査の名称です。恐らく、特別支援学級に通っている子どもに実施した知能検査のことを話していたのだと思われます。知能の発達状況を調べる知能検査には、いくつかの種類があり、その結果から知能指数などが算出されます。知能指数が分かると指導の方法にもヒントが得られます。代表的な知能検査について理解を深め、その結果を学習指導の際に有効活用することが大切です。

1　知能検査の源

①開発の歴史

世界で最初の知能検査は、1905年にフランスの心理学者・**ビネー**と医師・**シモン**によって作成された。この検査は問題数も少なく、検査としては十分な体裁をなしていなかった。

これを**ターマン**が英語に翻訳し、検査問題を追加し、さらにシュテルンが考案した知能指数を算出できるようにして作られたのが**スタンフォード・ビネー式知能検査**である。これが世界に広まり、日本にも何人かの心理学者が導入を試みた。中でも**田中寛一**が翻訳改訂を行い、**田中ビネー式知能検査**として刊行された検査は、何回かの改訂を経て現在も広く使われている。

②ビネー式知能検査の特徴

検査者と被検査者が1対1で行う**個別式知能検査**である。3歳から成人までの測定が可能で、検査問題は1歳児の問題から年齢ごとに段階を追って構成されている。言葉で答える問題もあれば、図形の模写や積木の構成など言葉以外の方法で回答できる問題もあり、知能の全体像を把握することを目的としている。

2　知能検査の発展

①ウェクスラー式知能検査

一方、アメリカでは**ウェクスラー**によって新しい検査が開発された。特徴としては、同一年齢集団内での比較ができるように偏差知能指数が採用されたこと、対象者の年齢によって3種類（成人用の**WAIS**、児童用の**WISC**、幼児用の**WPPSI**）が用意されたこと、全体の知能のみならず言葉で回答する問題から算出する言語性知能と作業結果から算出する動作性知能が測定できるようになったことが挙げられる。

加えて最新版では、言語理解、空間視覚、流動性推理、ワーキングメモリ、処理速度という5つの群指数が算出され、より細かな知能の状況を知ることが可能になった。

② K-ABC 心理・教育アセスメントバッテリー

カウフマン夫妻が開発したのが、**K-ABC 心理・教育アセスメントバッテリー**で、習得度という知識や技能の能力を測定するだけではなく、認知処理過程の特徴を明らかにできることから、LD の指導方法の検討にも効果的とされる。

③集団式知能検査

ビネー式もウェクスラー式も1対1で行う個別式知能検査である。この方法は、知能の発達状況を詳細に把握できるものの、検査には専門的なスキルが必要で、検査に長い時間を要する。

そこで第1次世界大戦の際にアメリカ陸軍が効率的な方法を開発した。これを源とするのが**集団式知能検査**である。言語性問題だけで作られたα式（A 式）、言葉以外の方法で回答できる問題だけで作られたβ式（B 式）、さらにはその混合の AB 式がある。

3　知能の表示法

精神年齢を生活年齢で割った値を 100 倍すると**知能指数**（IQ）が得られる。平均は 100 である。しかし、IQ は年齢とともに直線的に知能が向上するという前提に立つことから、成人以降には当てはめにくい。そこで、同一年齢集団間で比較できる**偏差知能指数**（偏差 IQ）が考案され、ウェクスラー式検査にも導入されている。

keyword 19 学習評価① 相対評価と絶対評価

Basic Question 指導すれば評価が伴います。新しい学習指導要領では、「主体的に学習に取り組む態度」が一つの観点になっていると聞きました。これまでの「関心・意欲・態度」も評価するのが難しく大変でしたが、評価においてはどのような点に留意すべきでしょうか。

Answer

学習指導要領が改訂され、評価の観点に修正が加えられました。「関心・意欲・態度」で、どう評価したらよいかと迷い、授業中の挙手の回数などで評価した教師もいましたが、最善の策とは言えません。新学習指導要領では「主体的・対話的で深い学び」が導入され、「主体的な学び」が重視されていますが、実際にどう評価すればよいかは定まっていません。教師としては、「主体的」に学んでいる子どもにどのような特徴があるかを考えていく必要があります。まず、どのような評価があるのか知っておきましょう。

1　相対評価

相対評価は**集団に準拠した評価**と呼ばれるように、評価基準が学級や学年などの集団に置かれている場合である。相対評価の表し方の一つが**偏差値**で、得点分布が偏った時、平均が50、標準偏差が10になるように統計学的に変換した数値である。40～60に受験者のほぼ3分の2、さらに30～70にはほぼ全員が含まれることになる。偏差値が60以上は上位6分の1にいることになり、自分の成績が集団内でどの位置にいるかが分かる。ただし、偏差値が高く、相対評価の評定が高いからといって、それが学習目標を達成できたことを意味しているわけではない。単に他者と比較した数値である点に注意する必要がある。

2　絶対評価

絶対評価は、**目標に準拠した評価**で、集団で統一的に設定された目標を達成できたか、どの程度達成したかを表す。理解度を直接的に評価できるものの、評価者の主観が介入しやすい側面がある。大学の評価の大半はこの絶対評価で、アルファベット

1文字で表されている。ただし、1文字での評価ではどのような面が優れていたのか、逆に不十分であったのかが明確ではなく、学習者の意欲を高めにくい。

3　到達度評価

細かな基準ごとに絶対評価を行うのが**到達度評価**で、観点別評価の観点が具体的な基準として用いられている。学習の状況が明確になるものの、集団内での相対的位置が分からないという面も持っている。

4　新しい評価の観点

①3つの新しい観点

到達度評価で用いる観点として、以前の**観点別学習状況の評価**は「知識・理解」「技能」「思考・判断・表現」「関心・意欲・態度」の4つが設けられていた。しかし、新学習指導要領では、何を理解しているか、何ができるかという観点として「**知識・技能**」、理解できることをどのように活用していくかという力の観点である「**思考・判断・表現**」、そしてどのように社会や世界と関わり、どのようにしてより良い人生を送るかという学びに向かう力や人間性等に相当する観点として「**主体的に学習に取り組む態度**」の3つに再編された。

②評定と評価

観点別評価では、目標に照らして観点ごとにA～Cの3段階で**評価**する。それをもとに、小学校3年以上では1～3の3段階、中学校では1～5の5段階の**評定**がなされている。

5　個人内評価

学習者が努力をいくらしても達成度が低ければ、高い評価は得られない。これに対して、**個人内評価**は一人一人が基準になるので、努力の程度を評価に反映させることができる。前学期の成績、同一学期の他教科の成績、あるいは学期初めに立てた目標などと比較する。

6　説明責任

学校でも**説明責任**（アカウンタビリティ）が求められる。「なぜ私はCなのか」と尋ねられた時、子どもにも保護者にも納得できるように説明することが、学校や教師には求められる。知識や技能はテストの得点などの客観的データがあるので容易かもしれないが、「主体性」については、誰もが納得する評価基準があるわけではない。「主体的・対話的で深い学び」が重視されており、子ども一人一人がどのような様子で、どのような発言をし、グループ活動等にどのように関わっているかをしっかりと観察しながら、その違いを見いだしていくことが求められる。

keyword 20 学習評価② ブルームの主張する評価

Basic Question 授業をしていく中で、毎回小テストをするなどして形成的評価をすることが重要だと、先輩の先生から聞きました。形成的評価とはどのようなもので、なぜ重要なのか教えてください。

Answer

授業の最後に行う10点満点の小テストで、クラスの大半が9～10点であれば、学習活動は順調に進んでいると言えるでしょう。点数の低い数人の子どもには、どこでつまずいているかを見極めた上で、個別に指導をすれば済みます。一方で、クラスの大半が3～4点だとすれば、教え方が子どもの特性に適していない可能性があり、教え方を改めなければ成績向上は期待できません。だからこそ、教えたことをしっかりと理解できているかどうかを調べ、次に向けて対処をすること、すなわち「形成的評価」が重要になってくるのです。

1　診断的評価

学期の初めに行うのが**診断的評価**である。新しい課題を学ぶのに必要な知識や技能などが備わっているか、準備ができているか、言い換えれば**レディネス**があるかどうかを調べ、不十分な子どもが見つかったら補償的な教育を施す必要がある。さらに、学習者の特性を踏まえて、最善と思われる教え方を決めることも、診断的評価における重要な役割である。

2　形成的評価

学期の途中等で行う評価が**形成的評価**である。具体的に、授業終了前に教師作成の小テストを実施する、学習ノートを提出させる、挙手の状況を記録する、問題を板書して解答中の子どもたちの間を回りながら状況を見るなどの方法がある。もし、これらの方法で調べた理解状況が不十分なら、教え方が適切ではない可能性があることから、その修正を図る必要がある。

クロンバックが唱えた**適性処遇交互作用**（ATI）という概念は、学習者の特性と教え方や学び方には交互作用があるというものである。言い換えれば、全ての学習者に最適な教え方はなく、一人一人に適した教え方を模索することの重要性を指摘したものである。形成的評価は、この考えを基礎にしている。

3　総括的評価

学期の最後に行うのが**総括的評価**である。最終的な成績をつけるための情報収集に加えて、今回の指導計画が妥当なものであったかを振り返り、反省をすることが目的となる。

4　完全習得学習

診断的、形成的、総括的という3つの評価を唱えた**ブルーム**は、これらの評価、とりわけ形成的評価を確実に実行すれば、学習者のほぼ全員が学習目標を達成できるとした。これが**完全習得学習（マスタリー・ラーニング）**という考えである。

5　ポートフォリオ評価

総合的な学習の時間の評価方法として用いられており、学習過程で集めた資料や考えたことをすべてファイルにまとめさせ、それを教師と共に子どもたちが自己評価をしていくのが**ポートフォリオ評価**である。

6　パフォーマンス評価とルーブリック評価

論文や研究レポート、絵画、演劇などの評価で用いられているのが**パフォーマンス評価**で、この評価を行う時に客観性が増すように使われるのが**マトリクス表**である。この表に基づいて行うのが**ルーブリック評価**で、表1は歴史新聞をつくるという課題の場合の一例である。

表1　ルーブリック評価のマトリクス表の例

	S 最高レベル	A 上位レベル	B 中位レベル	C 下位レベル
資料収集	資料が内容別に整理されている	資料が整っている	資料がほぼ整っている	資料が整っていない
記述	歴史を概観できる見地と個別事象の記述を読みやすく組み合わせている	歴史を概観できる見地と個別事象の記述がある	歴史を概観できる見地と個別事象の記述のどちらかがある	歴史を概観できる見地と個別事象の記述がどちらも不正確である
表記	見出しや記事配置を工夫し、惹き付ける書き方をしている	見出しや記事配置を工夫している	見出しがあり記事内容を表現している	見出しがなく記事は位置が分かりにくい

keyword 21 学習評価③ 評価に介入する人的要因

Basic Question テストの採点をしていると、達筆で美しく書いてある答案もあれば、誤字だらけで見た目が美しくない答案もあります。どうしても美しい答案を書く生徒は正しく理解している生徒のように思ってしまいます。テストの採点は公平にしなければなりませんが、教師として注意しなければならないことを教えてください。

教師が絶対にしてはならないことの一つに、子どもたちの答案を紛失することがあります。1枚でもなくなったら一大事ですので十分に注意してください。答案は手書きですから、きれいに書いているものもあれば乱筆なもの、誤字脱字が目立つものもあります。こうした特徴は、解答内容とは関係がないものの、採点に少なからず影響を及ぼします。きれいな文字なら短時間で採点が終わりますが、乱筆だと判読に時間がかかってしまいます。早く終えたい気持ちはよく分かりますが、採点は教師にとって大事な作業なので、じっくりと時間をかけて、子どもたちの汗と涙の結晶を採点してあげてください。ここでは、評価に影響を与える要因について、解説していきます。

1　ハロー効果

文字が丁寧に書かれていると解答も正しく書けているように感じ、逆に文字が乱筆だと解答も正しく書けていないように思いがちになる。このように、本来評価しようとしている特性（ここでは解答内容）とそれ以外の特徴（ここでは達筆か乱筆か）が影響し合って評価が歪む現象を**ハロー効果**（後光効果または光背効果）と言う。

2　ピグマリオン効果とゴーレム効果

ローゼンタールは、子どもの成績の伸び具合を予測できる検査が開発されたと言い、担任に了解を得てから子どもたちにこの検査を実施した。しかし、これは普通の知能検査であった。そして、クラスの中から何人かを無作為に選び、「この子たちは、今後数か月で成績が伸びるはずだ」と担任に伝え、それ以後は普通に授業をしてもらった。その上で、数か月後にテストして学力を調べた結果、伸びると言われた子どもが著しい伸びを示した。これが**ピグマリオン効果**（教師期待効果）である。ローゼンタールが『教室の中のあやつり人形（Pygmalion in the classroom）』という本の中で紹介したことから、この名前が付けられている。

逆に、「伸びることはない」「もう限界だ」というような負のイメージを付加された子どもは、実際に成績が低下した。これは**ゴーレム効果**と呼ばれている。

ただし、教師からの期待だけで成績が変化したわけではないと考えられる。教師が「伸びる」と思ったことで発言機会を多く与え、子どもが「何となく期待されている」と感じたことから、積極的に学習に励んだ結果であるとも考えられる。逆に「伸びないと」思えば発言機会を与える回数も減り、子ども自身が考えようとしなくなってしまう可能性もある。教師としては、すべての子どもに期待する意識・姿勢が求められる。

3　中心化傾向と二極化傾向

評価する際に、「非常に○○」を避けて「やや○○」という選択肢や言葉を選んでしまうことがある。このように、極端な評価を避けて中庸の評価に落ち着きがちな現象を**中心化傾向**と言う。一方で、対象者に対して「好き」「嫌い」の印象を強く持っていると、両極端な評価につながることもある。これを**二極化傾向**と言い、評価者が対象者の特徴を極端に決めつけている可能性が強い。

4　寛大化傾向と厳格化傾向

望ましい面は強調して甘く、逆に望ましくない面は控えめに評価する現象が**寛大化傾向**である。寛大化効果は、子どもから嫌われたくないという評価者の心理が反映されている。これに対して、実際以上に厳しく評価してしまう歪みが**厳格化傾向**で、評価することに過剰なほどの責任感を感じている場合に起こりやすい。

5　論理誤差

「理解が速い子どもは知識も豊富である」といった具合に、本来は違う次元の事柄を混同してしまう評価の歪みを**論理誤差**（論理的誤謬）と言う。背景には、**ステレオタイプ**と呼ばれる固定的な観念がある。「勉強ができる子はリーダーシップに優れている」「容姿の優れた子は勉強ができる」「体育が得意な子は社交的である」などがその例と言える。

keyword 22 性格と適応① 性格の理論

Basic Question 子どもたちから血液型を尋ねられたので、「AB 型だよ」と答えたところ、「やっぱり」と言われました。心理学的には、血液型と性格の間に関連性はないはずですが、それでも血液型から人物像をイメージする人は多いと思います。もっと科学的に立証された「型」というものはないのでしょうか。

Answer

自身の性格を記入する欄に、何を書けばよいかと迷った経験はないでしょうか。「内向的」「几帳面」「明るい」などと書く人が多いと思いますが、これらは特性と呼ばれるものです。これだけが書かれていても、すぐに人物像がイメージできるわけではありません。一方で、血液型のように「〜型」と一言で答えてもらうと、それだけで分かったような気になる人もいます。このように典型的な「型」に当てはめて考えるのが類型論です。代表的な理論を紹介します。

1　類型論と特性論の違い

類型論は、典型的な数個の型に当てはめて性格を捉える考え方で、型を言われるとイメージがしやすい反面、1つの型に完璧に当てはまる人はむしろ少なく、中間的な型の人の場合に性格を表現しにくいという側面がある。これに対して、**特性論**は、多様な特性の集合として捉える立場で、特徴がすぐに分かるものの、人によって挙げる特性が異なるため、全体像をイメージしにくく他者と容易に比較ができない側面がある。

2　クレッチマーの理論

①理論の特徴

精神科医の**クレッチマー**は、患者の疾患と体格の間に関連があることを見いだした。具体的に、統合失調症の患者には筋肉が発達していない**細長型**、うつ病などの気分障害には**肥満型**、てんかんには筋肉質の**闘士型**が多かった。これを踏まえて、細長型に**分裂気質**、肥満型に**躁うつ気質**（循環気質）、闘士型に**粘着気質**を当てはめた。ただし、彼の理論は患者の年齢を考慮していないという批判もあり、すべてが認められているわけではない。

②具体的な性格像

分裂気質は、非社交的で一人でいるのを好む孤独なイメージの人である。ただし孤独であることを苦にしない。これに対して**躁うつ気質**は、社交的で明るく協調的なために人間関係は良好である反面、熟慮せずに行動して失敗することもある。**粘着気質**は、几帳面でコツコツと課題に向かうが、説明が回りくどくて要領を得ない面や頑固な面を持っている。

3　シェルドンの理論

クレッチマーと同様、体格に着目したのが**シェルドン**で、成人男性の体格を基に、太った**内胚葉型**、筋肉質の**中胚葉型**、細い**外胚葉型**の3つに類型化した。これを基に、内胚葉型は社交的でリラックスした感じがする**内臓緊張型**、中胚葉型は精力的で競争的な面を持つ**身体緊張型**、そして外胚葉型は引っ込み思案で何事にも抑制的な**頭脳緊張型**を挙げた。ただし現在は、体格と気質の間には、必ずしも高い結び付きはないとされている。

4　ユングの理論

心的エネルギーとしてのリビドーが向かう方向を基に、**内向型**と**外向型**に分けたのが**ユング**である。内向型は関心が自己に向かう場合で、外向型は外の出来事に目が向く場合である。

5　シュプランガーの理論

人の生き方や価値観にも性格が現れるとするのが**シュプランガー**の類型論である。具体的には、**理論型**、**審美型**、**経済型**、**社会型**、**政治型**、**宗教型**の6つがある。

6　特性論

統計学の手法一つである因子分析法が開発されたことで、性格や知能の研究が進んだ。性格の領域では、この手法によってどのような特性が性格を構成しているかが明らかにされ、いくつかの**特性論**が唱えられた。ただし、分析する元のデータや情報が研究者によって異なるため、抽出された特性もさまざまである。特性論の研究は質問紙法性格検査を開発するのに大きく貢献した。

keyword 23 性格と適応② 質問紙法による性格測定

Basic Question 子どもたちが、ある本に載っていた性格診断テストをやって「当たっている！」とか「これ、間違っているんじゃない？」とか、大騒ぎをしていました。こうした性格検査は、どこまで正確に分かるのでしょう。また、性格検査は教員が行わず専門家が行い分析するものだと思いますが、学習のために種類や目的を知りたいと思います。

Answer

性格検査には多種多様なものがあります。「ある本に載っていた検査」ということですから、質問紙法性格検査の一つと言えるでしょう。ただ、結果をどこまで信頼できるかは何とも言えません。本来の検査には、「信頼性」と「妥当性」が備わっていなければならないからです。すなわち、いつ検査しても同じ結果になり、測定しようとするものを測定できていることが、科学的に確認されている必要があります。これら「信頼性」と「妥当性」を備えた性格検査が数多く開発されていますので、検査の特徴や目的を知った上で、どのようなものがあるか知っておきましょう。

1　心理検査が備えるべき要件

①信頼性

検査をいつ行っても、何回繰り返しても、常に同じ結果が得られる検査は「**信頼性**が高い」と言う。

②妥当性

測定しようとする概念をその検査で正しく測定できており、理論的な予測と一致している検査は「**妥当性**がある」という。

2　質問紙法検査の特徴

用紙に記載された複数の質問を提示し、それが自分に当てはまるかどうかを「はい」「いいえ」「どちらでもない」の３つ、あるいは「はい」「いいえ」の２つから選択・回答させ、機械的に集計して診断するのが**質問紙法検査**である。**目録法検査**とも呼ばれる。長所として、多数の人の性格を短時間で測定でき、実施に専門的な技能や知識を必要としない点が挙げられる。性格の特性論を基礎に作られたものが多く、多様な検査が開発されている。

3 代表的な質問紙法検査

①矢田部ギルフォード性格検査

120個の文章を読んで、それが自分に当てはまるかどうかを3つの選択肢から回答するのが、ギルフォードの理論を基礎に**矢田部達郎**が開発した**矢田部ギルフォード性格検査（YG性格検査）**である。12個の性格特性の強弱が分かるとともに、全体的プロフィールから平均型、安定積極型、情緒不安的消極型など5つの類型を基に評価することもできる。

②モーズレイ性格検査

アイゼンクの特性論に基づくのが**モーズレイ性格検査（MPI）**で、社会性に関わる内向-外向という向性と、情緒安定性に関わる神経症傾向の2次元で性格を診断する。

③16性格特性検査

キャッテルが開発したのが**16性格特性検査（16PF）**である。自我強度、衝動性、公徳心、空想性など16個の特性の強弱が分かる。

④ミネソタ多面人格目録

ハサウィらによって開発された**ミネソタ多面人格目録（MMPI）**は、550個の文章から構成された検査で、心気症、ヒステリー、精神分裂病、精神衰弱など臨床尺度の結果から病的傾向を診断できる。

⑤エドワーズ欲求検査

どのような欲求を抱いているかを一対比較法によって測定するのが、エドワーズによって開発された**エドワーズ欲求検査（EPPS）**である。一般的に質問紙法検査では、社会的な望ましさが高い方を選択することで、回答に歪みが生じやすい。それに対して、ここで用いている**一対比較法**では、社会的な望ましさがほぼ等しい2つの状況を提示し、今の気分に近い方を選択させることで虚偽回答を排除しようとしている。

⑥エゴグラム

批判的な親、養育的な親、大人、自由な子ども、順応した子どもという5つの自我状態の強弱とバランスを測定できるのが、**デュセイ**によって開発された**エゴグラム**である。交流分析における自我の診断にも用いられている。

4 作業法検査

精神的な負荷がかかる作業を行わせ、その作業結果や時間的推移から適性を診断するのが作業法である。その中の一つである**内田クレペリン精神検査（クレペリン検査）**は、隣接した1桁の数字の加算作業をさせて診断している。

keyword 24 性格と適応③ 投影法による性格測定

Basic Question 校庭で遊んでいた子どもたちが、空に浮かぶ雲を見て何に見えるかを話していました。私には食べ物に見えたのですが、子どもたちは「動物に見える」と言っていました。単なる雲の形ですが、見え方には個人差があって興味深いものがありました。こうした差も、性格の現れなのでしょうか。

Answer

空に浮かぶ雲のような曖昧な形の見え方には、個人の欲求などが反映されると言われています。例えば、空腹の時には食べ物に見えやすくなります。一般的に使われる質問紙法検査は、性格の表層部分に焦点を当てて、その特徴を数量的に把握しようとします。しかし、雲の見え方もさまざまであるように、もっと多様な特徴を明らかにしようとするなら投影法性格検査の活用も考えられます。その代表がロールシャッハ・テストです。

1　投影法性格検査の特徴

曖昧な刺激に対する解釈の個人差を基に性格、とりわけ深層部分を明らかにしようとする検査が**投影法性格検査**である。性格の深層面を解き明かすことが目的である。ただし、実施には比較的長い時間がかかり、専門的な技能が求められること、解釈には豊富な知識と経験が必要であることなどが、特徴として挙げられている。

2　代表的な投影法性格検査

①ロールシャッハ・テスト

ロールシャッハが開発した**ロールシャッハ・テスト**は、左右対称のインクのしみが何に見えるか、どこから見えたか、どうして見えたかを10枚の図版について詳しく尋ね、その結果をもとに性格の深層部分の特徴を明らかにするものである。この検査は当初インク・ブロット・テストと呼ばれたが、あまりにも斬新な検査であったために、当時はほとんど関心を向けられなかった。しかし、ロールシャッハの死後、有効性が認識されて注目を浴びることになった。

②主題統覚検査

マレーが、自らの欲求理論を基礎に、人物が含まれた漠然とした状況の絵を見せて、「この絵の前に何があったか、今はどのような状況なのか、これから先に何が起ころうとしているかを含めた空想物語を、今この場で語ってください」と教示する検査を**主題統覚検査（TAT）**あるいは主題構成検査と言う。この検査を基に、すべてを擬人化し、リスを主人公とした児童用が**ベラック**によって別に作られており、**児童用絵画統覚検査（CAT）**と呼ばれている。

③絵画欲求不満検査

ローゼンツヴァイクによって開発された**絵画欲求不満検査（PF スタディ）**は、欲求不満状態に陥っている人の状況が線画で描かれてあり、一方の人物が発した言葉に対して、自分自身が他方の人物であったら何と言い返すかを吹き出しに自由に記入させる検査である。欲求不満を起こす事態に置かれた時の攻撃の質や方向性などが分かる。

④バウムテスト

コッホによって開発された**バウムテスト**では、「実のなる木を１本、鉛筆で描いてください」という教示に従って、画用紙に描かせる。樹木の形状、葉や根や地面の有無、実の数などから人物像や現在の心理状態を診断することができる。

⑤家と木と人テスト

家と木と人というモチーフを順番に画用紙３枚に描かせる検査で、**バック**が考案したのが、**家と木と人テスト**である。一般的にはその頭文字をとって **HTP テスト**と呼ばれている。家族との関係は家、個人の特徴は木、そして対人関係の様子は人の絵にそれぞれ現れてくる。

⑥文章完成法検査

書きかけで未完成の文章の最初の部分だけを提示し、その後に自由に言葉を補って文章を完成させる検査で、**文章完成法検査（SCT）**と呼ばれている。**エビングハウス**の考えを基礎に作られた。自分自身をどのように捉えているか、家族を中心とする人間関係はどうかなどが分かる。さらに筆跡が残ることから、診断の補助資料になっている。なお、文章の構造や言葉などから知的能力の高さも推測可能である。

keyword 25 性格と適応④ 欲求

Basic Question 放課後、中学１年生の女子が数人やってきて、部活動やクラスでの不満を言い始めました。小学生時代と比べて、定期考査があったり、校則が厳しかったり、時間的余裕がなかったりして、相当ストレスが溜まっているようです。子どもたちは学校でどのようなストレスを抱き、どのように解消しているのでしょうか。

Answer

ストレスを感じるのは大人だけではありません。生きている限り、ストレスと無縁ではいられないのです。学校で言えば、幼稚園児は好きな時におやつが食べられないこと、小学生は授業中に当てられること、中学生や高校生は進路や仲間関係などが、大きなストレス因として挙げられます。中学生や高校生は、友人と語り合ったり、スポーツを行ったりして、ストレスを解消しているようです。それができない幼稚園児や小学生は、日々の遊びを通じて気分を晴らしているはずです。

1 欲求

①一次的欲求と二次的欲求

食欲や睡眠など生存に必要不可欠な欲求を**一次的欲求**（生理的欲求）と言い、より良く生きて行きたいとする欲求を**二次的欲求**（社会的欲求）と言う。

②欠乏欲求と成長欲求

不足しているものを満たそうとする欲求が**欠乏欲求**で、欲求の大半が該当する。一方、自己実現の欲求のように、より良い自分を目指す欲求を**成長欲求**と言う。

2 欲求の階層構造説

マズローは、人間が抱く欲求には階層性があると考え、**階層構造説**を唱えた。マズローによると、低次の欲求から順に**生理的欲求**、**安全の欲求**、**所属と愛情の欲求**、**自尊の欲求**、そして最高位に**自己実現の欲求**があり、低次の欲求が満たされないと上位の欲求の充足が困難になると主張した。

別の視点から考えると、乳児にあるのは生理的欲求だけで、幼児期に安全の欲求、児童期に所属と愛情の欲求、思春期に自尊の欲求、青年期以降に自己実現の欲求がそれぞれ芽生え、順番に充足されていくと考えられる。

自分の生存をもとに、身近な親、周囲の他者との関係を築きながら、最終的には自己実現を図って自分らしい人生を歩もうとする人間の姿を示しているともいえる。

図1　マズローの階層構造説

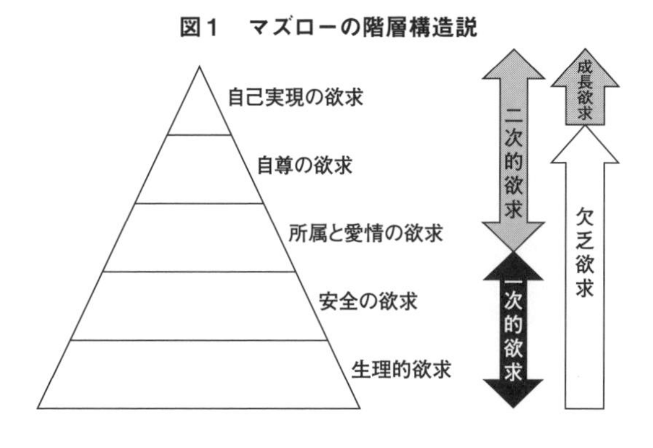

3　ストレス

①ストレスの特徴

外からの圧力や圧迫などが加わって心身の安定が崩れた状態が**ストレス**である。このストレスを引き起こした原因である圧力や圧迫は、**ストレッサー**と呼ばれる。ただ、ストレスに対する抵抗性、精神的な柔軟性あるいは克服力である**レジリエンス**が高い人は、ストレスをまともに受けることなく生活することが可能になる。

②一般適応症候群

ストレッサーによって全身で引き起こされた非特異的な反応を**一般適応症候群**（全身適応症候群）と呼んだのが**セリエ**である。セリエによると、ストレスを受けると、最初は一時的に抵抗力が低下するとともに、ストレッサーに対抗しようとする準備がなされる警告反応期に入る。次いで抵抗期になると、ストレスをはねのけようと、抵抗力が発揮される。それでもストレス状態から解放されずにいると疲弊期に陥り、さまざまな不適応症状が引き起こされる。

③学校ストレス

子どもたちが学校に通う中で経験するストレスを**学校ストレス**と呼ぶ。これにどう対処するかが**ストレス・コーピング**で、その場を回避するなどして苦痛を弱める**情動焦点型コーピング**と、ストレスを引き起こしている問題を整理してその解決策を模索した上で対処しようとする**問題焦点型コーピング**がある。

④心的外傷後ストレス障害

悲惨な事件や大災害に見舞われたり、自らの生命に危険を感じるなど過酷な体験をした後で生じるさまざまなストレス症状を**心的外傷後ストレス障害（PTSD）**と言う。乗り越えるためには周囲の温かい支えが重要となる。

keyword 26 性格と適応⑤ 防衛機制

Basic Question 放課後に生徒たちと雑談していたときのことです。ある生徒が「試験の前になると、どうしても部屋の整理をしたくなるんだよね」と言ったところ、その他の生徒も「私も」と賛同し「いつも試験と関係ないことをやりたくなるんだ」と話していました。大事な試験前に、子どもたちがこうした欲求を抱くのは、なぜなのでしょうか。

Answer

試験前日の晩に、部屋の模様替えをしたり、買っておいた本を突然読み始めたり、誰かを誘って遊びに出掛けたりといった経験は、誰にでもあるのではないでしょうか。これは「逃避」という代表的な防衛機制の一つです。試験が易しい時には起こりにくく、難しくて不安感が強い時ほど起こりがちです。防衛機制にはさまざまな現れ方がありますから、子どもを理解する上でも知っておくべきです。

1 フラストレーション

自分の欲求が何らかの障害によって充足ができない状況を**フラストレーション**（欲求不満あるいは欲求阻止）という。しかし、そのような状況に置かれて自暴自棄になる人もいれば、合理的な解決策を模索できる人もいる。その相違は、フラストレーションに耐える力が身に付いているかどうかであって、**フラストレーション・トレランス**（欲求不満耐性）という資質である。

2 代表的な防衛機制

①合理化

欲求が満たされなかったときに、もっともらしい理由や口実をつけて自分を納得させようとする。

【例】イソップ物語にある、どうしても手が届かないところにあるブドウを「あれは酸っぱいのだ」と自分に言い聞かせる狐の話。

②抑圧

実現困難な欲求、思い出したくない記憶など、自分の安定を脅かすものを無意識の底に抑え込んでしまい、自分でもその欲求や記憶を思い出せなくなってしまう。
【例】ペットが死んでしまった前後のことを思い出せない。

③投射（投影）

自分の中にある不快な感情や態度、欲求を自分から排除して、自分以外の他者が持っていると認知する。

【例】「あの人が憎い。そう感じる自分は心が狭い人間だ」という感情を投射して、「あの人は私を憎いと思っている。攻撃してくるかもしれない」と恐れる。

④同一視

自分にない他者の属性や栄誉などを自分のものであるかのように見なす。特に、他者の好ましい面を見る。広く伝染する傾向があり、子どもの発達段階で道徳心や良心の形成に役立つ。投射の逆である。

【例】ボランティア活動をやっている父の真似をして、子どもが学校で人助けをする。

⑤補償

自分の持つ心身の欠点や劣等感を補うために、全く別の面で優位に立ち、劣等感を補う。

【例】算数が不得意なので、体育の時間に頑張る。

⑥代償

目標が満たされなかったときに、その目標に類似した別の目標に置き換え、それを達成して満足する。

【例】目標としていた難関大学には入れなかったが、別の大学に合格して満足する。

⑦昇華

実現不可能な欲求や感情を、社会的・文化的に受け入れられる形に変えて発散する。

【例】性的な欲望や衝動をスポーツや芸術、学問に向ける。

⑧反動形成

自分の欲求や衝動が他人から非難されるのを防ぐために、欲求を抑圧し、それと反対の態度や行動をとる。

【例】嫌いな人に特別優しく接する。

⑨攻撃

欲求不満を直接的な攻撃行動で解消する。

【例】特定の人物をいじめる、言いがかりをつけてけんかする、八つ当たりする。

⑩逃避

困難な状況を避けたり、他のことに熱中したりして不安から逃れる。

【例】空想にふける。他の仕事を一生懸命に行う。試験の日に腹痛を理由にして学校を休む。

keyword 27 性格と適応⑥ 不適応行動

Basic Question 幼稚園の年少クラスの担任をしています。入園からもうすぐ1か月が経とうとしていますが、クラスの中に園では自分から全く話をしない子がいます。聴覚は健常のようで、家庭では普通に話をしているようです。どのように対応したらよいでしょうか。

Answer

聴こえているとのことですから聴覚障害ではなく、家庭では普通に話せるというので言語障害でもありません。幼稚園に来ると話せないということは、「選択性緘黙(かんもく)」の可能性が高いでしょう。特別な支援が必要と考えるより、その子が落ち着いた居場所に慣れるように工夫してください。類似する例で説明すると、大学生から見た大学の先生について、入学前ならば「知らない人」ですから、隣にいても緊張しません。でも、その先生の授業を履修し、互いに顔が分かるくらいの時期になれば、隣にいると緊張するでしょう。ただ、その先生のゼミに入り雑談などもできるようになれば、緊張はしなくなります。「他人」から「世間」、「身内」へと関係性が変化したわけです。緘黙の子にとって幼稚園は、まだ「世間」の関係なのです。

1　幼稚園や小学校低学年で起こりやすい不適応行動

①選択性緘黙

家庭では家族と普通に話せる、場合によっては饒舌なほど話せるのに、幼稚園や保育園、小学校に来ると全く話せなくなってしまうことを**選択性緘黙**あるいは**場面緘黙**と言う。園や学校がその子にとって安心できる場所でないこと、過度な緊張状態にあることなどが原因で起こる。選択性緘黙の子に対し、無理やり話させようとするのは好ましくなく、落ち着いた環境を設けた上で、自ら話すのを待つ姿勢が望まれる。なお、場面に関係なく全く話せない場合は、**全緘黙**と呼ばれる。

②チック

体の一部の神経が本人の意思に反して勝手に繰り返し動いてしまう不適応行動を**チック**と言い、男児に多い。ストレスを感じたり過度な緊張状態に陥ったりすると起こるもので、「まばたきする」「肩をぴくぴく動かす」「鼻を鳴らす」などの**運動性チック**と、「舌を出す」「その場にふさわしくない言葉を発する」などの**音声性チック**があり、さらにそれぞれ単純な反応と複雑な反応の２次元で捉えることができる。なお、運動性と音声性を併発すると、**トゥレット症候群**という名の障害になる。

③吃音

吃音は、滑らかな発話ができず、単語の最初の音を繰り返したりする行動で、会話の流暢性とリズムの障害に該当する。原因は不明であり、子どもの吃音の４分の３ほどは何もしないで治癒し、成人期まで継続するケースはわずかである。ただし、成人期まで持続した場合は、自己概念の低さ、自尊心の低下につながりやすい。

2　思春期に起こりやすい不適応行動

①不登校

登校の意思はあるのに登校できない場合が**不登校**であるが、近年は登校する意思すらない場合も多い。

②摂食障害

健全な食行動がとれていない状況全般を**摂食障害**と言い、拒食のみならず過食を示す場合もある。厚生労働省の難治性疾患に指定されているもので、対人関係、とりわけ親子関係に起因することが多いと指摘されている。

③自傷行為

自傷行為は、リストカット、髪の毛を抜く、血が出るまで拳で壁を叩くなど多様な行動となって現れる。生命に直接関わるものではないが、認知行動療法などによって対応がなされている。

3　青年期に起こりやすい不適応行動

①アパシー

男子大学生で多く認められる不適応行動で、サークル活動やアルバイトはごく普通にできるものの、学業に関してのみ急速に意欲を失ってしまうことを**アパシー**と言う。不本意入学、あるいは大学入学後のビジョンが欠落していることなどが背景にあるとされ、留年することが多い。

②パニック障害

人込みの中で突然パニック発作が起こり、呼吸困難や発汗などの症状が現れる経験をすると、その後雑踏に出かけるのが不安になり、広場恐怖に陥り、最終的に**パニック障害**になることがある。女性に多い不適応行動である。

keyword

28 カウンセリング

Basic Question 大学で履修した教育相談の授業で、カウンセリングの重要性を学びました。その時、カウンセリングは相談室で行われるものだけではなく、日常の学校生活の中で繰り返し行われる行為だと学びました。カウンセリングは、悩みを持つ人の問題解決だけではないのでしょうか。

Answer

カウンセリングの起源は、アメリカでの職業相談を「カウンセリング」、その相談相手を「カウンセラー」と呼んだことに由来します。つまり、歴史的に見ても、カウンセリングは「悩み事相談」ではありません。学校の教師が、子どもたち相手にしている日常的な助言等もカウンセリングの一種で、「指示的カウンセリング」と呼ばれています。一方で、子どもが悩み事を抱えている場合には「来談者中心カウンセリング」という技法が活用されます。

1 カウンセリングとは

カウンセリングは、相談に来た**クライエント**の訴えを**カウンセラー**が聴きながら解決に向けた助言や援助を行うもので、対面を基本にしつつ、現在では電話やメールを活用することも多くなっている。このカウンセリングが功を奏すには、二人の間に相互信頼の関係ができていることが前提で、これを**ラポール**と言う。

2 学業指導・進路指導のためのカウンセリング

学業や進路の相談に効果的な技法が、**ウィリアムソン**らが行っていた**指示的カウンセリング**である。この技法は、クライエントの悩みは情報不足にあり、カウンセラーは的確な情報を提供することに徹することが必要で、クライエントは与えられた情報を基に自分がどうするかを考えて、次の行動に移ればよいとする。カウンセリングの正否を決めるのはカウンセラーで、その情報がどこまで有益かが重要になる。そのため、クライエントがどのような情報を求めているかを察知して、それを提供することがカウンセラー役の教師には求められる。

3　悩み相談のためのカウンセリング

ウィリアムソンらが用いていた技法では、対人関係や自己の不適応などの悩みには対処できないと考えた**ロジャーズ**は、新しく**非指示的カウンセリング**、後に**来談者中心カウンセリング**と呼ぶことになる新しい技法を提案した。ここで最も重視されるのが傾聴である。ロジャーズは、悩みの原因は、すべての人が生まれながらに持っている成長する力や自己実現を目指す力が、何かの理由でうまく発揮できていないためだと考えた。この場合、悩みを解決するには、発揮できていない力が発揮できるように、カウンセラーが援助に徹するべきだと考えた。いくら解決策を提案しても、クライエント自身が自ら動いて乗り越えようとしない限り、解決は難しい。そのため、ロジャーズは自らの立場をより明確にするため、来談者中心カウンセリングと呼んだのである。

4　折衷的カウンセリング

ソーンが唱えた**折衷的カウンセリング**は、指示的あるいは来談者中心の２つの技法のどちらかに片寄ることのない対応法である。一般的には、悩みの本質が見極められるまでは積極的に傾聴する来談者中心の方法をとるものの、問題が明白になった後は、それまでの経験から培った知識をもとに最適な解決策を提案し、より短期間での解決を目指す。教職に就いて相談の経験を積み重ねていくことで、子どもたちの悩みにどう対処すればよいかが分かってくると実践できる方法と言える。

5　ピアカウンセリング

カウンセリングは、必ずしもカウンセラーと行う必要はない。同じあるいは似た境遇の者同士で行う方が、互いの現状を理解でき、効果的な情報提供が可能となって、寄り添える場合もある。このような技法が**ピアカウンセリング**で、子ども同士でも日常的に行われている。

6　3つの役割

カウンセリングをはじめとする心理療法は、悩みを抱いた時に行う**治療的役割**だけではない。事件や事故が起こった直後から早めに対応して症状の軽減を図ろうとするのが**予防的役割**であり、さらに自己理解や他者理解を目指して行う**開発的役割**にも関心が向けられている。

keyword 29 具体的なカウンセリング技法

Basic Question 放課後、担任するクラスの子がやって来て、悩みがあると言います。私はカウンセリングの専門的な勉強も、訓練も受けていないので、どのように話を聴けばよいか分からず、戸惑いました。カウンセリングの具体的な技法を教えてください。

カウンセリングは、傾聴することが大事だと言われます。英語で表記するなら「active listening」です。クライエントが発した声をただ「聞く」だけなら「listening」ですが、カウンセリングでは声になっていない声、言葉とは裏腹な思いを聴き取ることが必要なので「active listening」と言います。カウンセリングにおいては、クライエントが辛い過去などを話す時の表情、仕草などもしっかりと受け止めることが大切です。

1　カウンセリング・マインド

カウンセラーが備えておきたい基本的な資質をカウンセリング・マインドという。具体的に、次の３つがある。

①無条件の肯定的関心

クライエントが言ったこと、考えたこと、したことなどをすべて取捨選択無しに受け止めることが重要である。そうして承認したり否定したりするのではなく、ありのまま全てを認めるこのような態度を**無条件の肯定的関心**と言う。それまで誰にも打ち明けられなかったことを信頼できる人に語れば、クライエントにとっては大きな喜びになる。また、肯定してもらえたことで、より深く自己洞察をするきっかけとなり、問題解決に向けた一歩が図られる。

②共感的理解

共感的理解とは、クライエントが今どのような気持ちでいるかを敏感に察知し、それを感じて共有し、さらには共有できたことをクライエントに言葉で伝え返すことを言う。カウンセラーが共感的理解をするためには、感受性を高めておく必要性がある。クライエントの言葉に単純に反応するのではなく、その背後にある気持ちを汲み取ることができれば、クライエントは単に嬉しいだけでなく、そのような気持ちになった自分を認めることにもつながる。

③自己一致

カウンセリングの場面で、カウンセラーが表出する言動と考えていることの間に矛盾がない態度のことで、このような真摯に向き合う姿勢を**自己一致**（真実性、純粋性）と言う。逆に、クライエントに先入観を抱いて接していては自己一致にならない。

2　具体的な対応法

①質問の仕方

クライエントが「はい」や「いいえ」のいずれか一言で答えられるような**閉ざされた質問**より、自分で言葉を選びながら答えなければならない**開かれた質問**の方が有効である。自分の心的な状態や問題を引き起こしたと考えられる原因を他者の言葉で聴くことより、自分の言葉として発せさせ、それを自ら聴かせることが重要である。

②座り方

クライエントの表情や仕草を確認しながら発する言葉を傾聴するには、図1のように机の角を挟んで座るのが効果的である。クライエントは緊張せずに語ることが可能になる。

③関わり方

クライエントの語る言葉に適度な頻度で相づちを打ち、アイコンタクトをすることで、クライエントは「伝わった」という喜びと大きな安心感を抱くはずである。

図1　カウンセリング時の座り方

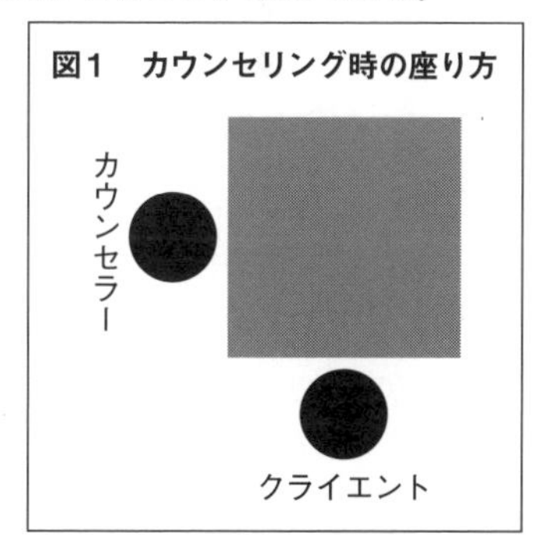

3　マイクロカウンセリング

カウンセリングを行う場合、質問の仕方や座り方など比較的容易にできるものもあれば、カウンセリング・マインドのように実践しようとするとかなり難度が高いものもある。そこで**アイヴィ**は、それらのスキルや態度を階層的に位置付け、モデルとなるカウンセラーの演じ方を模倣しながら一つずつ順番に習得できる訓練プログラムを考案した。これが**マイクロカウンセリング**である。

keyword 30 心理療法の伝統的な技法

Basic Question 子どもたちが成績表を親に見せるとき、成績が下がっているととても気まずく、親の態度が気になるようです。子どもたちにとって成績表を見せることは大変苦痛なようなので、その苦痛を和らげるために、保護者の方々には子どもの気持ちを考えた成績表の受け取り方をしてほしいと思います。そのために、何かよい方法はないでしょうか。

Answer

「心理劇」あるいは「サイコドラマ」と呼ばれる心理療法があります。これは、役割の演じ方を体得するのに効果的な技法で、例えば保護者会に来て下さった方々の中から２人を選び、一人は子ども役、もう一人は母親役となり、成績表を渡す場面をやってもらいます。筋書きがないので二人の保護者は困りますが、母親役の保護者はいつも通り「成績表を出しなさい」と言います。一方、子ども役の保護者は反発し、想定外の状況になりますが、劇は進めなければならず、互いが折り合いをつけながらどうにか終わります。この後、参加した保護者同士で感想を交換し合うことで、子どもの気持ちに寄り添った対応が可能になるのではないでしょうか。

1　精神分析療法

フロイトが創始した**精神分析療法**は、無意識の中に抑圧している**トラウマ**（心的外傷）を**自由連想法**によって意識化させることを目指した技法である。

2　遊戯療法

子どもを対象とした心理療法が**遊戯療法（プレイセラピー）**で、**アンナ・フロイト**、**アクスライン**、**クライン**らが開発した技法である。言葉では内面を語り尽くすことが困難であっても、制約のない自由な空間でセラピストと共に遊ぶ体験は、不安や緊張の軽減につながる。これは、遊びによって**カタルシス**（心的浄化）が図られたからだと言える。

3　箱庭療法

内側を青色に塗装した箱に砂を敷き詰め、棚に置いてある人、動植物、乗り物、建物などのミニチュアを用いて、自由な作品づくりをさせるのが、カルフの考えをもとに**ローエンフェルド**が発展させた**箱庭療法**である。完成したら、どのような情景を作ったのか本人の説明を記録し、作品を写真で撮る。箱庭療法は、カウンセリングや遊戯療法を併用して行うことが多い。心理的状態が写真という視覚的な情報としても確認できるのがメリットと言える。

4　心理劇

モレノが創始したのが**心理劇（サイコドラマ）**である。参加者の中から演者数人を選び、聴衆役の人の前で筋書きのない即興劇を演じさせる。私たちは数多くの役割を持って生活しているが、そのすべての役割を自分が演じたいように、他者から期待されているように演じられているとは限らない。そこで役割演技の仕方をこの劇を通して再学習、再体験することを目指す。

5　森田療法

森田正馬が創始したのが**森田療法**である。この療法は、強迫観念や不安傾向が強い神経症の患者などの治療に効果的とされる。患者を入院させ、最初の1週間程度は何もせずに考えるだけ、その後の1週間ほどは、何かしらの簡単な作業をさせ、さらにその次には読書や娯楽などを含めて睡眠時間以外は絶えず何かをさせる。こうした治療を1か月ほど行うことで、自らの症状に直面させ、自己ばかりに向けられていた意識から解放させる。その結果、神経症から解き放たれて、精神的健康が図られる。

6　内観療法

吉本伊信が始めたのが**内観療法**である。自分にとって大切な人を一人思い浮かべ、その人にしてもらったこと、して返したこと、迷惑をかけたことについて、過去から順番に丁寧に思い出させる作業を繰り返し、適宜、内観したことを報告させる。実践してみると、してもらったことがあまりにも多いのに、して返したことが非常に少なく、自分自身が自己中心的に行動していたことを再認識し、罪悪感を抱く。これを体験することで、大切な人ばかりでなく、周囲の人に優しく思いやりを持って接することができるようになる。

keyword 31 行動療法と現代の心理療法

Basic Question ここ最近、帰宅時間が遅くて疲れがたまっていました。昨日は定時に仕事が終わったので、家でのんびりしようと思っていたのですが、帰り際に親しい先生に食事に誘われ、断れずに行くことになりました。人からの誘いを上手に断る方法を教えてください。

人に誘われて「断るのが申し訳ない……」と考え、その誘いに乗り、後になってから「やっぱり行かなければよかった」と思うなんて人も少なくないでしょう。そうした人に有効なのが「主張訓練法」あるいは「アサーション・トレーニング」と呼ばれる心理療法です。相手は親切心から誘ってくれているのかもしれませんが、いつも他人に合わせていると、疲れがたまる一方です。主張する訓練を通じて、上手に断れるようになりましょう。

1 行動療法

行動療法は、現在問題となっている症状を条件づけを応用して半ば強制的に消去させた後、新たに望ましい行動を再学習させることを目指した技法の総称である。『行動療法』という書物を最初に著したのが**アイゼンク**である。

①系統的脱感作法

不安の克服に効果的な技法が、**ウォルピ**によって創始された**系統的脱感作法**で、これは古典的条件づけを応用したものである。最初に、不安克服に向けて弱い不安を引き起こす状況から強い不安を引き起こす最終目標の状況までを段階的に位置付けた不安階層表を作成する。次に、**不安階層表**の下から順番に不安誘発場面を繰り返し体験しながら、不安症状が起こらないことを確認し、段階を徐々に上げていく。

②トークン・エコノミー法

望ましい行動を自発することができたら**トークン**という報酬あるいは代用貨幣を与えることを反復することで、その生起頻度を高める技法が**トークン・エコノミー法**で、オペラント条件づけを応用して開発された。ADHD の行動改善、不適切な習慣の除去に効果的とされる。

2　主張訓練法

他者の欲求を優先するだけではなく、それと同じくらい自分の欲求をも尊重し、それを優先する時には他者との関係を傷つけないような言動ができるような対応法を獲得することを目指した技法が**主張訓練法**（アサーション・トレーニング）である。他者からの誘いなどを断る時、相手に嫌な思いをさせず、自分との良好な関係を維持し続けられるような表現法を学ぶことも重要な要素となる。

3　合理情動行動療法

心理療法を受けた結果、過去に問題があると指摘されたとしても既に過去に戻ることはできない。さらに自分と同じような過酷な環境で育った人が、皆同じ問題を起こしたり、悩んだりしているかというとそうではない。このことを指摘した**エリス**は、問題の本質は今、非合理的な信念を抱いていることにあり、それを改めさせることが必要だとして**合理情動行動療法**（論理療法）を提唱した。

4　認知療法

状況の認知の仕方が歪んでいることが原因で、それを改めることで問題を解消させることが可能だとするのが、**ベック**による**認知療法**である。具体的な認知の歪みとしては、すべてを白黒二分割して考える、些細なことを拡大解釈する、逆に重大なことを過小視する、すべてを自分と結び付けて考えるなどが挙げられる。

5　交流分析

人間関係の問題は交流の仕方に問題があるとの考えに基づき、**バーン**が開発したのが**交流分析**である。自我状態の特徴を明らかにし、交流パターンを分析し、悪循環に陥っているパターンを明らかにした上で、今ここでどうすべきかという新しい脚本を作ることを目指す。

6　構成的グループエンカウンター

ロジャーズが始めた古典的なエンカウンター・グループを学校などで活用できるように**國分康孝**が開発したのが**構成的グループエンカウンター**である。体験する内容を最初に説明するインストラクション、実際に体験するエクササイズ、その後に体験したこと感じたことを共有し合うシェアリングから成る。開発的役割を果たす重要な技法の一つである。

第7章

教育史

現在の学校教育は、長い歴史的経緯の中で、試行錯誤しながら形づくられたものです。そのため、西洋・日本の教育史は、教育活動を行う者として知っておくべきこととして、教員採用試験でもよく問われます。主要な人物と実績をセットで覚えておきましょう。

keyword 01 西洋教育史① 古代・中世

Basic Question 古代ギリシアのアテネやスパルタが、都市国家だということは歴史で学習しました。その時代から、市民権を持つ成人男子に教育が必要であるという発想があったこと、哲学者は教育者でもあったことなど非常に興味深いものがあります。この時代の哲学者の思想を理解するポイントを教えてください。それから、中世に大学が生まれた経緯などもあわせて教えてください。

Answer

古代ギリシアについては、ソフィストであるプロタゴラスを批判したソクラテス、その弟子・プラトン、孫弟子・アリストテレスの業績を整理して覚えておきましょう。中世の教育機関として作られた大学については、ボローニャ大学（北イタリア）、サレルノ大学（南イタリア）、パリ大学などを押さえておきましょう。

1　都市国家の教育と人物

都市国家**スパルタ**は、強力な軍隊が必要であり、支配階級を強健な軍人にすることが教育の目的であった。一方、**アテネ**では、教育は国家が強制すべきものではなく、アテネ人の自由に委ねられるべきという発想から教育が行われた。しかし、**市民権**を得た男子が民主的に政治に参加するという体制は共通している。ギリシアでは、議会の演説や法廷での弁論に必要な**弁論術**、**修辞学**が発達し、**ソフィスト**と呼ばれる知識人によってその技術が追求された。最も有名なソフィストは**プロタゴラス**で「人間は万物の尺度である」という言葉を残した。

ソクラテスはソフィストを批判して登場した。ソクラテスの弟子が**プラトン**、その弟子が**アリストテレス**である。ソクラテスは著述を残さなかったが、プラトンによってその思想は伝えられた。ソクラテスからアリストテレスに至る３人は、弟子を養成する教育の発想が共通している。

2　ソクラテスの「無知の知」と産婆術

ソクラテス（B.C.469頃-399）は、何でも知っているふりをするソフィストを批判し、自分は無知であることを知っている（**無知の知**）と言った。人々に「無知の知」を自覚させるために彼が採った方法は、相手が自ら知を産み出すまで対話と問答を続けるというもので、**産婆術（助産術）**と呼ばれている。

3　プラトンとアリストテレス

プラトン（B.C.427-347）もアリストテレス（B.C.384-322）も学校を創設し、組織的な青年教育を展開した。

表1　プラトンの実績

創立学校	アカデメイア（もとは地名）
著書	『国家』、『饗宴』
思想	「真善美」の追究が学びの本質
	イデア論

表2　アリストテレスの実績

創立学校	リュケイオン（もとは地名）英語のlectureの語源
	門下生は逍遙学派と呼ばれる
著書	『ニコマコス倫理学』
思想	「人間はポリスにおいてはじめて本性を完成させることのできる動物」
	「中庸」の徳を説いた
	中世の大学の神学研究（スコラ哲学）に影響を与える

4　中世社会の教育　大学の誕生

西ローマ帝国滅亡（476年）から東ローマ帝国滅亡（1453年）までの約1,000年間を「**中世**」と呼ぶ。**キリスト教**が政治・社会・文化に大きな影響力をもった時代で、教育機関の中心も**教会**であった。ここでは、**七自由学科**が教えられた。三学（文法・修辞学・弁証法）と四科（算術・幾何学・音楽・天文学）である。暗記することが学ぶことであった。

十字軍が東方に遠征し、イスラム文化もヨーロッパに流入する。イスラム圏ではすでに大学が設立されていた。13世紀以降、学者と学生の自由な会合である「学者と学生の団体」が設立される。これが後の総合大学になり、学生の合宿所が単科大学（コレジウム）になった。

keyword 02 西洋教育史② 近世

Basic Question 近世のヨーロッパでは、ルネサンスと宗教改革が人間の文化や精神面に大きな変化を引き起こしたということを歴史の授業で習いました。教育の分野では、この時代にどのような出来事や変化があったのでしょうか。

Answer

14～16世紀にヨーロッパで起きたルネサンスは、人間本位の思想を生み出しました。また、宗教改革は、聖書を自国語で読めるようにすることをねらいとしました。つまり、一般庶民にも、知識や思想が広がる時代になったのです。その後、自然科学の発達により、教育方法においても観察・実験・経験が重視されるようになります。教育の分野では、宗教改革のルター、実学主義（リアリズム）教育のコメニウスを確実に押さえておきましょう。コメニウスの教育法は、次代のペスタロッチへと受け継がれます。

1　ルネサンスと教育の関係

ルネサンスは、現生に生きる人間本位の世界観を生み出した。これを**人文主義（ヒューマニズム）**という。人文主義はラテン語・ギリシャ語の学習と古典の学習による教養人の完成を目指す人文主義教育を生み出した。

①人文主義者　エラスムス（1466-1536）

オランダの神学者。注入主義と体罰を否定。興味・能力に応じた個別学習を主張。著書には『**愚神礼讃**』（この著書は教育論ではない）がある。

②人文主義者　トマス・モア（1478-1535）

ロンドンの法律家。余暇活動と教育機会が万人に保障された理想の社会を『**ユートピア**』に著した。

③人文主義者　ラブレー（1494頃-1553）

フランスの作家。実物観察と経験を重視。『**ガルガンチュワ物語**』。

2　宗教改革と教育の関係

ルター（1483-1546）は1517年に**免罪符**を発行する教会を非難し、この時から宗教改革が始まる。ルターはラテン語で書かれていた聖書をドイツ語に翻訳した。ルターの免罪符批判の書と翻訳された聖書は**グーテンベルク**の発明した活版印刷の力もあって広く普及した。庶民の力を信じたルターは普通教育と義務教育の重要性を説いた。

3　科学的（感知的）実学主義の教育者　コメニウス

コメニウス（1592-1670）は現在のチェコの一地方モラビアの生まれ。30年戦争で祖国を追われ、一生を流浪のうちに過ごした。

汎知主義（パンソフィア）の立場に立ち、身分や階級の違いを問わず「すべての人に」「すべてのことを」「楽しく」「的確に」教えるための学校を提案した『**大教授学**』(1657)は、近代の学校を予見する思想として重要な意味をもつ。コメニウスは近代教授学の祖と呼ばれる。また、世界初の絵入り語学教科書『**世界図絵**』を出版した。その教授方法は子どもの直観に働きかける**実物教授**、**直観教授**であった。

表1　近世の教育・年表

年	事　項
1516	トマス・モア『ユートピア』（どこにもない世界という意味）
1517	ルターが免罪符批判。宗教改革が始まる。
1522	ルター『新約聖書』ドイツ語訳刊
1536	カルヴァン『キリスト教綱要』
1612	ラトケ「教育改革に関する意見書（フランクフルト意見書）」をドイツ国会に提出
1644	ミルトン　『教育論』
1657	コメニウス　『大教授学』（体育的教育学書）
1658	コメニウス　『世界図絵』（世界初絵入り語学教科書）

※**ラトケ**（1571-1635）コメニウスと共に直観教授法を提唱。民衆の幸福と平和社会の実現のための教育を重視したが、実践する学校は挫折した。

第7章
教育史

keyword 03 西洋教育史③ 啓蒙主義

Basic Question 西洋の教育史を語る上でロック、ルソー、ペスタロッチの３人は重要な人物だと大学の先生から聞きました。具体的に、どのような点で重要なのでしょうか。日本にも影響を与えていると聞きましたが、日本とのつながりも含めて、３人の実績について教えてください。

ロック、ルソー、ペスタロッチは近代以降の教育を語る上で必ず名前の挙がる人物ですので、その著書と思想を整理して覚えておきましょう。ペスタロッチの教育理論は明治初期に日本に持ち込まれ、明治10年代に「開発教授」の名で流行しました。

1　紳士のための教育を考えたロック

ロック（1632-1704）は17世紀のイギリスの啓蒙思想家。イギリス市民革命後の社会を理論的に支え、市民が成長するためには教育が重要であると説いた。ロックは、人は生まれた当初は白紙のような存在であり、経験により観念が書き込まれていくという「**白紙説**」（**タブラ・ラサ**）を提唱した。

その著書『**教育に関する考察**』で市民階級のジェントリー教育（紳士教育）を語った。現代に通じる内容も多く、家庭教育では子どもの健康を第一に考えるべきことや、体罰は許されないことなどが述べられている。「健全な身体に宿る健全な精神」という言葉があり、学習よりも身体・健康に重点を置いているのが特徴的である。

2　「子どもの発見者」と呼ばれるルソー

ルソー（1712-1778）は、イギリスのロックとともに有名な**フランス**の啓蒙思想家である。彼は社会のさまざまな概念を覆して、新たな価値観を主張した。著書『**エミール**』は教育史上、最も重要な書の一つである。18世紀まで子どもは「小さな大人」と考えられていた。しかし、ルソーは、子どもには子ども独自の世界観があり、「大人の縮図」ではないとした。「**子どもの発見者**」と言われる所以である。人は造物主の手を離れるとき（生まれたとき）は「善い」状態であるのに、社会の中で生きていくにつれ「悪く」

なる（性善説）。したがって教育は「自然」を尊重し（自然に帰れ）、人為的なものを排除する必要があると唱えた。これは「**消極教育**」「**自然主義教育**」と呼ばれる。

3　直観教授のペスタロッチ

ペスタロッチ（1746-1827）はルソーと同時代を生きた**スイス**の教育実践家。教材としての事象を直接観察したり、標本や模型を提示したりするコメニウスの**直観教授**を発展させた。ペスタロッチは「数・形・語」が認識の基礎であると理解し、「直観」から「明瞭な概念」に子どもたちを導く方法を確立した（直観教授の方法）。また、生活自体が教育だと考えて、**シュタンツの孤児院**などスイス国内のさまざまな学校で実践した。その名はヨーロッパ中に知れ渡り、ドイツからはフレーベル、ヘルバルトが教えを請いに訪れた。

4　新人文主義の教育

ドイツを中心として、18世紀後半から19世紀にかけて啓蒙主義が批判され、それを修正しようとした動き、人間の調和的発達を目指す教育（カント、フンボルトらによって起こった）。

カント（1724-1804）はルソーの影響を受けたドイツの哲学者。「**純粋理性批判**」において理性の構成的活動を、「**実践理性批判**」において意思の自立性の強調を説明した。「**教育学講義**」の中で「人間は教育されなければならない唯一の被造物である」「人間は教育によってはじめて人間になることができる」と述べた。

表1　啓蒙主義時代の教育

人　名	著書・キーワード	有名な言葉
ロック (1632-1704)	『教育に関する考察』(1693) ・タブラ・ラサ（白紙説） ・紳士教育	人は生まれた当初は白紙のような存在であり、経験により観念が書き込まれていく
ルソー (1712-1778)	『エミール』(1762) ・消極教育 ・自然主義教育（自然に帰れ）	人は造物主の手を離れるときにはすべてが善いものであるが、人間の手にわたると、それらが例外なく悪いものになっていく
ペスタロッチ (1746-1827)	**『隠者の夕暮』**(1780) 『ゲルトルートはいかにその子を教えたか』(1801) 『白鳥の歌』(1826) **・労作教育** 直観教授の方法	玉座の上にあっても、木の葉の陰に住まっても同じ人間、そも彼はなんであるか

keyword 04

西洋教育史④ 児童中心主義

Basic Question 教育史において「児童中心主義」という言葉があると聞きました。調べてみたのですが、18世紀末から20世紀にかけての啓蒙主義から新教育運動までの流れがよく分かりません。この時代の教育思想を整理したいので教えてください。

Answer

この時期の教育史は、ルソーからペスタロッチ、さらにはフレーベル、エレン・ケイ、モンテッソーリへと続きます。中でもフレーベルとモンテッソーリは児童中心主義の思想で、世界の幼児教育に大きな影響を与えました。それ以外の人物も含め、それぞれの思想と実績を整理して覚えておきましょう。

1　啓蒙主義から児童中心主義の新教育運動へ

フランスの思想家**ルソー**は『**社会契約論**』でフランス革命に影響を与えたといわれる啓蒙思想家の一人である。ルソーは『**エミール**』で教育論を展開し、その影響を受けた教育家がスイスの**ペスタロッチ**である。さらに、ペスタロッチの影響を受けたのが**ヘルバルト**と**フレーベル**である。フレーベルは19世紀の幼児教育の実践家で、**エレン・ケイ**と**モンテッソーリ**の二人は19世紀末から20世紀初頭に活躍した幼児教育の実践家である。

2　幼児教育の祖　フレーベル

フレーベル（1782-1852）はドイツの教育学者である。フレーベルはペスタロッチの学園で直接指導を受けた後、世界初の幼稚園として「**一般ドイツ幼稚園（キンダーガルテン）**」をブランケンブルクに開設した。フレーベルは教育のための玩具として「**恩物**（おんぶつ）」を開発した。恩物とは木製の球や立方体などの遊具のことで、生活の範囲にあるものをそれで表現したりして遊ぶのである。フレーベルの著書『**人間の教育**』(1826) はルソーとペスタロッチの開発主義を継承した教育論である。

3　新教育運動の児童中心主義

19 世紀末から欧米では「新教育」という思想が展開された。アメリカでは進歩主義教育、ドイツでは改革教育学と呼ばれることが多く、教師中心の教育から児童中心の教育に変革することを目指していた。次項のヘルバルト学派を否定し、ペスタロッチの思想に立ち返る発想でもある。**スウェーデン**の女性教育家**エレン・ケイ**(1849-1926)は**『児童の世紀』**(1900) で「教育の最大の秘訣は、教育しないことにある」と述べ、20 世紀は子どもが自由に創造的に生きる時代になると予言した。

4　モンテッソーリのモンテッソーリ・メソッド

イタリアの女性医学博士**モンテッソーリ** (1870-1952) は、知的障害の治療教育で成果を挙げた。その成果を生かし、ローマの貧困層向けアパートに開設された「**子どもの家**」(1907) で幼児教育を始めた。独特の遊具「**モンテッソーリ教具**」を開発し、その教育法は**モンテッソーリ・メソッド**と呼ばれ世界に広まった。

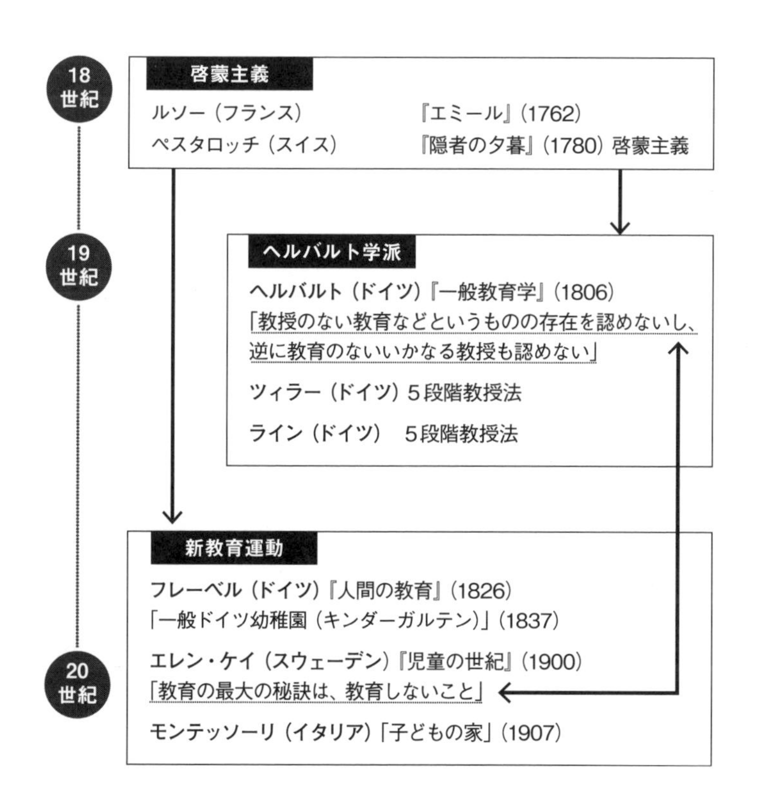

keyword 05　西洋教育史⑤ ヘルバルト学派

Basic Question 「４段階教授法」「５段階教授法」などの言葉がありますが、これは現代の日本の教育とも何らかのつながりがあるのでしょうか。その提唱者として知られるヘルバルトという教育学者とあわせて、それぞれの概念・内容と、現代日本の教育に与えている影響について教えてください。

Answer

ドイツに生まれたヘルバルトは、教育の目標を倫理学に、方法を心理学に求めました。教育方法を考える科学としての教育学を体系化した人物としても知られています。ヘルバルトの提唱した４段階教授法は、弟子のツィラー、ラインへと引き継がれ、５段階教授法へと発展します。ラインの理論は、教師主導による教授法として、明治時代の日本に影響を与えました。

1　ヘルバルトの学説

ヘルバルト（1776-1841）は**ドイツ**の哲学者、心理学者、教育学者である。近代教育史の中でヘルバルトが残した実績として、**ペスタロッチ**と**フレーベル**の教育実践を反省し、教育を**学問**として確立した点が挙げられる。

ルソーやペスタロッチは、子どもは「自然」に育っていくものという思想をもっていたのに対し、ヘルバルトは教育の目標を「品性の陶冶（とうや）」（道徳的に立派な品性は手を加えてつくりあげていく）にあると考えた。そのために、教育方法を重視し、「**教育的教授**」を主張した。ヘルバルトは、次のように述べている。

「教授のない教育などというものの存在を認めないし、逆に、教育しないいかなる教授も認めない」

ヘルバルトの教授は、知識や技能を一方的に教えこんだり、機械的に記憶させたりすることではない。子どもに興味・関心をもたせるための教師の教育的活動を重視している点に注意すべきである。

ヘルバルトの学説は世界的に広がり、弟子のラインやツィラーがその理論を発展させるなど**ヘルバルト学派**を形成し、現代の教育に大きな影響を与えた。

2　ヘルバルトの4段階教授法

ヘルバルトは、著書『**一般教育学**』で**4段階教授法**を提唱した。その概要は次の通りである。

①**明瞭**…個々の事物を明瞭に習得する段階
②**連合**…明瞭にされた対象をすでに習得させていた知識と結合、比較する段階
③**系統**…連合を経た知識を体系化する段階
④**方法**…以上の段階を経て新事項を発見し、他の事象に応用する段階

3　ツィラーとラインの5段階教授法

ツィラー（1817-1882）は4段階教授法の「明瞭」を2つに分けて、「分析」「総合」とする**5段階教授法**を提唱した。また、**ライン**（1847-1929）はこれをさらに整理した。ヘルバルト、ツィラー、ラインの教授法をまとめると表1のようになる。

表1　ヘルバルト・ツィラー・ラインの教授法

	学習動機の喚起	新概念の提示	新旧概念の比較・統合	新旧概念の整理	新概念の実施応用
ヘルバルト	明瞭		連合	系統	方法
ツィラー	分析	総合	連合	系統	方法
ライン	予備	提示	比較	概括	応用

4　ラインの影響

ラインの5段階教授法は、1890年代（明治中期）の日本に導入された。5段階教授法の構成は、今日の授業研究等で使われる学習指導案の「**導入**」「**展開**」「**終末（まとめ）**」という段階設定の発想に受け継がれている。さらに、学習には単元を設け、組織的・計画的に授業展開を構想すべきとの考えも、ラインの理論に基づく。

一方で、教師主導の教授形態が浸透する弊害も、ラインの理論には内在していた。ヘルバルトから始まるヘルバルト学派の思想は、こうして現代日本の教育にも影響を与えている。

keyword **06**

西洋教育史⑥ 市民革命・産業革命後の教育

Basic Question 市民革命と産業革命によって、イギリスとフランスでは市民一人一人が尊重される近代社会に入りましたが、教育界ではどのような変化が起こったのでしょうか。都市部の人口が急増したことで学校教育にも影響があったと思いますが、具体的に教えてください。

Answer

市民革命・産業革命後の教育においては、イギリスのベルとランカスターによる助教法（モニトリアル・システム）、空想的社会主義者オーエン、ミルとスペンサーの社会的影響などが挙げられます。フランスではコンドルセが教育の無償化など、現代にもつながる思想を発表しています。いずれも要点を押さえておきましょう。

1　ベルとランカスターが同時に考案した助教法

18世紀後半に始まった産業革命により、農村から都市へ人口が移動した。都市では就学する子どもが増え、少ない経費で効率的に学校を経営していく仕組みが求められた。**ベル**（1753-1832）と**ランカスター**（1778-1838）がほぼ同時に考案した仕組みは、生徒10～20人に1人の割合で**助教**をつけて一斉授業を行うというものであった。この授業方法は、**助教法**（**モニトリアル・システム**、**ベル・ランカスター法**とも）と呼ばれる。

2　オーエンの性格形成学院

低賃金、悪条件で働かされる労働者への配慮から、**オーエン**（1771-1858）は理想社会の実現を願い､1816年に「**性格形成学院**」という学校を創設した。著書『**新社会観**』において「人間は環境の子である」と述べ、教育によってどのような人間も作り出せるとして、労働者の子弟の教育に取り組んだ。幼稚園の生みの親といわれるフレーベルよりも先んじて、就学前の子どものための学校を実践している。

3　ミルの功利主義

ミル（1806-1873）の思想は**功利主義**と呼ばれる。功利主義は、幸福を人生や社会の最大目的とする倫理・政治学説である。これは産業革命が進むイギリス社会を肯定する哲学といえる。ミルは『**自由論**』で教育について、親に教育義務があり、その内容は自由であることを主張した。

4　スペンサーの「知育」「徳育」「体育」論

スペンサー（1820-1903）は、ダーウィンの進化論が社会・文化・宗教までも含む人間社会全般の進化に当てはまると考えた。「社会は自由競争によって進歩する」「政治では自由主義が理想形である」というその思想は、当時のヨーロッパに大きな影響を与えた。また、日本の初代文部大臣・森有礼とも親交があり、板垣退助等による自由民権運動の理論的な裏付けとなった。

スペンサーは1860年から書き始めた『**総合哲学体系**』にその思想をまとめた。教育に関しては1861年『**教育論（知育・徳育・体育論）**』があり、実学主義に立ったカリキュラム編成を唱えた。

5　フランスの教育計画コンドルセ案

フランスでは1789年のフランス革命後、学校教育に関して改革的な提案がなされた。1792年、立法議会議員の**コンドルセ**（1743-1794）は議会に教育計画案（「**公教育の全般的組織に関する報告および法案**」）を提出し、「国民教育は公権力の当然の義務」であるとして、教育の自由、教育の機会均等、教育の無償、政治的・宗教的中立など、近代公教育の原則を打ち出した。コンドルセの女子教育論はルソーよりも進歩的で、ルソーの女子教育論は家政・育児・衛生の教育に重点を置く男女別学だったのに対し、コンドルセは女子にも男子と同一水準の教育を男女共学の形で行うべきだと考えた。

要点整理

【イギリス】

□ベル・ランカスター法…産業革命後の効率的な教育方法
□オーエンの「性格形成学院」…社会主義の発想からの幼児教育
　　　　　『新社会観』…「人間は環境の子である」
□ミルとスペンサーの「功利主義」…産業革命の生んだ思想
□スペンサーの『教育論（知育・徳育・体育）』…実学を重視した教育

【フランス】

コンドルセの提案…進歩的な公教育論（教育の機会均等・教育の無償等）、「国民教育は公権力の当然の義務」

keyword 07　西洋教育史⑦ ドイツの新教育運動

Basic Question 教育史に出てくる「新教育運動」がよく分かりません。イギリスから始まったとの話ですが、具体的にどのような運動で、歴史的にどのような意味があるのでしょうか。ドイツにおける新教育運動の考え方、展開などを中心に、詳しく教えてください。

Answer

新教育運動とは何か、まずは基本的な概念を理解しましょう。その上でドイツのナトルプ、ケルシェンシュタイナー、「イエナ・プラン」を提唱したペーターゼン、シュプランガー、「田園教育舎」のリーツ、「自由ヴァルドルフ学校」のシュタイナーなどの人物とその主な実績について整理して覚えておきましょう。

1　新教育運動とは

19 世紀末から 20 世紀前半頃まで、教育界で起こった改革運動のことを**新教育運動**という。イギリスにセシル・レディが設立したアボッツホルムの学校を視察したフランスの**ドモラン**（1852-1907）は、フランスの教育が古典に重きを置き過ぎていることや試験を重視しすぎていること、また、体育・運動を軽視していることに気付き、教育についての理想を『**新教育**』（1898 年）にまとめた。この著書に由来して新教育運動と名付けられた改革は、世界的に広がっていった。アメリカではデューイの功績が大きく、日本では大正期の教育改革がこれに該当する。

新教育運動の特徴は、教科書中心、教師中心の教育を批判し、児童の**個性**と**興味**を中心に据え、**自発的活動**を重んじる点にある。

2　ドイツの新教育運動

19 世紀から 20 世紀にかけて展開されたドイツの新教育運動は、**改革教育学**と呼ばれる。主な人物は、次の通りである。

①ナトルプ（1854-1924）

教育の社会的意義を強調し、ペスタロッチ精神への復帰を呼びかける。

著書『**社会的教育学**』（1899）

言葉「人間は人間的社会によってのみ人間となる」

②ルドルフ・シュタイナー（1861-1925）

子どもの自主性を尊重した教育を提唱・実践し、1919年に「**自由ヴァルドルフ学校**」を設立。周期集中授業、8年間一貫担任制などを提唱した。

※日本では1975年に子安美知子著『ミュンヘンの小学生』で紹介され、広く認知された

※下記ケルシェンシュタイナーとは別人物

③リーツ（1868-1919）

セシル・レディのアボッツホルムの学校で研修を受けたことを契機に、イゼンブルクに全寮制の学校「**田園教育舎**」(1898年）を設立。労作や自然の中での遊びを教育内容に取り入れる。ペスタロッチ的な発想による全人的教育を展開。

④ケルシェンシュタイナー（1854-1932）

公民教育論、労作教育論などを提唱し、**労作学校**（作業学校）を創設。手仕事作業を通じての教育を普及させる。

著書『公民教育の概念』『労作学校の概念』

言葉「われわれの書物中心の学校は、労働中心の学校にならなくてはならない」

⑤ペーターゼン（1884-1952）

イエナ大学の付属実験学校で「**イエナ・プラン**」を計画・実施。学年別学級の教育に限界を感じ、2～3歳の幅を持った年齢で学習集団を構成する教育法を考案。年齢差、学力差がある集団は、その成員の活発な学習活動を促進・保証するという考え方に基づく。

⑥シュプランガー（1882-1963）

文化教育学を提唱。著書『**生の諸形式**』において、人間のタイプを「理論的」「審美的」「経済的」「社会的」「政治的」「宗教的」の6つの類型に区分。

表1　シュプランガーが提唱する6類型

理論的	論理的な理解、真理などを重視。何事も論理的に理解しようとする。
審美的	美しいもの、楽しいことを重視し、感情を通して思考。
経済的	金銭的・社会的地位を重視し、経済的観点から物事を捉える。
社会的	社会への奉仕活動などへの関わりを重視。人の役に立つ行動をとる。
政治的	権力の掌握を重視。他人を自分に従わせることに価値を置く。
宗教型	神への信仰や崇拝を重視。博愛的・道徳的な生き方を追求。

keyword 08 西洋教育史⑧ 進歩主義教育

Basic Question 新しい学習指導要領では「主体的・対話的で深い学び」を実現することが求められていますが、「この考え方の原点は、アメリカの進歩主義教育にあるのではないか」と、ある先生が言っていました。「進歩主義教育」とは具体的にどのようなものなのか、詳しく教えてください。

Answer

アメリカにおける進歩主義教育は、デューイのプラグマティズムに基づく教育哲学に始まり、世界的に影響を及ぼしました。デューイの後継者である「プロジェクト・メソッド」のキルパトリック、「ドルトン・プラン」のパーカーストなどとあわせて理解しておきましょう。

1　デューイのプラグマティズム

デューイ（1859-1952）は、**アメリカ**の哲学者、教育学者、心理学者である。デューイの思想は**プラグマティズム**と呼ばれ、デカルト以来主流であった反省や思考を重視する哲学を批判し、その反省や思考が行為と結び付かねばならないことを強調した。

デューイはプラグマティズムに基づく教育哲学を確立し、アメリカにおける**新教育運動**、（これを**進歩主義教育**という）を指導しつつ、世界の教育改革にも影響を及ぼした。デューイは、児童中心主義、活動主義の教育実践を試みるため、1896年にシカゴ大学に「**実験室学校（実験学校）**」を併設した。その中で、問題－仮説－資料－検証－適応という教授段階を提起しており、その報告書が『**学校と社会**』である。彼の理論を実現するための学習指導方法は、問題解決学習（問題解決型学習）と呼ばれる。1916年に『**民主主義と教育**』を著し、問題解決能力を身に付けた市民による進歩的社会の構築を唱えている。

デューイの教育理論は第二次世界大戦後、日本の教育思想に多大な影響を与えた。

2　キルパトリックのプロジェクト・メソッド

キルパトリック（1871-1965）は、デューイの理論を受け継ぎ**プロジェクト・メソッド**を考案した。子どもたちが目標に向かって計画を立てて行動することをプロジェクトと呼び、4段階の活動（**目的設定－計画－遂行－評価**）を設定した。子どもたちの主体性を強調する反面、知識の系統性、教師の指導性を軽視する弱点もあわせ持っている。

3　パーカーストのドルトン・プラン

パーカースト（1887-1973）は、1920年にマサチューセッツ州ドルトンのハイスクールで新しい教育方法を始めた。一斉授業を廃し、生徒各自に学習目標を定めさせて個別学習を進める方法で、教師から助言を受けたり、生徒同士で助け合ったりする機会が設けられている。この学習法は**ドルトン・プラン**と呼ばれ、大正自由教育運動の末期において日本に伝えられ、成城小学校などで実施された。

表1　アメリカの新教育運動

人　名	実　績	キーワード
デューイ (1859-1952)	プラグマティズムを提唱。教育分野での実践が進歩主義教育。児童中心主義。日本の戦後教育にも影響を与える。	問題解決学習 シカゴ大学の実験学校
キルパトリック (1871-1965)	デューイの後継者。自己課題に取り組むことで知識技能だけでなく、付随学習として自己統制能力が育つ。	プロジェクト・メソッド
パーカースト (1887-1973)	山間の小学校教師だった。複式学級で年齢のバラバラな子どもたちにどのような教育を施すのかということからドルトン・プランを開発。ドルトンのハイスクールで開始。	ドルトン・プラン

上記3人は、アメリカ国内だけでなく、世界各国に影響を与えた教育学者である。とりわけ、デューイの思想は新しい学習指導要領にも影響しており、『学校と社会』には、次のような記述がある。

「このたびは子どもが太陽となり、その周囲を教育のさまざまな装置が回転することになる。子どもが中心となり、その周りに教育についての装置が組織されることになるのである。」

この言葉は子どものわがままを放任するという意図ではなく、子どもたちの興味・関心を最大限利用して教育を行うと読むべきである。

keyword 09

西洋教育史⑨ 第二次世界大戦後の教育改革

Basic Question 第二次世界大戦後、日本では多くの教育改革が行われましたが、アメリカ、フランス、イギリスでは、どのような教育改革があったのでしょうか。関係する人物なども含めて詳しく教えてください。

Answer

イギリスとフランスでは教育制度の改革、アメリカではカリキュラムや教育方法、教育組織の改革が進められました。アメリカでは、デューイの問題解決学習への批判から、ブルーナー、ブルームなどの教育理論が広がりを見せました。国ごとに、どのような改革が行われたのか、ポイントを押さえておきましょう。

1　イギリスとフランスの教育制度改革

第二次世界大戦後、イギリスとフランスでは、義務教育期間が延長された。また、イギリスでは３系統に分かれていた中等学校を統合し、総合制中等学校に切り替えられた。

①イギリス

1944年に**バトラー法**が成立。義務教育が５歳から15歳までの10年間に延長された（それ以前は14歳まで）。また､それ以前の中等教育学校は「グラマースクール」「テクニカルスクール」「モダンスクール」の３系統に分かれていたが、これらが総合制中等学校（コンプリヘンシブ・スクール）に切り替えられた。

②フランス

1947年、物理学者である**ランジュヴァン**（1872-1946）と、心理学者の**ワロン**（1879-1962）が中心となって作成された、平等と多様性を原理とする「ランジュヴァン - ワロン教育改革案」が示された。また、1959年には、**ベルトワン改革**が行われ、義務教育が６歳から16歳までの10年間とされた。

2　スプートニク・ショック

1957年、ソ連が史上初めて人工衛星（**スプートニク**）を打ち上げることに成功した。

科学分野でソ連に出し抜かれたアメリカは、デューイの経験主義、問題解決学習への反省から、科学技術・英才教育へと方向転換を行った。新世代の技術者を育成することを目的として、1958年には国家防衛教育法が成立し、1959年には理数科のカリキュラム改造を図るウッズホール会議が開催された。ここで議長を務めたのが**ブルーナー**(1915-2016) である。

①認知心理学の開拓者・ブルーナー

著書:『教育の過程』(1960)

言葉:「どの教科でも知的性格をそのままに保って、発達のどの段階のどの子どもにも効果的に教えることができる」

同じ学習題材を発達に応じて反復させ、理解を深めさせる。→**らせん型カリキュラム** (1960～1970年代にアメリカで普及)

業績:**発見学習**の提唱

それぞれの学問の本質となる「構造」を児童生徒に「発見」させ、結論に至る過程を児童生徒にたどらせることで、学習の仕方が学習され、学習する能力が伸長される。

②問題解決学習(デューイ)と発見学習(ブルーナー)の違い

問題解決学習も発見学習も、ともに教師が教え込むのではなく、学習者が経験し、発見することを重視している。

ただし、問題解決学習(デューイ)は現実社会の問題をいかに解決していくかという学習になりがちだったため、学問の体系や構造的な理解が不十分になるという点が問題視された。それに対し、発見学習(ブルーナー)では、学問の構造をまず教師が押さえ、それを生徒が発見するように教師が誘導する。同じ題材でも、らせん型カリキュラムで繰り返し学ぶため、学問の体系性が保障されるという点が、問題解決学習との大きな違いである。

3 ブルームの完全習得学習(マスタリー・ラーニング)

ブルーム (1913-1999) も、ブルーナーと同時期にアメリカの教育界をけん引した人物である。

業績:**完全習得学習(マスタリー・ラーニング)**の提唱

3段階の評価で学習者の困難を確認し、目標を達成できていない学習者には補充教材を与えたり個別指導を行ったりすることで、95%の学習者が目標を達成できる。

【評価の重視】

①診断的評価　学習の初めに行う評価。

②形成的評価　学習の過程で行う評価。ブルームはこれを最も重視した。

③総括的評価　学習が終わった後に行う評価。

keyword 10 日本教育史① 古代から近世まで

Basic Question 中学・高校で日本史は学びましたが、「教育」という視点から見ると、どのようなことが特筆すべき出来事なのでしょうか。古代から近世までの「教育史」について、重要なポイントを教えてください。

Answer

教育史については、古代は「大学」「国学」「大学別曹」「綜芸種智院（しゅげいしゅちいん）」、中世は「金沢文庫」「足利学校」、近世は「藩校」「寺子屋」「私塾」が重要ポイントとして挙げられます。一覧表にするなどして整理して覚えましょう。

1　古代の教育

8世紀、大宝律令（701年）により、都に貴族の子弟を教育する**大学**、地方に郡司の子弟を教育する**国学**が置かれた。

9世紀末、大学の地位が低下し、有力貴族は子弟のために私設の学校である**大学別曹**を設けた。主な大学別曹は、和気氏の**弘文院**、藤原氏の**勧学院**、橘氏の**学館院**、菅原・大江氏の**文章院**などである。なお、貴族が開設した日本初の図書館（文庫）として**石上宅嗣（いそのかみのやかつぐ）**の**芸亭（うんてい）**がある。828年、**空海**が開いた**綜芸種智院**は、日本初の庶民教育の総合教育機関である。

2　中世の教育

鎌倉時代中期、**北条実時（さねとき）**は典籍や写本を蒐集した武家文庫として**金沢文庫**を作った。また、起源ははっきりしないが、1439年に**上杉憲実（のりざね）**が再興した**足利学校**は東日本の学問の中心となり、「坂東の大学」と称され1872年まで存続した。

3　近世の教育

江戸時代の学問は**儒学**が中心である。儒学の流派のうち、**朱子学派**は**林羅山**が徳川家康に登用されてから幕府の庇護を受け、官学として発展する。1797年には、林家の私塾が**昌平坂学問所**として幕府、旗本の教育機関となった。各藩も**藩校**を設け、朱子学と武芸による教育を行った。近世の主な藩校には、次のようなものがある。

【近世の主な藩校】

水戸藩：弘道館／長州藩：明倫館／薩摩藩：造士館／米沢藩：興譲館／熊本藩：時習館／会津藩：日新館／岡山藩：花畠教場（はなばたけきょうじょう）

また、庶民の教育機関としては、全国に**寺子屋**が普及した。牢人（ろうにん・浪人）、神官、僧侶、医師などが教師となって、読み、書き、そろばんの手習いを施した。江戸前期の朱子学者で、「年齢に応じて教育すべき」という随年教法を提唱した**貝原益軒（かいばらえきけん）**は、子女の教育法について**『和俗童子訓（わぞくどうじくん）』**を著し、寺子屋教育に影響を与えた。近代につながる国民の教養レベルは、江戸時代の寺子屋によって作られたとも言われる。

さらには、藩校と寺子屋の中間的な性格を持ち、藩士や庶民を教育するために藩主や民間有志が設立した学校として**郷学（ごうがく）**も誕生し、幕末期に急増した。岡山藩の**閑谷（しずたに）学校**が最初である。

寺子屋が初等教育を担当したのに対し、より高等な教育を施す場として、著名な学者が**私塾**（学問塾）を開設した。私塾では、自由で個性的な教育が行われた。明治維新や明治時代に活躍した人材には私塾出身者が多い。**吉田松陰**の**松下村塾**で学んだ**高杉晋作・伊藤博文**や、**緒方洪庵**の**適塾**（適々斎塾）で学んだ**福沢諭吉**などである。

表1　江戸時代の私塾

人物	時代	名称	場所	実績等
中江藤樹	前期	藤樹書院	近江	儒学（陽明学派）、『翁問答』
伊藤仁斎	前期	古義堂	京都	儒学（古義学派）『童子問』
荻生徂徠	中期	蘐園塾（けんえん）	江戸	儒学（古文辞学派）、『論語徴』
本居宣長	中期	鈴屋	伊勢	国学を大成　『古事記伝』
広瀬淡窓	後期	咸宜園（かんぎ）	豊後	儒学（古文辞学派）門弟4,000人、身分・出身・年齢を排した実力主義教育（三奪法）
シーボルト	後期	鳴滝塾	長崎	オランダ商館医、ドイツ人、洋学。弟子に高野長英
吉田松陰	幕末	松下村塾	萩	伊藤博文・山県有朋らが育つ
緒方洪庵	幕末	適塾（適々斎塾）	大坂	医学、蘭学、「医は仁術なり」。大村益次郎・福沢諭吉らが育つ

keyword 11 日本教育史② 明治期の教育

Basic Question 明治時代の教育関連法令は、学制公布や教育令、学校令など、似たような名前のものがたくさん出てきて混乱します。それぞれどのようなものなのか、出された順に具体的な内容を教えてください。

明治期の教育制度については、学制公布―教育令―学校令―国民学校令（昭和）という流れをまず押さえた上で、それぞれの内容を整理しましょう。関連人物として森有礼（ありのり）、元田（もとだ）永孚（ながざね）、井上毅（こわし）、福沢諭吉は、それぞれの実績も含め覚えておく必要があります。

1　学制公布（学生頒布）

1872（明治5）年、明治政府は欧米をモデルにした近代学校制度として、**学制公布**を行った。同時に、太政官布告「**学事奨励ニ関スル被仰出書**（おおせいだされしょ）」（学制序文）を出した。

①**学制**…全国を大学区・中学区・小学区に分け、各学区に大学校・中学校・小学校を設置。

②**学事奨励ニ関スル被仰出書**…立身出世主義（身分や家柄ではなく学問が身を立てる）、実学主義（そろばんや帳簿のつけ方、職業上の技術、法律政治天文医療に至るまで、生活に実際に役立つ知識や技術を学ぶべき）、平等主義（「一般の人民邑（むら）に不学の戸なく、家に不学の人なからしめん事を期す」国民皆学を目指す）を原則。**福沢諭吉**の「**学問のすゝめ**」と通ずる思想で書かれている。

2　教育令と改正教育令

学制は地方の実情にそぐわず、学校建設費の負担を拒否する運動もあった。自由民権運動の反政府活動に対処する目的もあって、政府は1879（明治12）年に学制を廃止し、**教育令**を制定した。

教育令は、アメリカの教育制度をモデルとし、自由主義的、地方分権などを原則としていた。しかし、学校への就学が消極的になり、地方官から批判されることとなった。そのため、1880（明治13）年には、**改正教育令**が公布された。改正教育令は、小学校政策に対する政府、県令の権限を強化し、地域町村の意見は軽視されることとなった。

3　森有礼による学校令

1885（明治18年）年、内閣制度が創設された。初代総理大臣は**伊藤博文**、文部大臣は**森有礼**である。1886（明治19）年、森有礼は教育令を廃し、**小学校令**、**中学校令**、**帝国大学令**、**師範学校令**の4つの勅令（天皇の大権により発せられる命令）を公布した。これを総称して**学校令（諸学校令）**という。

これにより、小学校は尋常科4年、高等科4年の計8年とされ、尋常科4年が義務教育とされた。小学校令は1900(明治33)年に改正され､授業料が無償となったことで、就学率が向上した。さらに1907（明治40）年の改正で､義務教育は6年に延長された。小学校令は、1941（昭和16）年の**国民学校令**まで存続する。

なお、1902（明治35）年に、教科書会社と教育関係者との間に贈収賄事件が起きたことを受け、政府は1903（明治36）年に小学校令を改正し、教科書の国定制度を開始した。

4　元田永孚と井上毅による教育勅語

1890（明治23）年に、勅語の形式で発布された教育方針が**教育勅語（教育ニ関スル勅語）**である。**元田永孚**と**井上毅**らが起草にあたった。

内容は日本人として守るべき徳目を示したもので、親孝行、兄弟愛、夫婦和合、公益尊重などについて述べられている。当初は国民を直接的に拘束するものではなかったが、第二次世界大戦下で、皇民教育の中核理念として定着していった。戦後、教育基本法が制定されて新たな教育理念が示されると、教育勅語は日本軍国主義を支えた思想であったとして学校から排除された。

5　ヘルバルト学派の紹介

1887（明治20）年、ドイツの**ハウスクネヒト**（1853-1927）が招かれたのを契機に、日本でもヘルバルト学派の教育理論が広まっていった。特に**ライン**の**5段階教授法**（予備ー提示ー比較ー概括ー応用）は、日本の教育界に大きな影響を及ぼした。紹介者の一人である**谷本富**は『**新教育講義**』『**系統的新教育学綱要**』で、それまでの注入主義教育を批判して「**自学輔導**」を唱えた。

keyword 12 日本教育史③ 大正・昭和初期の教育

Basic Question 19世紀末頃から欧米で始まった新教育運動は、日本で大正自由教育運動となって、広がっていったと聞きました。具体的にどのような運動が展開され、中心人物にどのような人がいたのかを教えてください。

デューイ、モンテッソーリなどにより世界中に広がった欧米の新教育運動は、民主主義への機運が高まる「大正デモクラシー」の時代に日本にも広がり、教育界では改革を進めようとする人物が数多く現れました。八大教育主張や私立小学校を創設した人物名などを押さえておきましょう。

1 大正自由教育運動

①八大教育主張

大正時代の日本では、明治時代の注入的・形式的な教師中心となる教育を批判し、児童中心主義的な教育を実践しようとする**大正自由教育運動**が広がっていった。その運動は都市の私立学校や師範学校附属小学校等を中心に展開され、次第に地方の公立校へと広がっていった。1921（大正10）年には、そうした考えを主張する講演会が東京で開かれ、それらは**八大教育主張**として全国に影響を与えた。

表1 八大教育主張

樋口長市	自学教育論	稲毛金七	創造教育論
河野清丸	自動教育論	及川平治	動的教育論
手塚岸衛	自由教育論	小原國芳	全人教育論
千葉命吉	一切衝動皆満足論	片上伸	文芸教育論

②私立学校の創設

澤柳政太郎（まさたろう）は1917（大正6）年に**成城小学校**を創設した。澤柳の下で働いた**赤井米吉**と**小原國芳**は共に独立し、赤井は1924（大正13）年に**明星学園**を、小原は1929（昭和4）年に**玉川学園**を、それぞれ創設した。その他に、1915（大正4）年には**中村春二**が**成蹊小学校**を、1921（大正10）年には**羽仁もと子**が**自由学園**を、1924（大正

13）年には**野口援太郎**が**池袋児童の村小学校**を、それぞれ設立している。

③多彩な教育実践

大正時代には、多彩な教育実践も各地で行われた。

及川平治…明石女子師範学校附属小学校で分団式動的教育法を実践。一斉授業の中で、教材内容や子どもの学習状況に応じて、「全体」「グループ」「個別」と変化させて学習するなど、子どもが能動的に学習する力や自学自習する力を育てる実践を展開。

手塚岸衛…**千葉師範学校附属小学校**で自由教育を実践。「訓練には自治、教育には自学」を唱えた。

木下竹次…**奈良女子高等師範学校附属小学校**で「合科学習」を実践。その実践は、現在の「総合的な学習の時間」にもつながっている。

鈴木三重吉…『赤い鳥』を中心とした**児童文学運動**を推進。**新見南吉**の「ごんぎつね」は、『赤い鳥』に掲載された作品。

山本鼎…**自由画教育運動**を展開。

大正自由教育運動は、**デューイ**、**ドモラン**、**モンテッソーリ**などの影響を強く受けている。アメリカの**パーカースト**が考案した**ドルトン・プラン**は、成城小学校、福井師範学校附属小学校、熊本第一高等女学校などで実践された。

2　昭和初期の教育

昭和に入ると、教育界では**生活綴方運動**や**郷土教育**などが展開された。

①生活綴方運動

綴り方教育を通して子どもの育成を目指す運動で、**芦田恵之助**が始めた。1929（昭和4）年、**小砂丘忠義**、**野村芳兵衛**らによって『綴方生活』が刊行され、各地の実践活動を促した。特に、東北地方で展開された**北方性教育運動**は活発だった。しかし、1940（昭和15）年から翌年にかけて政府の弾圧を受け衰退した。

②郷土教育

1930（昭和5）年、**小田内通敏**、**長田新**、**赤井米吉**らによって**郷土教育連盟**が結成された。学習者の生活経験の発展が思考や認識を作りだすという考えに基づき、郷土生活そのものを学習目的とする郷土教育が展開された。生活綴方運動にも影響を与えている。

③国民学校令

1941（昭和16）年に太平洋戦争が勃発すると、国家に総力戦体制が求められる中で**国民学校令**が公布され、国民学校初等科（6年）と高等科（2年）の8年間が義務教育とされた。従来の小学校はすべて国民学校となり、教科が統合されて国民科、理数科、体錬科、芸能科、実業家（高等科のみ）の5教科に編成された。その位置付けは、皇国民（少国民）を錬成する場というものであった。

keyword 13

日本教育史④ 第二次世界大戦後の教育

Basic Question 日本では、第二次世界大戦後に教育制度が大幅に改革されたとの話を聞きました。諸改革は、どのような経緯・意図の下で進められたのでしょうか。複雑な戦後日本の教育の流れについて教えてください。

Answer

日本の教育改革は、終戦間もなくGHQによる占領政策の下で進められました。その後は、中央教育審議会の下で学習指導要領の改訂が重ねられ、米ソの対立が深まる中で教育二法が制定されるなど複雑な経緯をたどって現在に至ります。全体の流れを押さえておきましょう。

1 GHQ主導の教育改革

1945年（昭和20）年、日本はポツダム宣言を受諾して降伏し、GHQ（連合国軍最高司令官総司令部）の占領下に置かれた。1946（昭和21）年3月には、**第一次アメリカ教育使節団**が来日し、**教育の機会均等**、**男女平等**、**6・3・3制の学校体系**、**教育行政の地方分権化**、**学問の自由**などが提唱された。これを受けて同年8月には**教育刷新委員会**が設置され、教育改革が進められた。

①学校体系の改革

1946（昭和21）年11月に、**日本国憲法**が制定され、翌1947（昭和22）年3月には憲法の理念に基づく**教育基本法**が公布され、同日には**学校教育法**も公布された。学校教育法では、戦前の複線型学校体系を小学校6年、中学校3年、高等学校3年、大学4年に改編する**単線型学校体系**とした。

②教育委員会の設置

1948（昭和23）年、教育行政の地方分権化、民主化・自主性の確保、中立性の確保などをねらいとして、各自治体ごとに**教育委員会**が新設された。教育委員は地方住民による直接選挙で選出され、教育委員が教育長を任命する形であった。

2 社会科の誕生

歴史と地理を統合した**社会科が新設**され、子どもが現実に直面している問題を扱う問題解決学習が進められた。他教科でも子どもの経験を重視する経験主義理論に基づき、教育課程を統合する研究が起こった。当時、アメリカでは**コア・カリキュラム**（核となる課程とそれに関連する周辺課程を組み合わせたカリキュラム）が注目されており、日本では**ヴァージニア・プラン**がモデルとされた。教育学者の**石山脩平**、**梅根悟**（うめね さとる）らはコア・カリキュラム連盟を結成し、実践モデルを追究した。

3　学習指導要領の変遷と中央教育審議会

①学習指導要領の改訂

1947（昭和22）年に初めて示された**学習指導要領**一般編は、「**試案**」というものであったが、1958（昭和33）年には「**告示**」形式となって法的拘束力があるものとされ、「**道徳**」が加わるなど国による統制が強まった。また、**経験主義**による教育が見直され、学問を重視した**系統主義**的な教育が目指された。

さらに、1968（昭和43）年には、アメリカで**スプートニク・ショック**が起き、科学技術教育重視に方向転換されたことを受け、日本も「**教育内容の現代化**」が図られ、数学や自然科学を重視する方向で学習指導要領が改訂された。しかし、徐々に詰込み教育の影響によりいじめや校内暴力などが出始めたことから、1977（昭和52）年には「**ゆとりと充実**」「**量から質への転換**」を目指した改訂が行われた。その後、1989（平成元）年には「**生活科**」が新設され、1998（平成10）年には「**総合的な学習の時間**」が新設されるなど、学習指導要領の改訂によって、教育内容の見直しが図られていった。

②中央教育審議会

1952（昭和27）年に、文部大臣の諮問機関として**中央教育審議会**が設置された。教育行政の政策決定に国民が参加する機関で、この審議会での検討を経て出された**答申**を受ける形で学習指導要領は改訂される。

4　戦後教育改革の見直し（教育二法の制定と教育委員会法の廃止）

米ソの対立が深まる中、1951（昭和26）年に**サンフランシスコ平和条約**が調印され、日本はアメリカを中心とする資本主義国陣営に組み込まれた。戦後の自由主義的な教育改革にも変化が起こり、1954（昭和29）年には**教育二法**と呼ばれる法律が成立する。「二法」とは、具体的に「教育公務員特例法の一部を改正する法律」と「義務教育諸学校における教育の政治的中立の確保に関する臨時措置法」で、いずれも教員の政治的活動を制限するものであった。

1956（昭和31）年には、地方住民の直接選挙によって教育委員選出を定めていた「**教育委員会法**」が廃止され、新たに「**地方教育行政の組織及び運営に関する法律**」が制定された。

索引 INDEX

人名索引

条文索引

事項索引

き

く

け

す

せ

な

に

ね

は

ひ

ふ

へ

ほ

執筆者等(肩書きは2017年度)

【編集統括】
篠山浩文（明星大学教育学部教授・学長補佐・教職センター長）

【編集代表】
樋口忍（明星大学教育学部客員教授）……本書企画立案・全体の監修・取りまとめ
山田和広（明星大学教職センター事務室課長補佐）……制作進行管理

【執筆】

篠山浩文（明星大学教育学部教授・学長補佐・教職センター長）	本書の特色（P.3）
深井薫（明星大学教育学部特任教授）	第2章（P.48-57） 第3章（P.62-73,88-95,106-107,114-115） 第6章（P.198-213）
悴田康之（明星大学教育学部特任教授）	第2章（P.30-47） 第3章（P.98-99,104-105,110-113,116-117）
神田正美（明星大学教育学部特任教授）	第6章（P..214-259） 第7章（P.262-287）
小泉和義（明星大学教育学部特任教授）	第3章（P.74-87,96-97,100-103,108-109） 第4章（P.140-155,176-179）
佐藤裕之（明星大学教育学部特任教授）	第4章（P.120-139,156-175） 第5章（P.182-195）
樋口忍（明星大学教育学部客員教授）	第1章（P.12-19,24-27） 第2章（P.58-59）
山田和広（明星大学教職センター事務室課長補佐）	第1章（P.20-27）

【第6章「教育心理」執筆・考証】
古川聡（国立音楽大学理事・副学長）

【第6章「教育心理」執筆協力】
妹尾浩（明星大学教育学部特任教授）

【編集・索引】
佐藤明彦（株式会社コンテクスト）

明星式・教員採用試験対策シリーズ
教員を目指す君たちに受けさせたい 学校とつながる教職教養
――論作文・面接・場面指導対策にも役立つトピック125

2018年3月26日　初版第1刷
2022年9月20日　初版第3刷

編　者 ――― 明星大学教職センター
発行者 ――― 落合 一泰
発行所 ――― 明星大学出版部
〒191-8506 東京都日野市程久保2-1-1
電話 042-591-9979

印刷・製本 ――― 法規書籍印刷株式会社
編集協力 ――― 株式会社コンテクスト
表紙・本文装丁 ― 丸橋 一岳（デザインオフィス レドンド）

ISBN978-4-89549-214-0